あなたに伝えたいこと

性的虐待・性被害からの回復のために

シンシア・L・メイザー
K・E・デバイ 著

野坂祐子・浅野恭子 訳

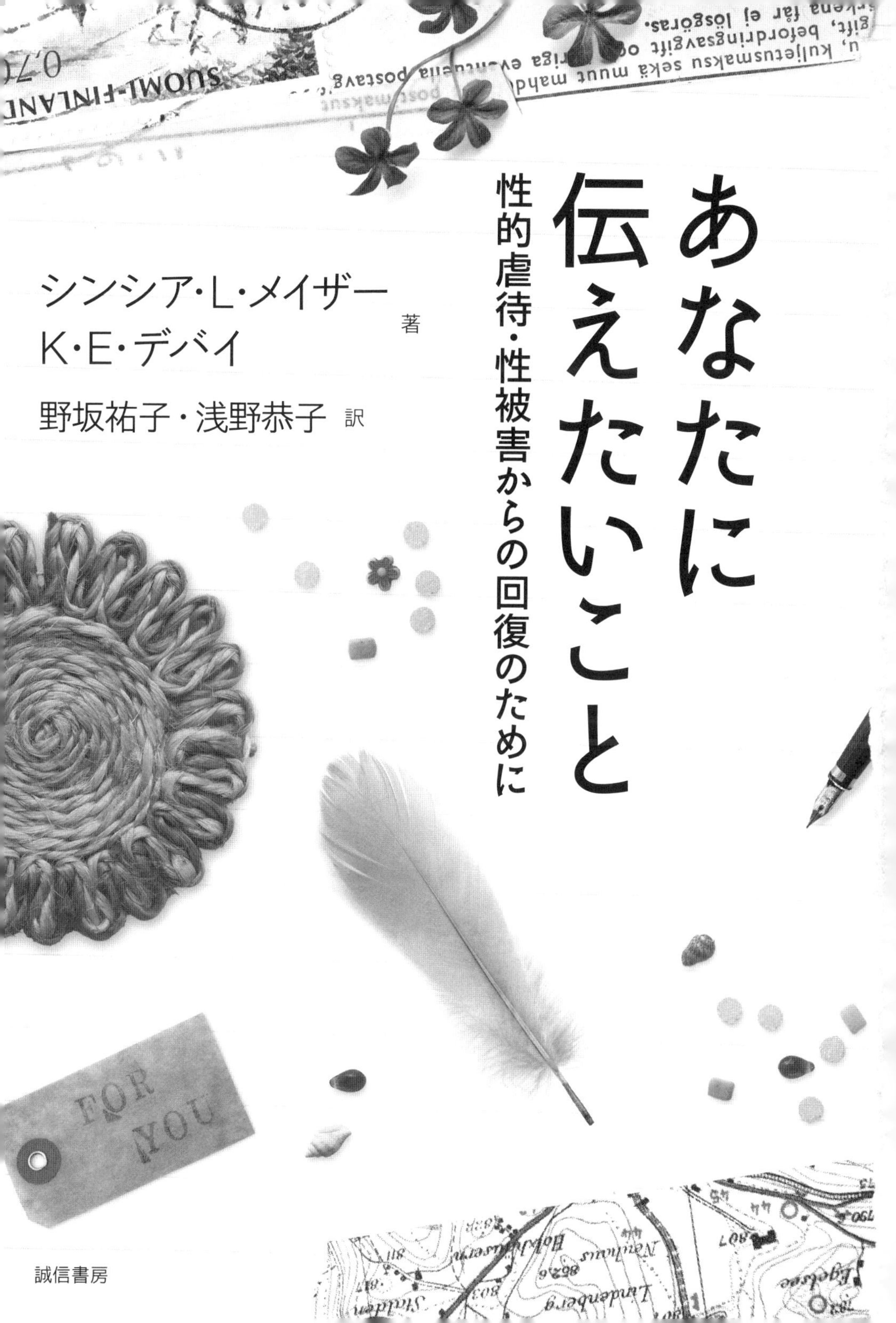

誠信書房

How Long Does It Hurt?: A Guide to Recovering From Incest and Sexual Abuse for Teenagers, Their Friends and Their Families
Revised Edition
by Cynthia L. Mather with Kristina E. Debye

Japanese translation rights arranged
with John Wiley & Sons International Right, Inc.
through Japan UNI Agency, Inc., Tokyo

日本語版への序文

兵庫県こころのケアセンター　亀岡　智美

性的虐待や性暴力などによる性被害は、深刻なこころの傷つき体験（心的外傷体験）となる可能性のあるできごとです。たいていの性被害は、加害者と被害者だけの閉鎖空間で起こります。また、子どもたちの最もプライベートな部分を侵害する行為でもあります。それだけに、性被害を受けた子どもたちは、自分の身に何が起こったのかもわからないまま、こころが大きく動揺し、その場に立ちすくんでしまうことが多いのです。

残念なことに、わが国においても性被害を受ける子どもは決して少なくありません。平成23年度の内閣府の調査（男女間における暴力に関する調査）では、7・7％の女性が異性から深刻な性被害を受けた経験があると回答しており、そのうちの38・7％は19歳までに被害を受けたとされています。この調査は、女性が異性から受けた最も深刻な性被害のみを対象にしていますので、性被害全体のほんの一部を現わしているにすぎないと考えられますが、それでも、10代の子ども期の被害の割合が決して少なくないことがわかります。さらに、これらの女性は、心身や生活面に大きな悪影響を受けているにもかかわらず、67・9％が誰にも相談をしていないと回答しています。「恥ずかしかった」「そのことを思い出したくなかった」「どこに相談してよいのかわからなかった」などがその理由です。

性被害というできごとは、家族や支援者など、子どもを支えるべき人にとっても、受け入れがたいできごとです。誰でも、子どもが深刻な被害を受けたということにショックを受けるし、できたらなかったことにしてしまいたいという「回避」のメカニズムが働くからです。そのため、支援者でさえも、混乱や動揺を体験したり、できごとに対応することに躊躇《ちゅうちょ》したりすることがあります。さらに、対応困難な事態に直面すると、自分自身を納得させ安心させるために、「被害者にも多少の落ち度はあったかもしれない」などという考えにすがりついてしまい、被害を受けた子どもたちを二次的に傷つけてしまうこともあるのです。先述の内閣府調査でも、性被害の後誰かに相談した人のなかで、少数ながら「相談しなければよかった」と回答している人がいました。「早く忘れるよう助言された」「相談相手が動揺した」「被害にあったことを責められた」などがその原因とされています。それだけに、被害を受けた子どもや家族に起こりうる状態についての理解を深め、被害から目をそらさず真実を受け止めることが、支援者にとって必要不可欠なことであると考えられます。

一方、私たちは、ここ数年、本書の訳者である野坂氏・浅野氏のお二人の協力も得ながら、性被害を受けて苦しんでいる子どもたちに対して、国際的に効果が実証されているトラウマフォーカスト認知行動療法をわが国に導入しようとしています。この治療法では、子ども本人が自分の身に起こったことを適切に理解し、自分の身体とこころをコントロールしていくことを学ぶことが、重要な要素であると位置づけられています。それは、まさに本書に記載されているように、「性被害とはどのようなできごとなのか」「性被害を受けると、こころとからだにどのようなことが起きるのか」を理解し、「どのように対処すればよいのか」を学ぶことなのです。この治療過程で、子どもたちは自分の体験を正しく理解することによって治療への意欲を高め、自らの被害体験の記憶に向き合う勇気を獲得していきます。治療に立ち会う私たちは、孤独な暗闇を抜け出し、回復に向かって大きく飛躍していく子どもたちの素晴らしい勇気を目の当たりにしています。被害を受けた子どもたちに最も必要な要素は、まさに、回復に役立つ適切な情報と、子どもたちの自然な回復力をサポートする環境であるといえます。

本書では、多くの人たちの被害体験についての貴重な情報がたくさん紹介されています。そのなかでは、被害を受けた子どもたちの陥りがちな落とし穴についても率直に紹介され、そのうえで、その困難を乗り越える方法が明快に提案されています。さらに、全編を通して貫かれているのは、子ども本人の選択や決定を尊重する姿勢です。これは、性被害を受けた子どもを支援するうえで、基本となる最も重要なことでありましょう。こころに受けた傷は、子ども本人にも周囲の人たちにも見えないものであるだけに、被害を体験した子どもたちの声から学ぶことは、計り知れないくらい有益なことであると思われます。本書が多くの支援者や家族の皆さまの手元に届き、被害を受けた子どもたちの回復に役立てられることを心より願っています。

二〇一五年三月

目次

出版に寄せて

エリアナ・ギル

この本は、ある体験をもつ10代の男の子、女の子のためのものです。成長するなかでだれにでも起こるような一般的な問題に直面しているだけではなく、ちがう意味で特別な子どもたち、つまり、家庭内や家庭外で性被害を受けて、それを乗り越えようとしている10代の男の子、女の子のための本なのです。

これを読もうとされているあなたは、本のタイトルのどこかが気になったのかもしれません。あるいは今まさに、苦しい思いをしているのかもしれません。もしかしたら、幼いときに傷ついた体験があるのかもしれませんし、傷ついた友だちや家族・親戚がいるのかもしれません。そのことについて、ちゃんと考えたいと思う気持ちと、もう忘れてしまいたいという気持ちの板挟みになっているのかもしれません。おそらく、あなたはたくさんの疑問を抱えているはずです。でも、この本を読み進めることで、それらの疑問に対するなんらかの答えが見つかるはずです。

子どもに対する性的虐待や性暴力についての考えかたや感じかた、解決の仕方は、ひとつだけではありません。いくつもの答えがあります。人はそれぞれ個性ある存在ですから、それと同じく、問題の解決方法も人それぞれです。これがこの本で、わたしがよいと思っていることのひとつです。この本は、あなたに代わって状況を改善しようとするものではありません。あなたがよく見て、よく考えて、関心をもてるように促すものです。あなたにとって役立つやりかたが、ほかのだれにとっても同じように役立つとは限りませんからね。

性暴力はとても複雑な問題です。家庭内の性暴力は、家庭において保護者、あるいは養育者の役割をもつだれか（例：継親《けいしん》や親戚、同居人）、あるいは年長のきょうだいが、あなたになにか性的なことをしたり、しようとしたりすることです。はじめのうち、あなたは「自分がなにか悪いことをしたのではないか」と思うかもしれませんし、「起きたことは気のせいだ」と思うかもしれません。その後も、あなたはこんなことが起きたのは「やっぱり自分が悪かったせいじゃないか」と思っているかもしれないし、「とめるために、自分はどうしたらいいんだろう」と考えているかもしれません。でも、あなたが、悪いことをしてくる相手を愛しているならば、この先どうしたらよいか考えるのは、とてもむずかしいことでしょう。

家族以外から性暴力を受けた場合も、本当にどうしようもない気分になるかもしれません。あなたは相手のことを信頼し、好意をもって、一緒に過ごしたい気持ちをもちながらも、同時に、その人があなたに性的な行動をしてくることに対して、とまどいや恐怖を感じているかもしれません。

自分が「被害を受けている」なんて思いたくない人もいるでしょう。そんなことはほかの子どもに起きていることであって、自分には関係ないと思っているかもしれません。親や友だちを裏切りたくないと思っているかもしれません。もし自分が被害を受けたとうちあければ、相手は加害者ということになります。相手を加害者呼ばわりするなんて、うしろめたいような気がしたり、恥ずかしいと感じたりしているかもしれません。

ですが、傷ついた人はだれでも、癒やされる必要があります。からだが傷ついたときは、処方された薬を塗っておけば治ります。たいていの場合、しばらく痛みが続きますが、薬が免疫組織に働きかけて、だんだんと傷が癒やされていくからです。こころの傷つきも同じです。時間の経過によって癒やされていくものですし、さしのべられた助けの手が役に立つことも多いのです。

この本は、まさにその助けの手なのです。著者シンシア・メイザーは、性的虐待や性暴力によって起こる混乱や恐れ、怒り、悲しみ、絶望についてよく理解したうえで、あなたに語りかけてくれます。彼女自身、幼いときに傷つけられた体験があり、実際の体験者の視点から語ってくれます。彼女の視点はゆるぎませんし、わかりやすい例を示しながら、細かなところまで説明してくれます。彼女はあなたに、「ひとりで問題に取り組まないで」「自分だけで考えないで」と伝えています。そして、たくさんの選択肢を示してくれています。とても現実的な選択肢を挙げていますが、なかには、言うのは簡単だけれど実際にやってみるのはむずかしいというものも含まれています。でも、「まずは、あなたにどんな選択肢があるのか知ってほしい」というのが、彼女の願いなのです。あなたが暗闇のなかでひとりもがくのではなく、この先にめざすべきところがわかるように、あたかも暗い道を照らすかのように、あなたに語りかけてくれています。

この本がめざしているのは、性被害を受けたために、恐れや混乱、悲しみ、怒りの気持ちをいだいて、安全ではないと感じたり、自己嫌悪をいだいたりしているあなたが、あるがままの自分を、より強く、より誇らしく感じられるようになることです。自分の本能を信頼し、なにはさておき、まずは自分の体験を生き抜くこと。そして、あなた自身のなかに力を取り戻し、本来のあなたらしくなれるような選択をすること。それによって、あなたは自分自身を助ける方法を身につけることができるはずです。それを、シンシア・メイザーは（そしてわたしもまた）、信じています。

一九九四年七月

謝　辞

シンシア・リン・メイザー

本書を書き上げることができたのは、わたしだけの力によるものではなく、人生で出会ったたくさんの人たちのおかげです。

なによりも、わたしの傷つきを癒やしてくれた神に感謝を捧げます。わたしが回復するために、神は次に挙げる人たちと出会わせてくれました。ここに挙げる人たちとは、わたしの人生のうちわずかな時間を共にしただけですが、わたしの人生に長きにわたって影響を与えてくれています。この本を書いているあいだ、わたしは自分が神のしもべであるかのように感じることがありました。神がこのようにわたしを使ってくださることは、本当に素晴らしく、そして光栄なことだと感じました。

そして、だれよりも〈回復のためのグループ〉のメンバーである、ジムとアン、ドンとドナ、キャロルとスーザン、ディックとジュディ、ハムとジョアン、ジムとアンドレーに、感謝の意を伝えたいと思います。グループのメンバーたちは、わたしの話を深い愛情をもって聴いてくれ、わたしが語ることをさまざまなやりかたでサポートし続けてくれました。

共著者であるクリスティーナ・E・デバイは、最初に本書の執筆を勧めてくれた専門家であり、専門家としての経験や名前を活用させてくれました。クリスティーナが関わってくれたおかげで、本書はとてもよいものになりました。もし、本書にまちがった記載があれば、それはわたしの責任です。クリスは、わたしの強い意思を尊重してくれました。

「許すこと」に関する内容は、ジョンジワード牧師の協力を得て書きました。カール・フォム・イーガン牧師には、和解についての新たな考えを教えていただきました。ジェニファー・ナバ氏には、方向性を示唆していただきました。オードレー・ギフト医師のおかげで、本書の執筆に着手することができました。登場人物に息を吹き込んでくれた、息子のジムにも感謝しています。

本書の執筆にあたっては、たくさんの後押しがありました。わたしの背を〈強引に〉押してくれたのは、スーザン・ユーカーでした。スーザンは、いつもわたしの背中を押してくれました。どうもありがとう。

これまでの人生では、わたしは武器としての愛や、値札のついたような愛しか知りませんでした。でも、今では、無条件の愛を知る幸運に恵まれました。それには、3人の重要な男性の存在があります。夫のデニスと、ふたりの息子、ジムとクリスです。彼らのサポートと励ましがなければ、本書は生まれませんでした。サッカーの試合の応援に行けなかったり、洗濯物をため込んだり、料理ができなかったりしたことも理解してくれて、ありがとう。なにより、いつでも落ち着いていて、愛を注いでくれた夫のデニスには、どんなことばでもってしても、感謝の気持ちを伝えきれません。

最後に、自分の体験を話したり、手紙を送ってくれたりして、自分の体験を分かちあってくれたたくさんの子どもたちに、最大の感謝を伝えたいと思います。一人ひとりの率直さは、なによりの贈り物でした。みんなの勇気がわたしにアイデアをもたらしました。みんなの望みが、わたしが書き続ける原動力になりました。だから、この本は、みなさんのものなのです。

初版の序文

シンシア・リン・メイザー

わたしの名前は、シンシア・リン・メイザー。今、39歳で、結婚して17年。12歳と9歳になるふたりの息子がいます。アマチュア・ミュージシャンをやりながら、作家としても活動しています。料理は苦手かな。

わたしはまた、性的虐待のサバイバーでもあります。

わたしが6歳の頃から、父はわたしに性的虐待をするようになりました。わたしが14歳になった頃には、からだに性的な虐待をふるうことはなくなったものの、ことばによる性的な虐待は17歳まで続きました。

この20数年ものあいだ、父がわたしの人生に与えたダメージに向きあうために、たくさんの時間とエネルギー、お金、そして涙を費やしました。そしてついに、わたしなりに回復し、性的虐待を受けたほかの人たちに手をさしのべることができると思えるところまでたどり着いたのです。

この本は、性的虐待による傷つきから回復しようとする大人の女性に読んでもらうつもりで書き始めました。でも、ある晩、アリソンという知り合いの10代の女の子から、祖父から性的虐待を受けている友だちの話をうちあけられました。アリソンは友だちを助ける方法が知りたくて、性的虐待や性暴力についての本を探しに図書館に行ったものの、役に立つ本が見つけられなかったというのです。

その時、突然、頭のなかでアイデアがひらめきました。10代の男の子や女の子こそが、性暴力や性的虐待についての本を必要としているということを。10代ならではの問題や関心について語りかけ、さまざまな大変な状況を助け、回復への道のりを歩み始められるような本が必要なのではないか、と気づいたのです。

わたしの願いは、この本があなたにとって、まさにそのような本となることです。あなたが性暴力についていだいていると思われるたくさんの疑問に答えたつもりです。基本的な情報も盛り込みました。どんな人が加害者になるのか、なぜそんなことをするのか、どうしたら相手の行動をとめることができるのか、友だちになんと伝えればよいか、といったことなどです。

この本を読むときには、10代の男の子や女の子の置かれている状況は、人それぞれ全員ちがうということを忘れないでください。ある人に起きたことが、あなたには起きていないかもしれません。加害者に対するあなたの思いは、ほかの人とはちがうかもしれません。性暴力について感じる気持ちに、どれが〈正しい〉とか〈まちがっている〉とかはありません。あなたが体験したことは、多くの子どもたちに起こっているということ、そのことをどう感じてもよいということ、そして性暴力のあとにも人生が続くのだということ、それをあなたに理解してもらうのがこの本の目的です。

インタビューに応じてくれた勇敢な人たちや、自分の被害体験についてアンケートに答えてくれた人たちがいます。この本で紹介しているたくさんのコメントは、こうした男の子や女の子の声をそのまま紹介したものや、何人かの意見を合わせたものです。コメントを寄せてくれたのは、わたしが知っている人や会ったことのある人、それに手紙を書いてくれた人などです。どのコメントも、実際に起きたできごとや話してくれたことをもとにしていますが、被害者のプライバシーを守るために少し変えているところもあります。

あなたはひとりではありません。あなたは悪くありません。あなたが性暴力をまねいたわけでもありません。そして、今の痛みから先に進むこともできるのです。そうしたことをこの本を通してあなたに知ってもらいたいというのが、わたしの一番の願いです。

あなたはとても勇敢で、称賛に値する大切な存在です。今すぐには信じられないかもしれませんが、この本を読んだあと、そう思ってくれることを願っています。

一九九四年七月

第二版の序文

シンシア・リン・メイザー

初版が出版されてから十年が経ちました。この十年で、わたしは年齢を重ね（もうすぐ50歳になります）、夫とわたしはこの春で結婚して28年を迎え、かわいい息子たちは信じられないほど素敵な青年になりました。

この本の初版が出版されてから、性的虐待や性暴力被害を経験した多くの男性や女性、男の子や女の子から反響がありました。手紙を書いてくれた人もいましたし、わたしの話を聞いて会いに来てくれたり、庭先に座りながら自分の話をしてくれた人もいました。十年前にこの本を手がけたときも、そして第二版の執筆に取り組んでいるときも、わたしはあなたがわが家の庭先に座っているのをイメージしながら書きました。まるで、あなたと一緒に会話をしているようにね。あなたがわたしの語ることばから、わたしがあなたを心配していること、気にかけていること、あなたを抱きしめたいと思っていることを感じ取ってもらえれば、と願っています。

この本が、長年にわたって傷ついた人たちの助けとなっていることに喜びを感じますが、一方で、この本が今もなお必要とされている状況には悲しみも覚えます。この本を読んでいる人のなかには、十年前にはまだ赤ん坊だったり、ハイハイを覚えたところだったり、幼稚園に行き始めたばかりだった人もいるでしょう。そして今、あなたはここで、自分自身の、あるいは友だちの痛みに向きあう方法を探しているのですから。

あなたがこの本を手にしたいきさつはともあれ、あなたがこの本から安らぎを見出し、勇気づけられることを祈っています。虐待や性暴力は自分のせいではないと、こころから信じられるようになることを祈っています。

たとえ、あなたを守るべき人、あなたのために闘うべき人、あなたを信じるべき人が、あなたのために動いてくれなかったとしても、だからといってあなたは守られるだけの価値がないとか、あなたのために闘う価値がないとか、信頼に値しないというわけではありません。それをわかってほしいのです。文字通り、何百万人もの人が、痛みを乗り越え、生き抜いてきました。わたしたちみんなが、あなたを応援していて、あなたを信頼し、あなたもきっと生き抜くことができるはずだって、思っていますからね。

二〇〇四年一月

第1部　痛みが始まる

第1章　あなたはひとりじゃない

夜7時のこと。わたしは宿題を見てもらおうとして、なんの気なしにお母さんの寝室に向かいました。ドアのところで、わたしは立ちすくみました。お母さんはお気に入りのきれいなブルーのドレスを着て、「夜のお出かけ用」のメイクをし、香水をふりかけていたからです。

「なにをしているの……?」愕然《がくぜん》としながら、尋ねました。

「今夜は友だちとカードをするのよ。忘れてた?」と、お母さんはあっさり答えました。

そんなこと知らなかった。またあの恐怖の夜がやってくるのだと気づいたわたしは、顔から血の気が引くのがわかりました。お父さんから逃げ、お父さんの裏をかき、お父さんから離れるために必死になる恐怖の夜。そして今、またもや、お母さんはわたしをひとり置いてきぼりにしようとしている。だれにも守ってもらえず、お父さんの意のままにされるわたしを。

このときわたしは12歳で、こんな悪夢を体験しているのは、世界中でわたしだけだと思い込んでいました。あれから37年が経った今、わたしは、文字通り何千人もの子どもたちが毎日これと同じような状況に直面していることや、自分を愛し世話してくれるはずの人から身を守らなければならない状況にあることを知っています。たくさんの子どもたちが、本来、自分を傷つけるはずのない、信頼すべき人たちから性暴力被害を受けているのです。こうした子どもたちのために、わたしはこの本を書きました。

被害を受けた子どもたちのなかには、男の子も含まれます。ほとんどの人が、性暴力被害を受けるのは女の子だけだと思い込んでいます。でも、そうではありません！ 男の子の被害者もたくさんいるのです。

男の子への性暴力について、統計を取るのはむずかしいことです。なぜなら、男の子は自分が被害者だなんて考えもしません。この社会では、弱い男性とか、男性も傷つくというイメージがないからです。ですから、男の子が性暴力被害にあっても、自分の記憶から消し去ろうとしたり、「あれは性暴力被害なんかじゃない」と決め込んだりしてしまうのです。また、男性から性暴力を受けた男の子は、自分が同性愛者なのではないかと考えることも少なくありません。

ウィリアムもそう思い込んでいたひとりです。通っていた教会の司祭から性暴力を受けたウィリアムは、ほかにも少年たちがいるなかでなぜ自分が選ばれたのかを考えるうちに、よくわからないけれど「自分がゲイ（同性愛者）だと知られたせいだ」と思い込むようになりました。とんでもない！ 女の子が女性から性暴力を受けても、それはその子がレズビアン（同性愛者）だからではありません。それと同じように、男の子が男性から性暴力を受けたからといって、ゲイだというわけではないのです。

統計によると、米国の男の子の7人にひとり、そして実際にはもっと多くて、5人にひとりくらいが、18歳になるまでに性暴力を受けていると報告されています。

この本の使いかた

この本を読んでいる人のなかには、友だちが性暴力被害を受けたと知ったのをきっかけに、この本に手を伸ばした人もいるでしょうし、あるいは「わたしの身に起きたことは、もしかしたら性暴力なのかな」と思って、これを読んでいる人もいるでしょう。あるいは、自分が性暴力被害を受けたということははっきりわかっていて、それについての情報や支援がほしいと思っている人もいるかもしれません。

どのような状況であなたがこの本にめぐりあったにせよ、あなたがこの本を読んでくれていることをわたしはうれしく思っています。どうぞ、ゆっくり時間をかけて読んでください。性的虐待や性暴力は重いテーマです。無理はしないでくださいね。この本は、あなたを傷つけるためではなく、あなたの助けになるように書かれたものです。順番通りに読まなくてもかまいませんから、今現在、あなたの生活に関わる部分から読んでください。残りの部分は、こころの準備ができたときのために取っておきましょう。あなたさえかまわなければ、もちろんはじめから終わりまで読んだっていいんですよ。大切なことは、自分のためになるようにこの本を使うということです。もし、読んでいて気持ちが乱れたり、こわくなったりするようなら、しばらくのあいだ、この本を脇によけておきましょう。落ち込むためではなく、回復に役立たせるために、この本を使ってくださいね。

性暴力・性的虐待とは、正確にはどういうものなの？

はじめに、これからお話しすることばの説明をしておきましょう。性暴力や性的虐待ということばは、いろいろな使われかたをしています。裁判官や弁護士などの司法関係の専門家は、性暴力や性的虐待を説明するときに、〈親等〉とか〈一時的養育と監護権〉といったことばを使います。セラピストや心理学者、精神科医といった精神保健分野の専門家は、〈裏切り〉とか〈境界線（バウンダリー）の侵害〉といった言いかたで説明することがあります。そうそう、性暴力や性的虐待について尋ねられると、「そんなことあり得ませんよ。うちの病院では診られません」なんて答える専門家もなかにはいますけどね。

それはさておき、性暴力や性的虐待は実際に起きているわけですから、この本の目的に沿って、次のように定義することにしましょう。

これまでの生活のなかで、だれかがあなたに対して次のどれかひとつでもしたなら、あなたは性暴力被害にあった可能性が高いといえます。

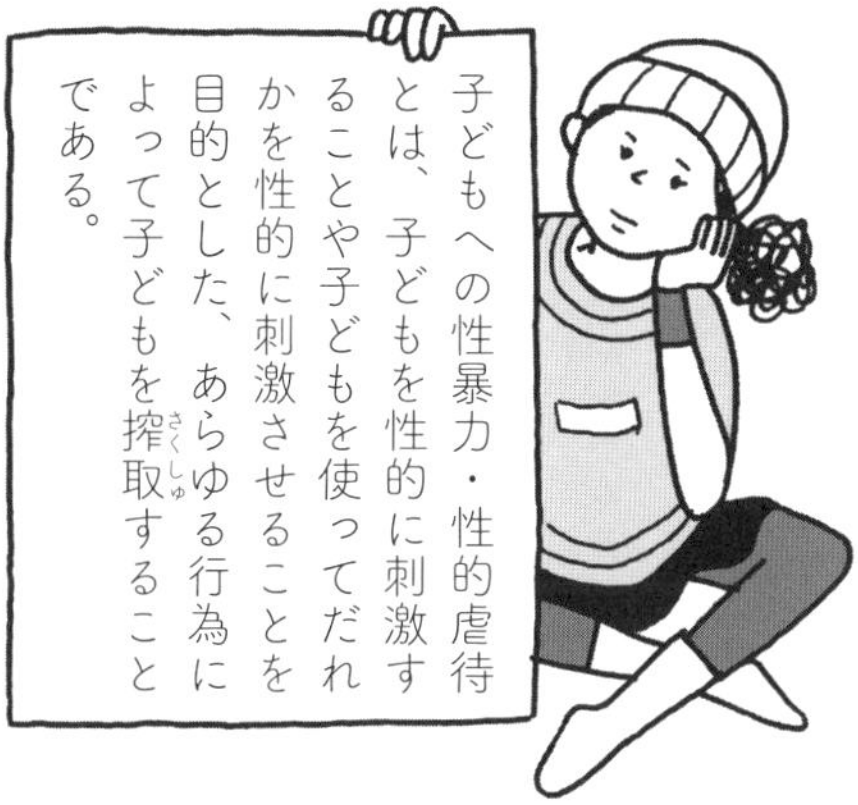
子どもへの性暴力・性的虐待
とは、子どもを性的に刺激す
ることや子どもを使ってだれ
かを性的に刺激させることを
目的とした、あらゆる行為に
よって子どもを搾取《さくしゅ》すること
である。

1. あなたの膣《ちつ》か肛門に、指やペニス、ほかのものを入れる。
2. あなたに、自分のプライベート・パーツ（膣、胸、ペニス、お尻）を触らせる。
3. あなたに性的な写真（絵）を見せたり、ポーズをとらせて性的な写真をとる。
4. あなたに、自分のプライベート・パーツを見せる。
5. あなたの裸や服を着ていないところを覗いてくる。
6. あなたが不愉快に感じる方法で、あなたに触ってくる。
7. あなたがいやだと感じるような言いかたで、セックスの話をする。
8. あなたの気分が悪くなるような言いかたで、あなたのからだの話やそのほかの個人的なことについて話す。

これらは、性暴力のすべてを書き出した完璧なリストではありません。子どもに性暴力をふるう方法は何百通りもあり、これらはほんの一例です。

では、インセスト（近親姦）とはなんでしょうか。あなたに性暴力をふるう人が、家族の一員であったり、暮らしのなかで家族同然の関係にある人の場合、インセストということばを使うことがあります。[*1]

家族の一員とは、血のつながりがある人たち、たとえば生物学的なつながりのある以下のような人たちをさします。

- 母や父
- 兄（弟）や姉（妹）
- おばやおじ
- 祖母や祖父
- いとこ

親しい役割を担う人というのは、血のつながりはないけれども家族同然の関係にある人をさします。たとえば、以下のような人たちです。

- 里親
- 継父母
- 後見人

• 義理の兄（弟）や義理の姉（妹）
• 同居している、父や母の恋人
• 結婚や法や状況によって、新たに家族になったあらゆる人

法的な定義

米国のほとんどの州法は、インセストを「血縁関係のある者同士（きょうだい同士、父親と娘、祖父母と孫など）の性交」と定めていますが、この本では、家族の一員や家族同様の親しい間柄にある人からの性暴力をインセストと定義します。これはインセストのかなり広い定義です。もっと限定的な意味で使っている専門家もいます。

性的虐待の法的な定義は、それがどこで起きたか、どんな種類の暴力か、虐待者がその子どもの〈養育・監護権〉を有するかどうかによって異なります。

本書で用いられている定義が法律家やソーシャルワーカー、警察の定義と異なっていても、混乱しないでください。どの定義であっても、その本質は、それが虐待であり、法に違反することであるのはたしかなのですから。

家族以外の加害者と家庭内の加害者

次に、性暴力ということばについて、加害者がだれであるかによって分類してみましょう。まず、家族ではな

＊1　訳注　日本では、家族からの性的虐待のうち、主に挿入を伴う性暴力についてインセスト（近親姦）と表現することがありますが、近年ではあまり使われず、性的虐待の用語が用いられています。米国では、加害者がだれであっても、子どもに対する性暴力は広く性的虐待と呼ばれますが、日本では、保護者からの性暴力を性的虐待といいます。本文では、米国の事情を説明した箇所を除き、家族（とくに保護者）からふるわれる性暴力を性的虐待とし、加害者がそれ以外の場合については、広く性暴力あるいは性被害と表記します。

インセストとは、家族の一員や家族同然の関係にある人からの性暴力のことです。

い人が加害者である場合と、家族（身内）が加害者である場合にわけられます。

家族以外の加害者には、次のような人がいるかもしれません。

- 学校の先生
- コーチ
- ベビーシッター
- 僧侶、司祭、ラビといった宗教的リーダー
- 学校の用務員
- 医者
- スカウトのリーダー

こうした人たちが子どもと性的な関わりをもつと、それは性暴力とみなされます。なぜなら、こうした人たちは、本来、子どもの指導と監督にあたるべき立場にあるからです。つまり、子どもたちは、その大人から指導や監督を受けざるをえないのです。その大人が責任者なわけですから、子どもたちは逃げようがないのです。

米国の子どもたちの多くが、家族以外の人から性暴力を受けています。事実、いくつもの研究から、米国の女性の3人にひとりが18

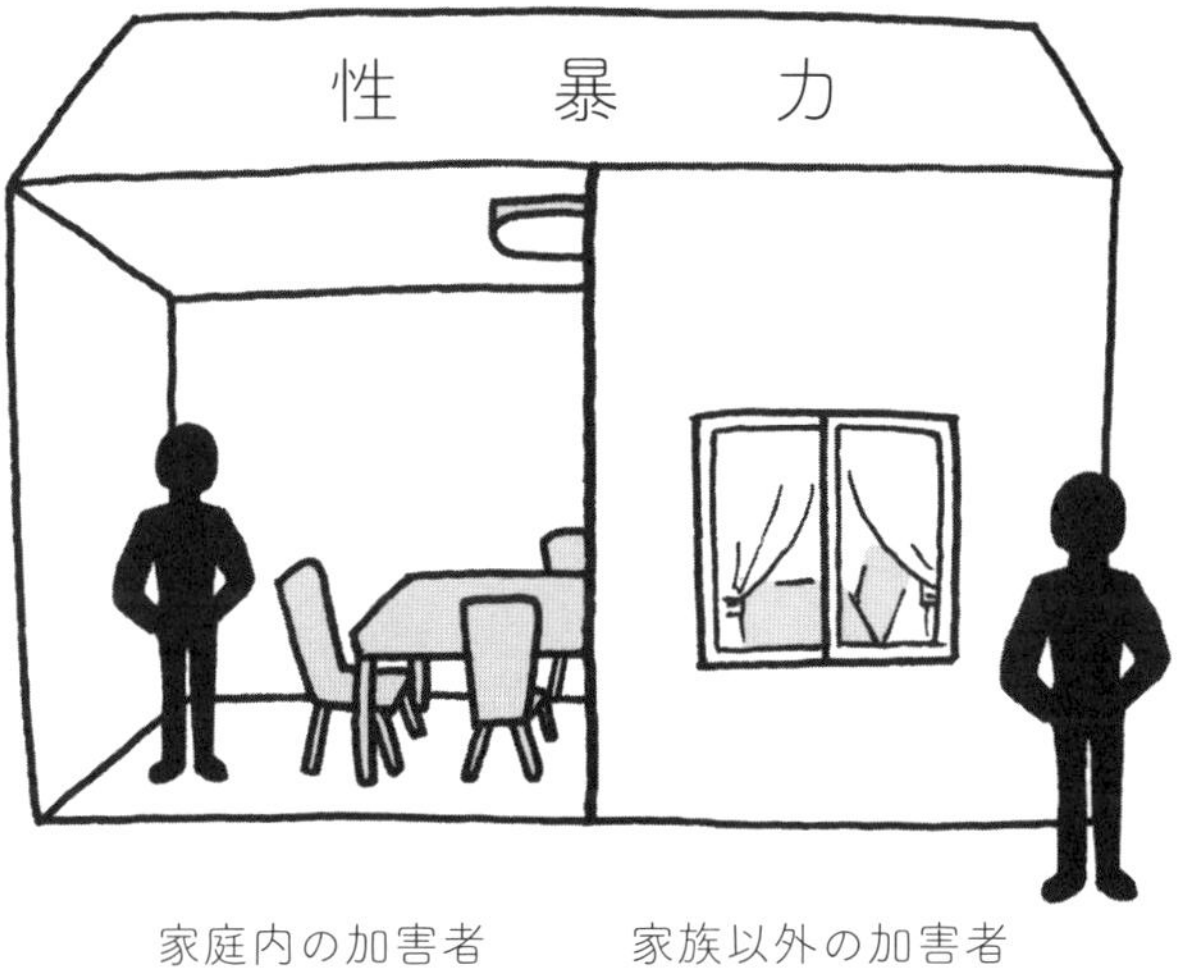

歳までに家族以外の人から性被害を受けることがわかっています。ヘザーという女の子は、毎週土曜日の晩にバイトをしていたベビーシッター先で、その家の父親から性被害を受けました。ジャスティンは、所属していたソフトボールチームのコーチから、グウェンは科学の先生から、性被害を受けたんですよ。

どの例をみても、加害者は被害者が知っている人であるばかりか、子どもが慕っていて、信頼していた相手であったことがわかります。ほとんどの子どもは、ふだんの生活でひんぱんに会っている相手から性被害を受けています。まさか自分を傷つけるはずがないと信じていた相手からです。実際には、見知らぬ人から性被害を受ける子どものほうがめずらしいのです。残念なことに、ふつう親は、「知らない人に気をつけなさい」とは言うものの、「知っている人や慕っている人が性暴力をふるうこともあるんだよ」なんてことは、全然教えてくれません。

もっと多いのは、家族のだれかから性被害を受けるケースです。家族あるいは家族同然の親しい関係にある人というのは、血縁のある人、義理の関係がある人、養育関係にある人のことで、次のような人たちが加害者になりえます。

- 母、父
- きょうだい
- 祖父母
- おばやおじ
- いとこ

ほかにも、法律上の親族関係にある人（義理の兄弟姉妹など）も、ここに含まれます。こうした人たちがふるう性暴力を、家庭内性暴力と呼びます。

家庭内性暴力は、血縁家族や親族関係のなかで起こるという点で、ほかの種類の性暴力と分けられます。米国の女の子の4人にひとりが、家族や親族から性被害にあっています。シャロンという女の子は、家族の一員だと思っていた母親のボーイフレンドによってからだをあちこち触られ、まるでその男の恋人のように扱われていました。また、イボンヌは、6歳のときから義理の父親によってからだを撫《な》でまわされ、11歳でレイプされました。ベリンダの場合、母と祖母から拷問され、性的虐待を受けました。こうした女の子たちはみんな、加害者は自分のことを大切にして、愛してくれていると信じていました。相手は家族の一員なのだから、信用しても安全だと思っていたのです。

信頼――それは性的虐待によって破壊されてしまう、もっとも重要なもののひとつです。不幸なことに、加害者が身近な人であればあるほど、信頼は大きく崩されてしまいます。〈家族〉だと思っていた人から性暴力を受けると、そこから起き上がって前に進むことが、とてもむずかしくなります。

グレーゾーンに入る加害者

ここまでのところで、子どもの指導や監督に責任をもつ家族以外の大人が加害行為をする場合もあれば、家族が性暴力をふるう場合もあるということがわかりましたね。では、家族と家族以外の境目のグレーゾーンに入るような人たちは、どうなのでしょう？　子どもの指導や監督に責任を負っているわけではない人たちが加害者である場合について考えていきましょう。

指導や監督をしない人　性暴力をふるった人が、学校の先生やコーチ、スカウトのリーダー、親や親戚のように、一時的にでも子どもに責任を負っている人ではなく、子どもの指導者や監督者ではない場合もあります。米国の多くの州では、こうした人たちの性的接触は性的虐待とは呼ばずに、性暴力と呼んでいます。法廷で犯罪を扱う際には重要な区分になります。つまり、この場合も家庭内や家族外の性暴力と同じように犯罪になることがあるのです。でも、その性暴力があなたの人生に与えたダメージについて考えるときには、両者を区別してもなんの意味もありません。養育者以外の相手からふるわれた性暴力も、同じように大きなダメージをもたらします。

家族のような人　本当の意味での家族ではないものの、被害者と同じ家に住んでいる加害者もいます。ダーネラの場合もそうでした。ダーネラの兄の親友は、自分の家庭でひどい虐待を受けていたことから、ダーネラの家でしばらく暮らすことになりました。ダーネラの家で暮らし始めて2ヶ月が経った頃、その友人は、ダーネラのからだを撫でたり、まさぐったりし、ついにはレイプをしたのです。ダーネラは、その少年が自分のことを傷つけるわけがないと信じていました。ダーネラがその少年のことをもうひとりの兄のように慕っていたとしても、ちっともおかしなことではないでしょう。なぜなら、その少年はダーネラの家族の一員として迎え入れられていたのですから。ですから、彼女もその少年を家族のように思っていたのです。悪いのは、兄の友人である加害者のほうなのです。

米国では、州によって、この少年がダーネラの指導者や監督者にあたらないことから、性的虐待ではなく性暴力だとみなすところもありますし、この少年をダーネラの世帯の一員だとみなして性的虐待であるとする州もあります。

こうしたことばのちがいにとまどう必要はありません。だれがやったとしても、法律がどう呼ぶとしても、あるいは何回起きたかにかかわらず、加害者がしたのは人を傷つけることであり、犯罪であり、処罰されるべきものだということは変わりません。

宗教的なリーダー

1990年代の終わり頃、米国では、多くの子どもや大人たちが、司祭などの聖職者から受けた性暴力を明らかにし始めました。当時30代になっていた大人たちは、自分が14～16歳のときに司祭から性暴力を受けたことをうちあけたのです。また、11歳や12歳の子どもたちも沈黙を破り、司祭からの性被害を語りました。このため、米国全土、とりわけカトリック教会に激震が走りました。「神のしもべ」が、子どもを性的に暴行するなどという卑劣なことをしようとは、当初、にわかに信じがたいことでした。

残念なことに、司祭であるからといって、性犯罪者が抱える病いにかからないという保障はありません。司祭であるというだけで、口にできないほどひどいことを子どもたちにしないというわけではないのです。もしもあなたが、そうした子どもたちのひとりであるなら、どうか、どうか、どうか、だれかに話してください。あなた自身のためだけではなく、司祭と関わったほかの子どもたち、そしてこれから関わるかもしれないすべての子どもたちのために。
司祭のような宗教的リーダーが、生涯、どれほど多くの子どもたちと関わるかを考えてみてください。元司祭のジョン・ゴーガンが2003年8月に亡くなるまでのあいだ、彼から性暴力を受けたと訴えた人は、なんと130人にのぼりました。100と30人ですよ!!
親だけでなく、司祭、僧侶、ラビといった宗教的リーダーは、生活のなかで大きな権威をもち、尊敬を集めているはずです。だからといって、されたことを話してはならないということではありません。まわりの人があなたの話を信じないという意味でもありません。本当ですよ。実際に大変なのはたしかです。だれが加害者であれ、性被害について語ることはむずかしいことですが、「神のしもべ」の仕業だけに、事実をうちあけることは余計むずかしく思えるでしょう。でも、これから言うわたしのことばを信じてくださいね。神はあなたの味方です。神はこんな恐ろしいことを子どもにするなんて、思いもよらないはずです。だから、どうかだれかにうちあけてくださいね。

覚えておいてほしいこと――あなたはひとりでこの問題に対処しようとしなくていいのです。そして、この苦痛をなんとかしようともがいているのは、あなただけではありません。この国の何千人もの子どもたちが、今なお性暴力を受けていたり、性被害の影響から回復しようとしたりしているのです。

この本の目的は、あなたの回復をサポートすることです。今は信じられないかもしれませんが、あなたは回復できます。そのために、まず自分が被害者だったという事実を受け入れなくてはなりません。

自分が被害者だと認めること

性被害を受けてそこから立ち直った人を表わすことばに、〈サバイバー〉があります。過去に性被害を受けて、今、それに立ち向かっている人をサバイバーと呼ぶ人もいます。わたしも同意見です。

さらに、サバイバーであることは、目標でもあるのです。サバイバーになるには、その前にまず、被害者であることを認めなければなりません。被害者とは、まさに過去のあなた自身をさすことばです。つまり、あなたは性暴力の被害者だったということです。

性暴力は犯罪です

米国のすべての州で、性暴力は犯罪とみなされます。重罪（重い罰が科せられる）になるか、軽犯罪（より軽い罰が科せられる）になるかどうかは、州によって異なります。なぜちがうのかというと、それぞれの州が、状況に応じて性暴力を重罪にするか軽犯罪にするかを決める権限を持っているからです。とはいえ、どんな性暴力もなんらかの犯罪となることはすべての州で共通しています。[*2]

性被害はあなたのせいではありません

性被害を受けたのはあなたのせいではないということを、あなたが納得するまで、わたしは何度も何度もあなたに伝えます。つまり、被害を受けたのは自分のせいではないってことを、あなたが本当にわかるまでです。

こう言われても、それを受け入れるのはとてもむずかしいかもしれません。もしかしたら、加害者に、「こんな

もう一度、統計をみてみよう。
米国では、3人にひとりの女の子が、
18歳になるまでに家族以外の人から性被害にあっています。
米国では、4人にひとりの女の子が、
18歳になるまでに家族から性的虐待を受けています。
米国では、7人にひとり、もしくは5人にひとりの
男の子が、18歳になるまでに性被害を受けています。

＊2　訳注　日本においても、性暴力は犯罪になります。刑法では、12歳以下の子どもにわいせつ行為をしたり、13歳以上の人に暴行や脅迫を伴うわいせつ行為をした場合、強制わいせつや強姦罪などが適用されることが定められています。ただし、日本の法律では、性犯罪の多くは被害者が警察に届け出をしなければならない親告罪であり、子どもの頃の被害を成人してから訴え出たときの時効の問題もあり、まだまだ被害者にとって法的な権利が守られにくい状況にあります。それでも、近年、児童虐待や性犯罪への取り組みや加害者への処遇は変わりつつあります。あなたが受けた性暴力が犯罪になるかどうかにかかわらず、どんな性暴力であっても、それが被害者にとって不利益をもたらすことはまちがいありません。どうか、続けて読んでみてくださいね。

ことになったのは、すべておまえのせいだ」とか「おまえでなければ、こんなふうにはならなかった」などと言われた人もいるでしょう。ひどいこと！　くだらないセリフね！　性暴力が起きたのは、絶対に、絶対に、被害者のせいではありません。それを理解するのが、サバイバーになるための第一歩です。今すぐには信じられなくても大丈夫。これからずっと、このことを何度もお話ししていきますからね。

ここまでに、あなたが学んだことをふりかえってみましょう。

1. 性暴力は大きく分類したときのことばで、家族や親族関係にある人からふるわれた場合は家族内の性暴力と呼びます。
2. 性暴力は絶対に被害者のせいではありません。責任はいつだって加害者にあります。
3. 性暴力は実際に起きています。子どもがでっち上げたり、嘘をついているわけではありません。性暴力はこの社会の現実的な問題です。
4. あなたはひとりではありません。性暴力を受けた子どもはたくさんいます。

次の章では、あなたの人生に起こりうることについてお話ししていきましょう。

第2章　あれは本当に性暴力だったの？

友だちの家に泊まったり、一緒に過ごしたりしているとき、いつも聞いてみたいことがありました。「あなたのお父さんは、あなたにこんなことしてる？」って。自分の身に起きていることは、ふつうのことなのか、そうじゃないのか、それをすごく知りたかったの。

カーラ、義父から性的虐待を受けた15歳の少女

あなたも、カーラのように、自分がされたことがふつうなのか、そうではないのかと悩んでいるかもしれませんね。被害を受けているのかどうかを判断するのがとてもむずかしい場合があります。相手があなたの胸に触ったのは偶然なのか、あなたのペニスの大きさについて話してきたのはちょっとした性的なジョークなのか、話をしていたおじさんが〈変な表情〉をしているように見えたのは自分の思い過ごしなのか。こうした判断をするのが、とてもむずかしい場合があるかもしれません。

されたことが性暴力なのかどうかを判断するのがむずかしいのには、別の理由もあります。性暴力は、加害者が「愛している」と言ったり、あなたに関心を向けているふりをしながらふるわれることが多いからです。お風呂の時間は性暴力が起こりやすいときです。夜寝るときもです。

そういう機会をねらって加害行為をする人は、子どもをもてあそんだり、性的な刺激を与えたりしてきます。ほかにも、加害者が子どもに性加害をするために、からだに触ろうとする場面があります。たとえば、床の上で

レスリングをしているとき、ソファーに座ってテレビを見ているとき、くすぐりっこをして遊んでいるとき、ドライブをしているとき、子どもに触れるような〈遊び〉をしているときなど。生活のなかで、子どものからだに触れる機会はとってもたくさんあります。ということは、子どもに性暴力をふるう機会も、すごくたくさんあるわけです。

だから、子どもが「なんかおかしいな」と思うような状況も、すごくたくさんあるということです。

自分がおかしいんじゃないかと思う

あなたは、これまでに何回、「自分がおかしくなっちゃったんじゃないか……」と思いましたか？　つまり、自分の頭が完全におかしくなっちゃったんじゃないか、わたしは自分をコントロールできなくなっちゃったのかも、もう精神病院に行くしかない……って。きっと、幾度となくそう思ったにちがいありません。でも、元気を出して！　あなただけではありません。あなただけではなく、性的な被害にあった子どもはみんな、自分はおかしい、病気だ、もうどこかに閉じ込められたほうがいいんだって、しょっちゅう考えてしまうものなのです。

そんなふうに思ってしまうのには理由があります。まず、性暴力というのは、子どもの世界ではありえないことなので、そんなことが本当に起きているなんて信じられません。ですから、こんなふうに自問するのももっともなことです。「どうして、お姉ちゃん（あるいは、お父さん、お母さん、ベビーシッター、コーチ、お隣の人）は、わたしにこんなことをするんだろう？」って。

その人が、あなたによいことを言ってくれたり、よくしてくれたりする人だったならば、さらに混乱してしまうはずです。たとえば、サッカーチームのコーチが、いつも「今日の試合はすごくよかったよ」「君がいないとダメだ」「僕が任されたら、まちがいなく君を最優秀選手に推すね」なんて言ってくれたとしたら、どう？　だれだってすごくいい気分になりますよね。

そのあと、コーチが車で家まで送ってくれたときに、こんなことを言い始めたとしたら……。「シャワーを浴びていたとき、君がだんだん大人の男になりつつあるってことに気づいたよ」って。そして、あなたのペニスの大きさについて話して、「そのうち、君は女の子をハッピーにさせることができるだろうね」なんて言うのです。その途端、あなたのいい気分はふっとんでしまい、とまどって、混乱して、こわくなるかもしれませんね。そして、どうしていいかわからなくなってしまうでしょう。

一方で、コーチが自分に注目してくれて、誉めてもらえることはうれしいのです。ただ、あなたのからだのことや個人的なことを言われるのはすごくいやなのです。

あるいは、あなたがお兄さんから性暴力をふるわれているとしましょう。一緒に暮らしている家族はみんな、お兄さんのことをすごいと思っています。お兄さんは、フットボールチームのキャプテンだし、成績も抜群、放課後はバイトに精を出し、両親の知る限り、まちがったことはしないタイプ。それなのに、あなたはお兄さんとふたりきりになると、お兄さんがなにかしてくるんじゃないかとビクビクしていなければならないのです。お兄さんは、あなたよりずっとからだが大きいので、力だってうんと強い。そして、あなたをもてあそんだり、自分のペニスをなめさせたり、あなたをレイプしたりするのです。

あなたは、お兄さんが家庭や地域でどんなふうに見られているかをよく知っています。それと同時に、あなたは、自分に性暴力をふるうお兄さんの姿も知っているのです。こんな状況では、「自分はどこかおかしいにちがいない」と思うのも当然です。「お兄さんはどこかおかしい」と思う代わりにね。

あなたは、ちっともおかしくありません。あなたの頭がどうかしてしまったわけではないのです。

性暴力はあなたを混乱させる

人生にはこんな矛盾もあるのです。ある人は、あなたをいい気分にさせてくれることもあるのに、すごくいやな気分にさせることもあるという矛盾が。家族や地域の人が見ている加害者の姿と、あなたが知っている加害者の姿がちがうのは、ありうることなのです。

加害者の矛盾する姿を知っているからといって、あなたは自分を責めてはいけません。あなたは本当のことを見ているのです。いいですか。あなたは本当の姿を見ているのですよ。あなたが、自分はおかしくなったんじゃないかと感じたのは、加害者の本当の姿を知っているのがあなただけだからです。そういう状況は深い孤独感をいだかせますし、とてもこわいものです。

この世に性暴力ほど人を混乱させるものはないでしょう。性暴力のせいであれこれ思い悩みながら、安定した人生を進み続けるなんて、だれにもできっこありません。あなたの頭はおかしくなってなんかいないし、変になったわけでもないし、病気でもなければ、病院に入れられる必要もありません。あなたはただ本当のことを見ているのです。自分を信じてください。

自分を信じて大丈夫

被害を受けているとき、たいていの子どもは、どこかの時点でいやな気持ちになったり、つらくなったり、混乱したり、こわくなったりします。子どもはふつう、相手の行為を正しいとかまちがっているというふうにはとらえません。その代わり、「みんな、こんなことを経験するものなのかな」と悩むようになるのです。加害者は立派な大人とみなされている人だし、ほかの人たちから尊敬されている人。そんな人が、まちがったことなんてするわけがない……そんなふうに、子どもは自問自答するのです。

そして、子どもは自分を疑うようになり、起きたことに対する自分の受けとめかたがおかしいんじゃないかと思い始めます。そして、自分は気がふれて、おかしくなったんだ、相手のほうがまともなのにちがいない、という考えに陥ってしまいます。そして、加害者が言ったことを鵜呑《うの》みにしてしまうのです。たとえば、「おまえがわたしを誘惑したんだよ」とか「君がかわいすぎて、どうしようもないんだ」「おまえが望んだことなんだからね」といったセリフを。

バカげています！　被害にあいたい人なんていません。そうですとも！　人間というものは、こころから愛情や関心を求めるものであり、愛情や関心にとても高い価値を置いています。でも、だれも性暴力なんて〈望んでいない〉のです。

どうしてこんなことを引き起こしてしまったのか

加害者は、〈正常な〉思いやりや愛情を示すこともできます。性的でない方法であなたと接することだってできます。実際、その加害者と〈ごくふつうの〉よい時間を過ごしたことだってあるでしょう。こうしたことが起こると、自分がおかしいんだと考えるようになってしまいます。そして自分にこう言い聞かせ始めるのです。「あれは、ただの想像上のことだったんだ。だって、あの人は僕のことを本当に大切にしてくれているもの」。

あるいは、「あれはもう終わったこと、過去のことだ」と無理に前向きにとらえようとして、そう思い込もうとするかもしれません。加害者と一緒に過ごす方法をあれこれ考えるかもしれません。なぜなら、あなたは、相手と信頼と愛情のある関係をもちたいと望んでいるからです。そしてまた被害を受けると、あなたはこう悩むことでしょう。「どうして自分は、こんなことを引き起こしてしまったんだろう？」って。

号外！ニュースです
号外！
あなたは、
その行為に
なんの責任も
ありません

あなたがこんなことを引き起こしたのではありません。あなたはそのことになんの責任もありません。人を信用したいと思い、人は自分を傷つけたりしないと信じるのは、人間だれもが持っている考えかたです。「そんなことを引き起こしてしまった」のは、加害者のほうなのです。

性暴力はあなたのせいではない

このことについては、すでにお話ししましたが、あなたにこのことを何度も思い出してもらいたいのです。性暴力は、あなたのせいではないってことを。でも、あなたがまだそれを信じられないとしても、あなただけがそうなのではありません。性暴力の被害者にもっともよくある思い込みは、被害を受けたのは自分のせいだ、自分の責任だというものです。尊敬したい、愛したい、崇拝したいと思っている人がまちがったことをしたのだと思うよりも、自分のあやまちだと思うほうが簡単な場合が多いからです。

あなたに責任はないというのは、まぎれもない事実です。セラピストや精神科医、あるいは少しでも常識のある人なら、みんなわかっています。なかには、あなたのせいだと思い込ませようとする人がいるかもしれません。でも、その人たちはまちがっています。性暴力はあなたのせいではありません。

被害だと思いたくない

子どもというのは、起こったことは悪いことじゃないと、とにかく信じ込もうとするものです。だからといって、子どもがおろかなわけではありません。地球上のどの子どもも、自分の住む世界は安全で、その世界の人たちは愛情深くて信頼に値すると信じたいものなのです。そして、そうした考えに合わないできごとを体験すると、どうにかして別の考えかたをしようと必死になるのです。これから、子どもが「これは被害っていうほどのことじゃないんだ」と自分に思い込ませようとする方法についてお話しましょう。

これは愛情にちがいない

加害者は、最初から暴力的な方法を用いたりはしないものです。たいてい、とてもゆっくりと、性器のあたりを触ったり、それらしいことを言ったりし始めます。加害者は、その子をびっくりさせないように細心の注意を払って、自分の行為を〈愛と関心〉であるかのように見せかけようとします。子どもというものは、愛情にあふれた関心に反応します。子どもっていうのは、そんなふうにできているのです。一緒に過ごしてくれたり、自分を特別扱いしてくれたり、愛されていると感じさせてくれるような人を望んでいるものなのです。

起こっていることがよいことなのか悪いことなのかを判断するのが、とてもむずかしい場合があります。だれかと肌を寄せ合う感じや、そうしたときのからだの感覚が好きな子もいます。そういう子どもは、関心や気持ちよさを得るために加害者を求めたりもするのです。

気持ちよかったから、そうしてほしかったんだ。

ゾー、兄から性被害を受けた15歳の少年

ママのボーイフレンドは、わたしのことを恋人みたいに扱ってくれたの。ショッピング街を歩くときは手を握ってくれて、「とってもかわいいよ」って言ってくれた。わたしは特別なんだって感じたの。

スザンヌ、母親の愛人から性被害を受けた14歳の少女

ある意味で、わたしはそれが気に入っていたの。愛みたいなのを感じられたから。父はいつだって、わたしのそばにいてくれたんだもの。

キャサリン、父から性的虐待を受けた16歳の少女

これが〈正常な〉愛情関係や優しさなのかどうかをみきわめるのは、とてもむずかしいことです。とくに、すごく幼い頃から被害を受けていたのなら、そうではない関わりかたと比較することはできませんし、大人と子どもの間の〈正常な〉愛情関係とはどんなものなのか、なんの手がかりもないかもしれませんから。

そんなつもりはなかったんだ――たまたまそうなってしまったにちがいない

自分はあのできごとに過剰反応しているだけじゃないか、と思っている子どももいます。起こったことは、たまたまそうなったにすぎないって。だから、自分にこんなふうに言い聞かせるのです。「あのとき、別に僕を触るつもりじゃなかったんだろう」とか、「お父さん（もしくは、お祖父さん、おじさん、お母さん、ベビーシッター、コーチ）というものは、だれだって子どもとそんなふうにするんじゃないかな」と。そう思い込もうとしているあいだにも、あなたは相手に抱きしめられ、関心を向けられます。すると、あなたの胃はキューッと痛み出し、ここ

ろの非常ベルがビービー鳴り出して、自分はどこかおかしいんじゃないかと思い始めるのです。たしかに、おばあちゃん（あるいは、お兄ちゃん、お姉ちゃん、おばさん、家族の友人）は、あなたを傷つけたり、こわがらせたりしようとはしないはずです。だから、被害者は「自分が臆病なだけなんだ」と考え始めるのです。加害者がしていることに対して、自分のほうこそおかしな反応をしてしまっているんだと。

ある晩、わたしはテレビを見ているうちに、居間のソファーで眠り込んでしまいました。半分起きているような、半分寝ているような状態でした。義理のお父さんが部屋に入ってくる音がしました。お父さんは、ソファーのそばまできてかがみ込んで、わたしに毛布を掛けてくれようとしました。最初はなんとも思っていなかったのですが、そのうち、お父さんの手がわたしの胸を撫でているのに気づきました。わたしは凍りつきました。どうしていいかわからなかったのです。目を開ける、眠っているふりをする、飛び起きて部屋から逃げ出す、叫ぶ……どうしたらいいのか、わたしはまったくわかりませんでした。わたしは、「そんなバカな。こんなのたまたまに決まってる」と自分に言いきかせました。でも、この日だけではなく、その後、数ヶ月間にわたって、お父さんは機会を見つけては、わたしの胸やお尻や足を触ってきました。わたしは、「わざとやっているんじゃないんだ」と自分に言いきかせ続けました。たぶん、お父さんはわたしにどう接していいのかわからないだけなのかも。あるいは、これはすべてわたしの想像なんだ、と。わたしは何度も何度も自分に言いきかせましたが、とうとう、そうしていることができなくなりました。そして、わたしはお母さんに話しました。

アニータ、義父から性的虐待を受けた17歳の少女

わたしはその程度の子どもなんだ

自分の身に起きたことは当然のことなのだ、と思い込んでいる子どももいます。自分はしょせんカスでクズな

なぜ、わたしがそれを
虐待だと思いたくないのか。
その理由、第185番目……

んだから、ちゃんと大事に扱ってもらえるはずがないと感じているかのようです。あるいは、自分がとんでもなくひどいことをしてしまったので、これはその罰なのだと思い込んでいる子どももいます。

> 僕はクリスチャンの家庭で育ちました。僕は神を信じています。悪いことをしたら神様は「罰を与える」でしょう。これが神様なりの罰を与える方法なんだと思いました。困ったのは、僕は自分がそれほどの罰を受けるだけの一体なにをしたのか、わからなかったことです。
>
> マーティ、義父から性的虐待を受けた16歳の少年

大人は決してまちがったことはしない

子どもというものは、「大人はいつだって正しい」とか「自分はいつだってまちがっている」という考えを頭に叩き込んでしまっていることがあります。そのために、加害者のほうがなにか悪いことや正しくないことをするかもしれないなんて、まるで考えつかない場合もあるのです。宗教の教義で「親を敬いなさい」と教えられたり、あるいは「ママとパパはいつだって正しい、どんなときも」と言われ続けてきた人もいるでしょう。

ある晩、お父さんがわたしの部屋に忍び込んできました。そして、お父さんは、いつものことを始めました。つまり、わたしのからだをまさぐって、触って、そしてあのうすら笑いをしたのです。よくわからなかったけれど、わたしのなかでなにかがプツンと切れて、わたしはベッドを飛び出しました。わたしは階段を駆け下りて玄関まで行きました。お父さんは、わたしに向かって叫びました。「ミーガン、戻ってきなさい」と。

わたしは玄関に立って考えました。だれがわたしを信用するだろう？　だれがわたしを受け入れてくれるだろう？　だれがわたしを守ってくれるだろう？　そして、「汝《なんじ》の父と母を敬え」という教えが頭をよぎり、わたしは、階段を上って部屋に戻りました。そうするしかなかったんです。

ミーガン、実父から性的虐待を受けた14歳の少女

でも、あの人は触ったわけじゃないし

からだに触らずに性暴力をふるう場合もあります。からだに触るのではなく、ただ子どもに話しかける加害者もいるのです。たとえば、子どものからだの変化や歩きかた、服の着かたについて、性的なコメントをしたり、会話にいちいち性的な意味合いを込めたりするのです。あるいは、その子をいやな気持ちにさせるような行動をとることもあります。たとえば、その子が服を着替えているときや入浴中に部屋や浴室に入ってきたり、子どもの前を裸やパンツ一丁で歩き回ったり、子どもの目に入ることを承知のうえで、ドアを開けっぱなしにしたまま用を足したりするのです。また、触らないタイプの性暴力には、子どもにポルノを見せたり、子どものポルノ写真を撮ったりする、なんてものもあります。

からだに触らないタイプの性暴力はとてもわかりにくくて、一見しただけでは性暴力のように見えないこともあります。こういう性被害を受けてきた子どもは、家のなかのこんな〈雰囲気〉について語ることがよくあります。あらゆるものに、性的な含みや意味合いがあるのだ、と。

お父さんは、寝室とバスルームのドアをすべてとっぱらいました。だれにもプライバシーはありませんでした。トイレに行くのも、シャワーを浴びるのも、服を脱ぐのも、寝るのも、なにもプライベートにはできませんでした。ああ、なんということでしょう。そんな家だったから、両親がセックスをするときは本当にひどかったんです。

リシェ、実父から性的虐待を受けた15歳の少女

裸のまま、あるいはほとんど全裸の格好で家のなかを歩き回ったり、あなたがトイレに入っていたときにうっかり入ってきたりした家族がすべて、必ずしも加害者ではないということはわかってくださいね。家族によっては、家にいるときはちゃんと服を着なくてもかまわないという場合もあります。どの家庭にも、その家庭のルールというものがあります。ある家庭ではふつうでかまわないとされていることが、別の家庭ではそうではないこともあります。それを判断するのはあなた自身であり、こうしたできごとについてあなたがどう思うかが大事なのです。もし、あなたがいやな気持ちになったり、こうしたことのせいで「ううっ」と胃が痛くなったりするような気分になるなら、これは性暴力である可能性があります。

起きていることが性暴力かどうかを判断するための一番いい方法は、いやな思いをさせる相手に、「そんなことをするのはやめて」と頼むことです。もし、相手があなたの気持ちを無視して、あなたに「気にしすぎだ」と言ったり、あなたがいやがっていることをむしろ喜んでいるようであれば、その人はまちがっています。その場合、あなたはだれか（信頼できる大人）になんとかしてもらわなくてはなりません。からだに触らないタイプの性暴力はとてもわかりにくいものですが、ほかのタイプの性暴力と同じようにあなたを深く傷つけるものです。

でも、あの人は、すごくまともに見える

自分が性被害を受けたのかどうかわからなくなるもうひとつの理由は、加害者があなたのよく知っている人であったり、おそらくは、あなたが好きな人であったりするからです。あなたは、突然、その人に対する自分の認識を考え直さねばならなくなります。その結果、この〈まともな〉人が、まさかこんな異常なことをするなんて信じられない、という結論に至るかもしれません。

仕事をちゃんと続けている人、有名な人、友人が多くてみんなから好かれている人、地域や教会で活躍している人、そういった人が子どもに性加害をするなんて信じられないことでしょう。自分がバカになったにちがいないと思うほうがずっと簡単です。とりわけ、加害者が、愛情にあふれ、思いやりがあり、大人であり、責任感の強い人物のようにふるまっているように見えるときにはそうです。性暴力が起きたあと、朝起きて台所へ行くと、その加害者がシリアルを食べながら新聞を読んでいるのです。そして、満面の笑顔で、あなたのお母さんに「行ってきます」のキスをして仕事に出かけるのです。それを見たあなたは、「こんなの、なんかおかしい」と思う代わりに、「自分はどうかしちゃったんだ」と自問自答することでしょう。

なにより、あなたを愛しているはずの人がこんなことをするなんて、到底、理解しがたいですよね。夢を見ていたのかもしれないとか、自分はこんな扱いを受けるに〈値する〉ことをしたんだとか、こんなことだれだって経験しているはずだ、と思い込むほうがずっと簡単です。

被害を受けたことはわかってる、でも……

もしあなたがレイプされたのであれば、それが性暴力だというのはもっとわかりやすいかもしれません。でも、おそらく、すごく怯《おび》えているでしょうね。レイプなんて思いもよらなかったことでしょうし、とっても傷ついたでしょうから。

レイプはもっとも暴力的な行為のひとつです。子どもの膣や肛門は、大人のペニスやほかの大きなものを入れるようにはできていません。そのため、レイプされた子どもは、出血したり痛みを伴うような傷を負ったりすることが多いのです。もしも性暴力によってからだに傷を負ったなら、病院で治療を受けましょう。学校の保健室に行くとか、あるいは自分で運転できるなら、かかりつけの診療所で相談するとか、地域の救命救急センターに行くとか、必要なら救急車を呼びましょう。被害が表沙汰になることを恐れて、自分の健康や将来を棒にふるようなことを考えてはいけません。あなたはそんなことになってはいけない、大事な人なんですから！

相手はどうしようもなかったんだ

レイプは人を傷つける暴力行為であるとわかっていたとしても、我慢しなきゃと思うかもしれません。きっと加害者はそうせずにはいられなかったのだろうから、と。加害者はアルコール依存症だったり、ドラッグ（薬物）の問題を抱えていたりするのかもしれません。あなたは、自分こそが性暴力を引き起こしてしまった原因であり、加害者はあなたの〈魅力〉にかなわなかっただけなのだと考えているかもしれません。こうなったのも自分の運命なのだとか、自分は加害者の不幸のはけ口にならなければならないんだとか、こんなふうに自分に思い込ませる方法はたくさんあります。

自分がどう感じていいかわからない

子どもというものは、性暴力や加害者に対して、実にさまざまな感情をいだくものです。愛と憎しみのような相矛盾する気持ちを同時に感じることだってあるでしょうし、加害者が死ねばいいと思うこともあるでしょう。それと同時に、「だれか死ねばいいなんて、そんなこと思っちゃいけないのに」と罪悪感にさいなまれるのです。性暴力のことをどう感じるべきかなんて〈正解〉はありません。それを覚えておいてくださいね。今のあなたは、気持ちがごちゃまぜになっているでしょうし、そんな状態を整理するにはそれなりの時間がかかるものです。

これはよくあることだと言われた

加害者は、非難からのがれるためにはなんだってやります。被害者に自分の行為の責任を押しつけるだけでなく、被害者に対してはもちろん、自分自身に対しても「こんなことはよくあることさ。愛情ゆえのことなんだ。なにがまちがっているものか」と思い込ませようとしているのです。

起きていることについてのあなたの気持ち、あなたの感覚、あなたの考え、それを信じましょう。だれかにされたことのせいで、あなたが不安になったり、恥ずかしくなったり、悩んだり、あるいはこわくなったのだとしたら、それはおそらく性暴力です。できごとのせいで、不快な感じがしたり、胃がキューッと痛んだり、こころの非常ベルがビービー鳴り続けたら、それは想像上のできごとではありません。それは現実なのです。現実なのにもかかわらず、まるで嘘であるかのような言いかたをだれにもさせてはいけません。あなたが被害を受けていると思ったら、そのとき、それはたしかに事実なのです。

第3章　インターネット性犯罪

彼女は約束した場所で待っていました。暖かいマサチューセッツの夜風にからだを震わせながら。彼女の身震いは、寒さからではなく、禁じられた体験に初めてふみだす興奮によるものでした。ついに、インターネットのチャットルームで知り合った男性に会うときが来たのです。相手は年上で、同年代の男の子よりずっと経験豊富な人でした。これまでの2ヶ月間、ふたりはチャットルームでセックスの話をたくさんしてきました。そして、その晩、ついにふたりは対面することになっていました。

一週間後、警察は彼女を発見しました。彼女が生きていたのは幸いでした。しかし、残念なことに、彼女は3人の大人から、7日間にわたって拷問され、レイプされ、肛門性交され、麻薬を飲まされ、辱《はずかし》めを受け続けました。彼女は15歳でした。そして、これはマサチューセッツの小さな街で実際に起きた事件なのです。

こんな事件は自分には関係がないと思うでしょうか。よく考えてみてください。現在、米国では、インターネットを使っている子どもの5人にひとりが、なんらかの性的な行為の誘いを受けたり、セックスをすることになるかもしれない相手からふたりで会おうと誘われたり、一方的に送信されてくる性的なメッセージを受け取ったりしています。こういうことを何度か経験したことがある子もいるでしょう。でも、よく考えてみてください。たしかに、思春期になってホルモンの分泌が増えて、セックスについてあれこれ思いをめぐらせたり、セックスのことばかり考えるようになると、インターネットの情報に興味をもつのも無理はありません。でも、それはよい結果につながりません。そうした興味はストップさせましょう。

ここ十年くらいのあいだに、子どもにとってまったく新しい危険な世界が広がりました。インターネットの影響です。多くの場合、インターネットは、調べものやコミュニケーション、娯楽などのための素晴らしい手段です。でも、インターネットには非常に危険な側面もあるのです。インターネットの世界では、子どもは弱者で、ハイテクを駆使する性犯罪者の犠牲になる危険にさらされています。

あなたと同年代の子どもたちが、インターネットに接続しただけで、あるいは知らないうちにポルノサイトにつながるウェブ・アドレスに飛んだりすることで、たくさんのポルノ情報にさらされています。子どもがチャットルームに入ったり書き込みをしたりすると、よからぬことをたくらむ見知らぬ人が近づいてきます。なによりも危険なのは、パソコンや携帯を通じてしか知らない相手から、直接会おうとそそのかされることです。知らない相手と会うことは、インターネットのとても危険なところだということは、もうお話ししましたね。

こうした新たに出現した社会問題に対応するために、インターネット性犯罪の法律が強化されてきました。インターネット性犯罪は、基本的には2種類に分かれます。からだに直接触れないタイプのものと、からだに触れるタイプのものです。からだに触れない性暴力の例としては、子どもにポルノを送ってきたり、インターネットを通して子どもに性的な提案や言い寄りをしたり、サイバーセックス（インターネット上でセックスの会話をすること）に加わるように子どもを誘惑するといったことがあります。からだに触れるタイプの性暴力とは、文字通り、10代の若者や幼い子どもに暴行や性加害をすることです。こうしたことは、加害者と被害者が直接会っているからこそ起こるものですし、そこに行き着くまでには、最初は接触しないタイプのやりとりが必ずあります。そのやりとりのなかで、10代の若者はハイテクを駆使した加害者の意のままになってしまい、「会ってもいいかな」

と思わされてしまうのです。でも残念ながら、会ってもいいことはないのです。ついには、この章の最初に登場したマサチューセッツの少女と同じような残酷な目にあう可能性があるのです。

ここに挙げたのは、ほんの一例にすぎません。もっともっといろいろなことが起こりえます。でも、少なくともあなたはここまで読んで、〈インターネット性犯罪〉といえばどんなことなのかがわかりましたね。

インターネット性犯罪も、根っこの部分はほかの性暴力と同じです。つまり、被害を受けた子どもは、自分のことを不潔だと思うようになり、自分を恥じ、困惑し、しばしばずっと残るようなからだの怪我や傷を負うのです。でも、〈インターネット性犯罪〉とそれ以外の性暴力には、二つの大きなちがいがあります。それは、インターネットで知り合った相手から被害を受けた子どもは、①一見すると自分から進んで被害にあったかのように見える、そのために、②自分が被害者だと思いにくく、その犯罪に対して自分の責任はないと考えるのがむずかしい、ということです。

自分から関わりをもつ

ショックを受けないで聞いてくださいね。自分から関わりをもっているように見えると言いましたが、自分から関わりをもっているとは言っていませんよ。インターネット性犯罪の加害者から被害を受けた10代の若者は、そばにいる加害者から性被害を受けている子どもと同じくらいいるのです。ですから、この章を読むときには、つねに〈被害〉ということばを頭に浮かべていてください。

インターネット性犯罪の被害者は、加害者にからめとられる前に、最初のステップのいくつかを自分で進んでいったところが問題にされやすいのです。そのために、どんな被害を受けたとしても、被害者はそれがあたかも

インターネット性犯罪とは

【からだに触れない被害】

・勝手に送りつけられてくるポルノの情報

・肌を露出させたあるいは裸の写真をチャットルームで知り合った相手に送ると、最終的にポルノに使われる

【からだに触れる被害】

・性的な行為に加わらせるような計画的な誘いかけ

・チャットルームで知り合った人に、実際に会おうと誘われた。その人は、19歳と言っていたのに、本当は50歳だった

・つきまとわれる

・さらわれる／誘拐される

自分自身の過失であるかのように感じて、自分なんて被害者とみなされるに値しないと思い込んでしまうのです。でも、そうではありません。インターネット性犯罪の被害者も、ほかの性被害を受けた子どもたちとなんら変わりはありません。たとえば、夜中に寝室に忍び込んできた兄から性暴力をふるわれた男の子や、母親のボーイフレンドが言い寄ってくるのを必死にかわしている女の子、あるいは、おばからセックスを強制されている男の子と同じように、インターネット性犯罪にあった子どもも被害者なのです。にもかかわらず、インターネット性犯罪に巻き込まれた子どもは、加害者から逃れようと努力しなかったように見えるところが、ほかと少しちがいます。まるで、子ども自身が被害を招いたかのように見えてしまうのです。

ネット上でやりとりすること

ネット上でのやりとりは、被害を受けるに至る最初のステップになってしまいます。そのため、ネットの安全を守るために、いつ、どこで、どのように子どもがネットを使うか、すごく厳しいルールを決めている家庭もあります。パソコンは、キッチンや居間など、ほかの家族から見える場所に置く。親の許可なしでパソ

コンを使うことはできない。子どもがパソコンを使うときは、親がそばにつきそう。あるいは、性的なデータを受信したり、検索したりすることができないように、パソコンにフィルターをかける。こういったルールを決めるのは、ばかばかしいと感じられるかもしれません。でも、もし、あなたのお母さんやお父さんがいつなんどき見にくるかわからない状況ならば、あなたはどのサイトに接続するか、そこでどんなことをするかについて、もっと慎重になるでしょう。残念なことに、こうしたルールをしっかり決めている家庭はほとんどないのが実情です。

多くの家庭では、パソコンが子ども部屋に置かれていたり、家族があまり通らない場所に置かれたりしています。子どもがインターネットにつなぐときのルールも決められていません。また、インターネットにフィルターをかけても、ネット上の有害なものをすべてブロックすることはできません。そもそも、チャットルームがどんなものかもわかっていない保護者も多いので、「チャットルームから出るように」と指示することもありません。それに、多くの子どもはメールやインターネット機能のついた携帯電話をもっていますので、犯罪者である可能性のある人とやりとりをするのに、パソコンさえも必要ないのです。

見知らぬ人とのやりとり

「見知らぬ人と話してはいけません」と、あなたはこれまで何回言われたことがありますか。百回？　それとも、千回？　数えきれないくらい？　家庭や学校、クラブやスポーツチームなどあらゆる場所で、あなたはそう言われ続けてきたことでしょう。たぶん5歳のときのあなたは、言われたとおりにちゃんと注意していたはずです。それから、どうなりましたか。12歳になったら、もう大丈夫？　さらに成長して14歳になったなら、もはや「見知らぬ人は危険」なんて心配する必要はなくなるのかな？　それとも、相手のことを〈見知らぬ人〉なんて

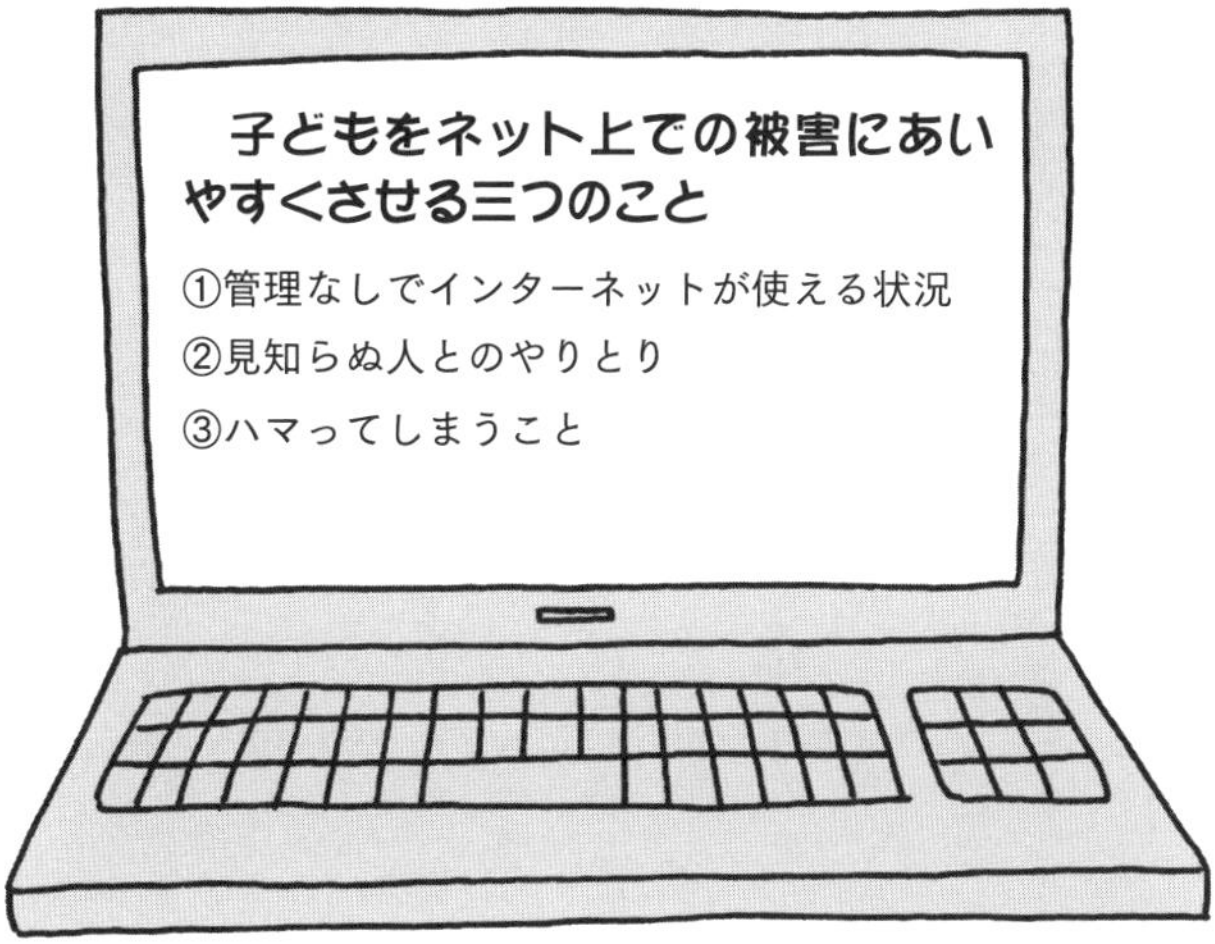
子どもをネット上での被害にあいやすくさせる三つのこと
①管理なしでインターネットが使える状況
②見知らぬ人とのやりとり
③ハマってしまうこと

思っていないとか。でも、実際には見知らぬ人ですよね。そうなんです！　まさに、それこそが今起きていることなのです。

　インターネットで知り合った相手といつも話している子どもは、相手が見知らぬ人だなんて思っていないのです。だって、すでに相手の年齢や好きな色、好きな映画、飼っているペットの名前までなんだって知っているんだから、もはや彼を見知らぬ人だなんて考えられません。だから、まさか自分が相手にだまされているなんて思いもよらないでしょうし、「君に恋しているよ」と言ってくれた素敵な17歳の少年が、実は獲物を探している41歳の男性だなんて、ゆめゆめ思わないことでしょう（この章で、わたしは加害者を「彼」と呼んでいます。なぜなら、多くのインターネット性犯罪者は男性だからです。被害者について話すときは、「彼」と「彼女」を使い分けています。なぜなら、男の子も女の子も、被害という悪夢に遭遇するからです）。

「もっと、もっと」とハマッてしまうこと

　子どもが自ら関わったかのように見えるもうひとつの理由がこれです。つまり、「もっと、もっと」とハマッてしまうこと。インターネット上で性被害にあうことは、実際に、目の前にいる相手からからだを触れられるような被害にあっている子どもと比べれば、自分

でなんとかできる部分が大きいはずです。考えてみましょう。6歳の子どもの両親が、子どもに性暴力をふるうベビーシッターを雇い続けていたならば、その子どもは逃げようがありません。たとえ、「あのベビーシッターは好きじゃないの」と言ったところで、両親が真剣に聞いてくれなければ、子どもは我慢するしかありません。コーチや教師、聖職者など権威ある立場の大人が性暴力をふるうときも、あなたが秘密をもらさない限り、加害者にその行為をやめさせることはできません。実際、考えてみたら、秘密をうちあけるのは容易なことではありません。ですから、権威的な立場の大人から被害を受けている子どもは、ネット上でのやりとりをしている子どもよりも、被害から逃れにくいのです。しかし、これは大きな「しかし」なのですが、だからといって、ネット上でだまされたり性暴力をふるわれたりする若者が被害者ではないという意味ではありません。たとえ、その子が危険な選択をしたからといって、その子を被害者とみなさないということではないのです。

ネット上で性被害を受けた子どもが直面している問題のなかで深刻なのは、その子どもが何度も同じ状況に戻ってしまうということです。子どもたちは、自分がいかにおろかであったか、どうやって自分から出向いてしまったか、どの時点でも自分でなんとかできたはずだ、と言います。ええ、そうですね。また、同じ状況に戻ってしまったことは賢明ではなかったでしょうし、たしかに、あなたが言うように、自分から関わりを断つこともできたかもしれません（かもしれなかった、という話です。たとえ、あなたが関わりを断とうとしても、もしも加害者が狙いを定めていたならば、その後もあなたにしつこくメッセージを送ってきて、あなたを苦しめ続けたかもしれません）。自ら進んで被害を受けたのだと思うのは、もうやめましょう。決してそうではないのですから。あなたは、自分のやっていることをちゃんとわかっていたのでしょうし、自分でコントロールできると思っていたかもしれません。でも、わたしははっきりとこう言うことができます。たとえ、あなたがどんなに賢くても、獲物を探し求めて策略を練っている50歳の男性には、到底かなわないってことを。どうしたって、子どものあなたではかなわないのです。

なぜ、子どもは加害者とのやりとりを続けてしまうのでしょうか。その理由について考えてみましょう。

どうしてハマッてしまったの？

どうして子どもは、あれこれしつこく個人的な質問をしてきたり、ポルノや自分の裸の写真を見せてきたり、直接会おうと誘ってきたり、不快にさせるような発言をするような人のところに戻っていって、やりとりを続けてしまうのでしょうか。それにはいくつかの理由があります。好奇心、ホルモン、なにかから逃げたいような気分、セックスの話題をして大人になったような気持ちになれる、加害者の気を引いたり自分に関心を寄せてほしいと思うこと、ホルモン、そして自分は大丈夫、そんな目にあうはずがないって思い込んでいること、などです。あら？　ホルモンも一役買っているって、2回言っちゃったかな。

ホルモンの高まり

ホルモンについて考えてみましょう。（10歳から14歳くらいの時期のどこかで）ホルモンのスイッチが入ったときから、そのホルモンが少しばかり落ち着いてくる頃までずっと、セックスは、つねに頭のなかにある二つの関心のうちのひとつでしょう（もうひとつは、自分がどう見えるかということです）。そんな状態ですから、性に話題を向けてくる人がいたり、性的な〈遊び〉ができるチャンスがあったなら、それに飛びついてしまうのも無理はありません。でも、賢明なジャンプではありませんね。あなたの人格を成長させるようなジャンプではないからです。ホルモンや興味のおもむくままに行動していたら、フラフラと舞いあがってしまって、危険を顧みない行動をとりやすくなります。そして、ハイテク犯罪者は、この絶好のチャンスを利用するのです。犯罪者は、14～17歳はセックスというものに興味津々の年頃であることを知っていて、そうした子どもの好奇心をあますことなく利用しようとするのです。

セックスに興味をもつことは、なにも悪いことではありませんし、ホルモンが高まることも、まったく悪いことではありません。どれもあたりまえのことです。問題は、その興味やホルモンの高まりを、いつ、どうやってコントロールすればよいかを知っているかどうかです。わたしは、セックスを火にたとえた話を聞いたことがあります。暖炉の炎やキャンプファイヤーの火は、熱や光、料理の手段となります。どれもいいことばかりです。このとき、火は制限されて、コントロールされていますね。もし、火が制限なく燃え、手に負えないくらいになってしまったら、たちまち家や人、広大な土地をすっかり破壊してしまうでしょう。同じことがセックスにもいえます。セックスは、愛や相互の尊敬、結婚のような約束された関係性のなかにあれば、とても素晴らしいものです。でも、見境なくコントロールを失ってしまえば、セックスは破壊力のある竜巻のようなものになってしまう可能性があるのです。あなたにも、こんなことは起きていませんか。

禁じられたことにワクワクしてしまうこと

子どもがインターネット性犯罪に巻き込まれ続けてしまうほかの理由は、あたかも、ひとかどのことをうまくやってのけているかのような、つまり〈禁じられたこと〉に手を出しているような感覚になれるからです。あなたの両親は、デートや交際についてとても厳しいかもしれません。そんななかで禁じられたことをするのは、そんな両親の鼻を明かしてやったような気がするはずです。デートに出かけるのは15歳になってからと、あなたがおとなしくしている様子を見て両親はすっかり安心しているというのに、13歳のあなたときたら、そんな両親のすぐ目と鼻の先でインターネットを使って〈デート〉しているんですからね。

あるいは、あなたはこれまでも被害を受けていたのに、だれにも信じてもらえなかったのかもしれません。実際に、「あなたが望んだんでしょう、あなたから求めたんじゃないの、あなたが相手を誘ったにちがいない」と言われたこともあるかもしれませんね。よくあるひどい話です。

そんなとき、あなたはこう思ったかもしれません。「いいわ、だったらやってやるわよ。やつらが思っている通りのクズになってやるわ」って。そしてあなたは、20歳のイケメンのふりをしている、どこかのダメ男とインターネットでセックスをしてしまいます。ここで傷つくのはだれでしょうか。ここがポイントです。傷つくのは、あなたの両親でも、そのダメ男でもありません。あなたなのです。

ネット上で、気取った相手とたわいのない話をすると、大人になったような感覚をもつ子もいます。自分が重要な人物で、力をもっているかのように感じます。危険なことをして、スリルやアドレナリンの高まりを感じるのが好きな子もいるでしょう。でも、最後には、アドレナリンの高まりから醒めるときがくるのです。そのときあなたは、自分のことをどう感じるでしょう？

だれかから注目されたいこと

インターネット性犯罪者は、被害者のことを知るのに長い時間を費やします。彼らは何気ないふりをしながら、子どもに尋ねます。「なに色が好き？」「スポーツはする？」「ペットを飼ってるの？」「誕生日はいつ？」「学校がない日はなにしてるの？」。どんな答えでもかまいません。犯人は、被害者について知ることに時間をかけるのです。カリンの場合、聞かれたのはサーフィンのことばかり。彼女がチャットルームで初めてサーフィンをしたときの話をしたら、〈超イケてる男性〉が、「僕もサーフィンがすごく好きなんだよね」と話しかけてきたのです。その男は、サーフィンの専門用語やサーファーの名前、最高の波乗りポイントを知っていました。それから数週間にわたって、男はチャットルームで彼女に会ったり、メッセージ機能を使ってやりとりしたりして、ふたりは仲よくなっていきました。少なくとも、カリンはそう思っていました。

自分が興味のあることについて話すのに時間をさいてくれたり、実際に話に耳を傾けて、自分を大事にしてくれるように思える人を、だれがこばめるでしょうか。それができる人は少ないでしょう。だから、もし加害者があなたに時間をかけて注意を向けたためにだまされたとわかっても、自分を責めなくてよいのです。あなたは〈グルーミング（てなずけ）〉されていたのです（グルーミングについてはのちほど）。あなたはただ、ほかのだれもが感じること、つまり、自分に時間や注目を寄せてもらえたときの一般的な反応をしたひとりの人間だっただけです。

匿名だと思うこと

こんな危ないことをやり続けてしまう、もうひとつの本当に大きな要因は、「自分は大丈夫だ」と思い込むことです。あなたは、自宅や友だちの家、図書館など、それがどこであれ、自分がネット上でやりとりをしている人とはずっと離れたところに座っています。コンピューターの匿名性に加えて、自分は相手からうんと遠いところにいると思うことで、無敵の気分になるのです。だからこそ、なんの心配もなく、あるがままに、やりたいようにして、言いたいことを言えるのです。たぶんね。そしてついには、あなたもマサチューセッツの少女のようになるかもしれないのです。

インターネット上では、本名や住所、電話番号を明かしていないから大丈夫だと思っているかもしれません。でも、それは大まちがい。獲物を探している〈獣《けだもの》〉は、獲物を見つけたら、相手が気づかないうちに必要な情報

ハル　銃で遊んでない時は、なにをしてるの？
ベン　サッカーだよ。
ハル　ほんとかい？ 僕も昔やってたよ。ポジションはどこ？
ベン　フォワード、ストライカーだよ。
ハル　すごいな。
ベン　うん、州大会にも出たし、オリンピック強化プログラムにも入ってるんだ。
ハル　それはすごい！ もし君の住んでる州がロードアイランドみたいに、大して試合もないような州じゃなければね。
ベン　そんなんじゃない、オハイオは結構大きな州だよ。
ハル　じゃあ、いい感じだね･･･。で、どこのチームでやってるの？
ベン　僕の学校、セント・カビエのチーム、クーガだよ。
ハル　背番号は、ラッキー７なのかい？
ベン　いや、僕のおじが使っていた２番を選んだんだ。

を集めるくらい朝飯前です。

ベンは、15歳のときに、痛い思いをしてそれを知りました。

男は、僕にストーキングみたいなことをし始めたんだ。僕のサッカーの試合に姿を見せるようになり、学校のまわりや、友だちとよく行くビリヤード場のあたりをうろついている姿も見かけるようになったんだ。でも、男が何者なのか、どうして僕のほうを見ているような気がするのか、わからなかったよ。

実際には、ベン自身が、自分の生活に男を招き入れていたのです。ベンは、その加害者とチャットルームで出会いました。そこで自分の興味や趣味についての情報を出すようになり、気づいたときには、いろいろな個人情報を流してしまっていたのです。〈ハル〉と名乗っていた相手の男は28歳で、ベンと同じく、銃には目がないと言っていました。サッカーの花形選手だったベンは、ハルに、自分が行っている学校や、所属しているサッカーチームの名前、そして背番号まで伝えてしまいました。一度に全部のことを教えたわけではありません。ただ、ハルの質問に答えていただけです。ハルの問いかけには、そんなに深い意味があるようには思えませんでした。

なにが起こっているか、よく見てみましょう。ハルは今や、ベンの住んでいる州や学校名、所属するサッカーチーム名、そして背番号までも知っているのです。ハルは、ベンがオリンピック強化プログラムに参加していることまで知っています。こうしたあらゆる情報によって、技術的に精通した〈獣《けだもの》〉は、獲物の居場所をつきとめたのです。それこそがまさにベンの身に起こったことなのです。

僕はおじに、この男のことを話し、その男につけまわされている気がすると話しました。おじは、知り合いの警察官に連絡をしてくれました。調べてもらってわかったことは、その男は「ハル」で、28歳なんかではなく、40歳にもなろうかという年齢だったことです。それに、彼はメイン州に住んでいると言っていたのに、実際には、僕の家から1時間あまりしか離れていない近所に住んでいたんです。

ベンはラッキーだったといえるでしょう。つきまといが、もっとひどいことに発展する前に、自分の身を守ることができたのですから。そうならない子どももたくさんいるのです。なんの気なしに情報を渡したことで、相手に見つけられて、暴行されたり、誘拐されたりもする子どもがたくさんいます。

グルーミング（てなずけ）

子どもをだますプロセス全体をグルーミング（てなずけ）といいます。インターネット性犯罪者は、目の前に現れる暴行犯とまったく同じように、子どもたちを食いものにして、被害を与えます。彼らは（通常は）ゆっくりしたペースで始めます。相手の興味や趣味、やっている活動を探ります。さまざまな年代層が好む今どきの流行や音楽のこともよく知っています。そして、被害者のために時間を割き、関心を注ぐのです。すでに書きましたが、10代の若者にとって（実際には年齢にかかわらずどの人にとっても）、自分と一緒の時間を過ごしてくれる人がいること、そして、自分の考えや感じかた、やっていることに興味をもってもらうことの二つが、もっとも魅力的なことなのです。だれがそれにあらがえるでしょうか。

そんなことが起こっているなんてわからなかった

直接からだに触れてくる加害者と同じように、インターネット性犯罪者は、事前に調査をしてきます。男の子にアダルト雑誌を見たことがあるかを尋ねたり、女の子にブラジャーのサイズを聞いたりするのです。もし、子どもが答えなかったり、怒ったりしたなら、加害者はすぐに一歩引いて、自分がしてしまったことを本当に申し訳なさそうにして当惑してみせます。でも、実際には、このとき加害者はこころのなかで、この被害者をおびき寄せるにはちょっと時間がかかるな、と思ったにすぎないのです。

個人的な質問や親密な会話に子どもが慣れてくるにしたがって、インターネット性犯罪者は、少しずつ会話のなかに性的なほのめかしや暗示を盛り込んでくるようになります。子どもがうろたえなければ、もっと身体的なことを求める段階へと進みます。つまり、肌があらわになった服装や裸の写真をやりとりしたり、子どもにポルノ画像を送ったりし始めることになるのです。

忘れてはいけないのは、こうしたことはすべて、たくさんのジョークと、子どもが実際にやっていることへの注目や賛辞や関心を示しながらなされるということです。はじめからずっとセックスのことばっかり言っているわけではありません。ゆっくりと段階をふみながら、若者の反応を見ながら、計画的に近づいてくるのです。そして、知らぬ間に子どもは、こんな状況に陥らなければ決して言わないようなことを言ったり、したりしてしまうのです。

マークは17歳ですが、自分の体験を話すときには、今でも恥ずかしくて真っ赤になります。

僕はそのとき14歳で、もうそれなりに分別のある年齢だった。でも、僕は信じられないほどバカだった！　とにかく、ある日、僕と親友のサムがオンラインでやっていたチェスゲームに、この男が、なんていうか、割り込んできたんだ。何日間か、そいつと話したり、ゲームの相手をしたりしていたんだけど、そのあとサムはなにかの罰で一ヶ月間くらいインターネットが使えなくなったんだ。だから、そいつと僕は、毎日、午後から対戦するようになったんだ。

あいつは二つ向こうの州のどっかの高校に通っている3年生で、17歳だと言っていた。年上の人が14歳のガキである僕に関心を向けてくれるのは、すごく気分がいいことだった。で、いつの間にかそいつは、なにかをしている裸の女の写真をもっているんだっていう話をして、僕に何枚か送ってくれようとしたんだ。でも、僕は本当はそんなのは見たくなかった。変だと思われるかもしれないけれど、僕の家族はとても厳格で、そんな写真が両親に見つかるのがこわかったんだ。だけど、僕はつまらないガキだって思われたくなかったから、「いいよ」と答えてしまった。

翌週から、あいつは数枚の写真を送ってくるようになった。その頃は、まだ毎日チェスで遊んでいたけれど、そのうちすぐにチェスはしなくなり、あいつは写真ばかり送ってくるようになった。それから、あいつはその写真を見て射精する様子を話し始め、「君はどう？」としつこく聞いてきた。それで、ついに僕らは同じ写真を見ながら一緒にマスターベーションをしたんだ。すごく恥ずかしいことだった。僕はなんてバカだったんだ！　あいつに好きなことを言わせて、こんなことまでするはめになってしまうなんて！

マークがおろかだったのではありません。彼は、だまされ、ごまかされ、もてあそばれたのです。ついに、マークはそんな自分がとてもいやになって、毎日やりとりしていたサイトにはアクセスしなくなりました。でも、恥ずかしさと、自分がおろかで汚らしいという感覚は、ずっとマークにつきまといました。次第に、お酒を飲み始めて、学校でも問題を起こすようになりました。幸いなことに、そんなマークの様子を見た両親がおかしいと気づき、なにがあったのかと尋ねました。そして、彼はその後、一年間カウンセリングに通うことになりました。今でも、そのときの話をするといやな気持ちがしますが、自分自身のことはもういやではなくなりました。

自分は特別だと感じた

インターネットで見つけた〈友だち〉に促されて、いろいろなことに巻き込まれたとき、エンジェルは13歳でした。彼女はある日、好奇心からチャットルームに行き、〈ジェイク〉と仲よくなりました。彼は30歳の男性で、最近離婚したばかりで「すごくさみしい」と言っていました。

こんなに年上の男性が、大人か一人前の相手に対するみたいに、わたしにアドバイスを求めたり、自分の問題をうちあけたりしてくるのが信じられませんでした。だけど、ジェイクはそんなふうにしてくれたので、わたしは自分が本当に彼を助けてあげられていると感じていました。数週間が経つと、彼はわたしのことを「かわいいんだろうな」と言い始めて、「写真を送ってほしい」と言ってきました。だから、わたしは写真を送ったんです。

それから彼は「君が水着を着ていたら、本当に素敵だろうな」と言って、水着の写真も送ってほしいと言ってきたの。その後、「黒い下着姿は素晴らしいだろう」とも。男の人にそんなふうに思ってもらえるなんて、すごくイケてることだと思ったの。親友と一緒にセクシーなブラとパンティを買いに行き、写真を撮って彼に送ったの。それから彼は、どんどん性的なことを言い始めたんです。彼はその写真を見てどれほど興奮したとか、なにをしたくなったかとか。でも実は、その頃からなんだかこわいって思うようになっていました。一方で、すごくワクワクしたりもしたんだけど、でも、わたしはまだ13歳で、実際セックスについて経験が乏しかったんです。わかるでしょ。

その後、お母さんがその下着を見つけて、どういうことか詳しく話しなさいと言いました。それで、わたしはそれまでのいきさつを話しました。お母さんは警察を呼んで、警察はわたしのコンピューターをしばらく調べたけれど、その男性を見つけることはできませんでした。わたしは、このことでちょっととまどうこともあったけれど、でも、この30歳の男性が、わたしのことを素敵だと思ってくれたのがうれしかったのも確かです。

人はだれでも、容姿を誉められればうれしいと思うものです。だから、エンジェルが男性のお世辞に反応したのは、いたってふつうのことです。問題は、相手が彼女を危険にさらし、彼女を不当な方法で利用したということです。彼女の写真は、今もまだ、ウェブ上にある可能性もあります。だからといって、それを確かめるすべはないし、たとえ写真があったとしても削除する方法はありません。彼女はだまされ、はめられたのです。なぜなら、子どもに性暴力をふるう犯罪者は、13歳の女の子をだまして、彼女が「自分は彼の人生の問題を解決するのを助けてあげているんだ、彼を慰めているんだ」と思わせる方法を知っているからです。エンジェルがバカな子なのではありません。彼女はまだ13歳で、経験が乏しかっただけなのです。

彼は俺のことをわかってくれた

ブライアンは、崖っぷちに立っているような子どもでした。14歳になるまでに、4回も停学になり、一度は万引きで警察に逮捕されたこともあるし、麻薬にも手を出し始めていました。ブライアンは、どうやってそのチャットルームにたどり着いたのか、またなんでインターネットをやっていたのかはもう忘れてしまいました。でも、どうやってダグと名乗った男性が、ブライアンの境遇を深く理解してくれたように感じさせたのか、そのことはよく覚えています。

俺は学校の成績も悪かったし、いつだってクラスで一番のバカだった。家でも一番のバカだよ！　兄貴はすごく頭がよかったし、10歳の妹さえも成績はオールA。Dばっかりの俺とは大ちがいさ。

それに、俺はいつも問題ばかり起こしていた。親父は俺のことをひどくきらっているみたいだった。いつも俺を怒鳴りつけて、マジで怒り狂うと、ベルトでぶたれたもんだよ。トミーとスーザン（兄貴と妹）は問題を起こしたことなんて一度だってないのに、俺だけだよ。俺はろくでなしだった。

とにかく、俺はネットでこの男、ダグと話すようになって、こんなふうに言われたんだ。「ああ、俺も学校では問題を起こしたものだよ」「俺も、いつも親父に平手打ちされていたさ」。この人は俺の境遇をわかってくれているって、本当にそう感じたんだ。

ダグは長い時間をかけて、ブライアンを慰めたり、彼のことを理解したようなふりをし続けました。そうしているうちに、ブライアンはマリファナ所持で警察のやっかいになり、それを機にふたりの関係は一気に近づきました。ブライアンは少年院に入ることになりましたが、ダグには「行くもんか」と言いました。そう、ブライアンは逃げようとしていたのです。ダグはブライアンに「俺の家に来なよ」と言い、ブライアンは半年ものあいだ、ダグのもとで暮らしました。

最初のうち、ダグとの暮らしは最高だった。ダグは俺を学校に行かせようとはしなかったしね。ダグが俺に教えてくれるって言うんだ、ホームスクールみたいにね、わかる？　ダグは銃を持っていて、俺を射撃練習場に連れていってくれたよ。ダグはたくさんのテレビゲームを持っていて、俺らはそれでずっと遊んでたんだ。だけど、そのうちダグは奇妙な行動をするようになっていった。ある日、俺が起きるとやつは俺のベッドにいたんだ。夜中に雷が鳴ったから、俺がこわがっていないか確かめようと思ったんだって言ってたよ。それ以降、やつはなんやかんやと俺に触ってきた、性器のあたりもね。俺はなんて言えばいいのかわからなかった。やつがおかしなことをし始めたから、出て行かなきゃって決めたんだ。

ブライアンはダグの家を出ましたが、その前にダグとのあいだで修羅場がありました。

俺はダグに正直に言おうとしたんだ。それで、「家に帰って、家族とうまくやっていけるかどうか確かめたい」って言ったんだよ。俺はダグの気持ちを傷つけたかったわけじゃない。ただ、そこから出て行きたかっただけなんだ。その後に起きたことを簡単に言うなら……まず、ダグは「君が出て行くなら自殺する」って言い出して、銃を自分の頭に当てながら本当に泣き出したんだ。俺は「行かないから」って言ったけれど、その晩、ダグが寝ているあいだに、なんとかそこから抜け出したんだ。

ブライアンは家に戻り、今は家族とうまくやっていこうとしています。ブライアンは少年院に行かずにすんだものの、規律の厳しい全寮制の学校に入ることになりました。彼はそこを気に入ってはいませんが、正しい道に進んでいると感じているようです。

もしかしたら、あなたもブライアンのように傷ついていて、自分の身に起きているつらさをわかってくれるだれかを求めているかもしれませんね。いいですか、あなたのつらさをわかろうとしてくれる人たちは、たぶん身のまわりにたくさんいるはずです。おそらくそれはあなたが知っている人で、これまで長いあいだあなたの人生に関わってきた人でしょう。だれかにわかってほしいとか、慰めてほしいと思うとき、そうした身近な知り合いを頼ろうとするのはよい選択です。パソコンの向こう側にいる、名前もわからない、顔も見えない人は、あなたを助けてくれる人ではありません。パソコンの向こうにいる相手は、とても純粋な人で、真剣であるかのように思えることでしょう。その人は、いつだって的を射たことを言ってくれる感じがするのでしょう？　その人と話していると、自分が特別だと感じられたり、自分のことを完璧にわかってもらえる感じがしたりするのよね。でも、ここでお知らせします。あなたは、あなたを利用したいだけのインターネット性犯罪者と話をしているのかもしれません。

もうお話ししましたが、あなたに「愛している」とささやく17歳の男の子は、実は、人を食いものにする41歳かもしれません。あなたに慰めてもらいたがったり、アドバイスを求めてきたりする30歳は、それを13歳の子どもがもたらしてくれると考えているダメな大人です。20歳のたくましい男性は、実際には何人もの被害者を生んでいる50歳かもしれません。相手が本当はどんな人か、あなたは確かなことはわからないのです。だから、あなたがだれかに理解してほしい、助けてほしいときには、あなたの身近にいる人を、目を見ながら話ができる人を探してほしいのです。ウェブサイトは、そうした相手を探すための場所ではありません。

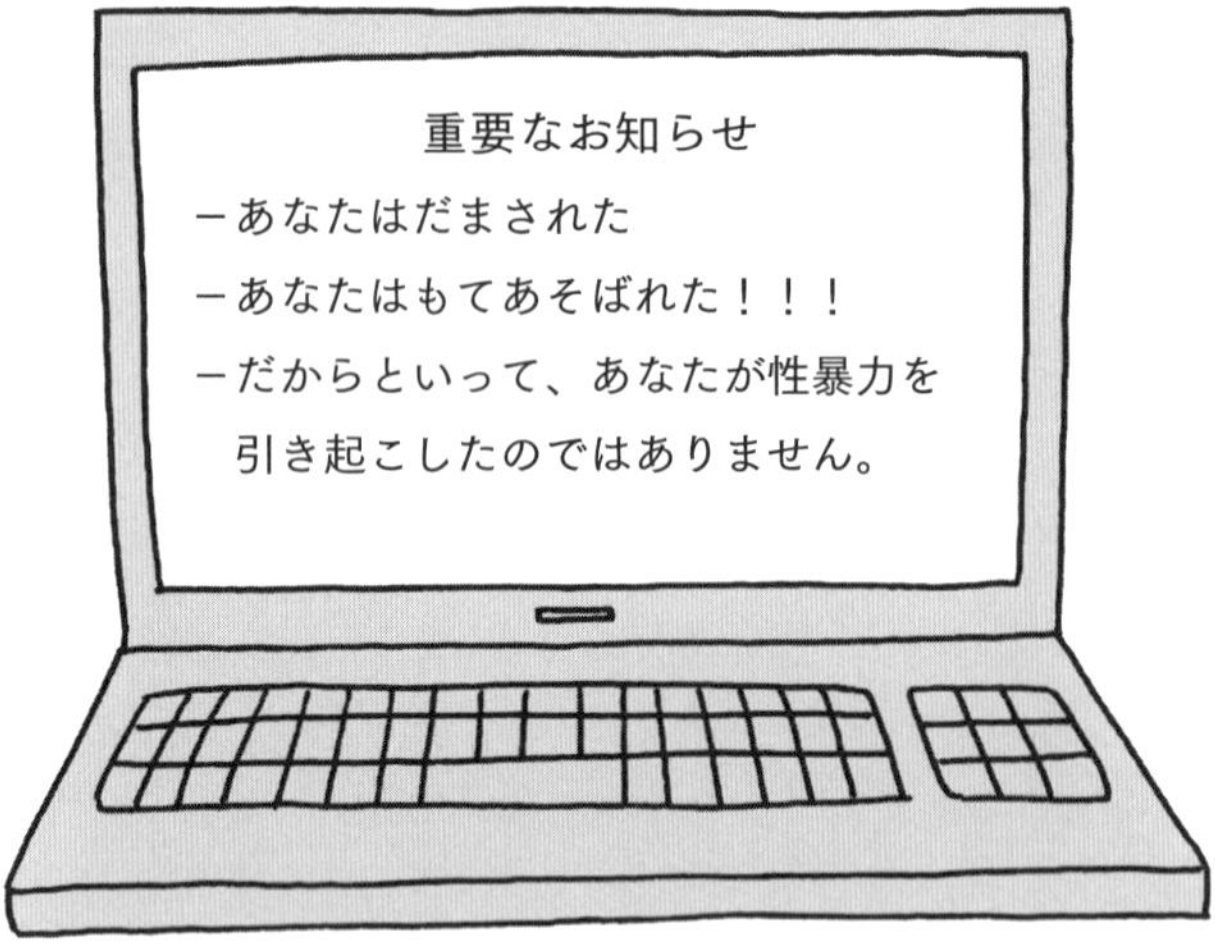
重要なお知らせ
ーあなたはだまされた
ーあなたはもてあそばれた！！！
ーだからといって、あなたが性暴力を
引き起こしたのではありません。

あなたはもてあそばれた

すでに言いましたが、もう一度言いましょう。

あなたには被害を受けたことの責任はありません！

あなたはもてあそばれたのです。だれかがあなたを利用し、あなたの純真さや痛みや混乱を利用したのです。あなたの経験がまだ浅いことや、これまでにお話ししたようなこと、とりわけ、グルーミング（てなずけ）の所で述べたようなことをしながら、あなたにつけこんだのです。あなたは、おろかだったわけでもないですし、あなたから求めたのでもなければ、同意したわけでもありません。あなたはただ、インターネットに接続したにすぎないのです。たとえ、あなたが相手を探そうとしていたのであれ、何度も同じサイトを訪れたのであれ、サイバーセックスをやってみたのであれ、あなたはインターネットに接続した子どもにすぎないのです。そして、あなたを食いものにし、カモにした人物こそが犯人なのです。

すでにお話ししたように、あなたの判断はすごくよいものではなかったかもしれないし、両親に隠そうと必死になっていたかもしれないし、絶対にこんなことはしたくないと思っていたはずのことをしてしまったかもしれません。でも、あなたは犯罪を犯したわけではありません。判断を誤ったことも、正直ではなかったことも、おろかな考えも、誉められたことではないかもしれませんが、そのせいで刑務所へ行くようなことではないのです。

その一方で、犯人はまさに罪を犯したのです。ポルノ画像を送ってきたかもしれませんし、「写真を送って」と言って、それをポルノに使ったかもしれませんし、なにか性的な行為をしたら贈りものやお金をくれたかもしれませんし、直接からだに触れないタイプの性暴力（詳しくは、27と35ページ）をしたかもしれませんし、会ってセックスをしようと誘ったかもしれません。これらはすべてインターネット性犯罪であり、あなたではなく、その犯人が罪を犯したことになります。

そして、ほかのタイプの性暴力と同じように、あなたは起きていることをだれかに相談しなければなりません。

どうしても話すことができない
――あまりにも恥ずかしすぎる

ええ、あなたが恥ずかしいと感じるだろうことはわかっていますよ。これまでにも話しましたが、インターネットによる性被害は、直接ふるわれる性暴力とは少しちがうところがあります。あなたが自らそんな状況に身を置いたかのように見えたり、自ら望んで被害にあったかのように思えたりするかもしれません。でも、そうじゃないってことは、わかっていますよね？　あなたはおろかなことをしたかもしれませんが、だからといってあなたが被害者ではないということではありません。被害から逃れるためには、起こったことをだれかに相談するしかないのです。

「おまえのせいだ」と言われるんじゃないか

ええそうね、そういう人もいるでしょうね。でも、そんなふうに言う人たちは、よくわかっていないのです！　そんな人たちに話してはいけません。このタイプの犯罪に詳しくて、子どもはいかに簡単に性被害を受ける状況に巻き込まれてしまうかを理解していて、それによってあなたがどれほどいやな気持ちになるかをわかってくれる人を探しましょう。こういう問題をよく知っていて、とまどう気持ちを乗り越える手伝いをしてくれる専門家は必ずいます。

実際には、あなたが被害者だということをすぐに理解してくれない大人たちもいます。たとえば、親や警察、友だちのなかには、あなたを被害者として扱ってくれない人もいるかもしれません。それを先に知っておいてください。そう思うと、ちょっとこわい気持ちがするかもしれませんね。でも、たとえ、まるであなたが犯罪を引き起こしたかのように見えたとしても、本当はそうじゃないんだ！ということを、あなたは自分に言い聞かせてがんばらなければなりません。子どもを食いものにすることを人生の目標にしているような、ずるくて嘘つきな負け犬野郎に、あなたはだまされたのです。その負け犬野郎は、なんて哀れなやつなんでしょう?!　一方、そんなやつとは対照的に、あなたには目の前に広がる人生すべてがあるのです。あなたが自分の人生を歩み出し、顔を上げて、自分自身に誇りを持てるようになるためにも、あなたはだれかに相談をして、人生にまぎれ込んできた犯罪というゴミを取り除かなければなりません。

自分がしたことが、とにかくなにもかも恥ずかしい

目下、その気持ちを変えることができるのはあなただけです。わたしが何ページにもわたって、「あなたは被

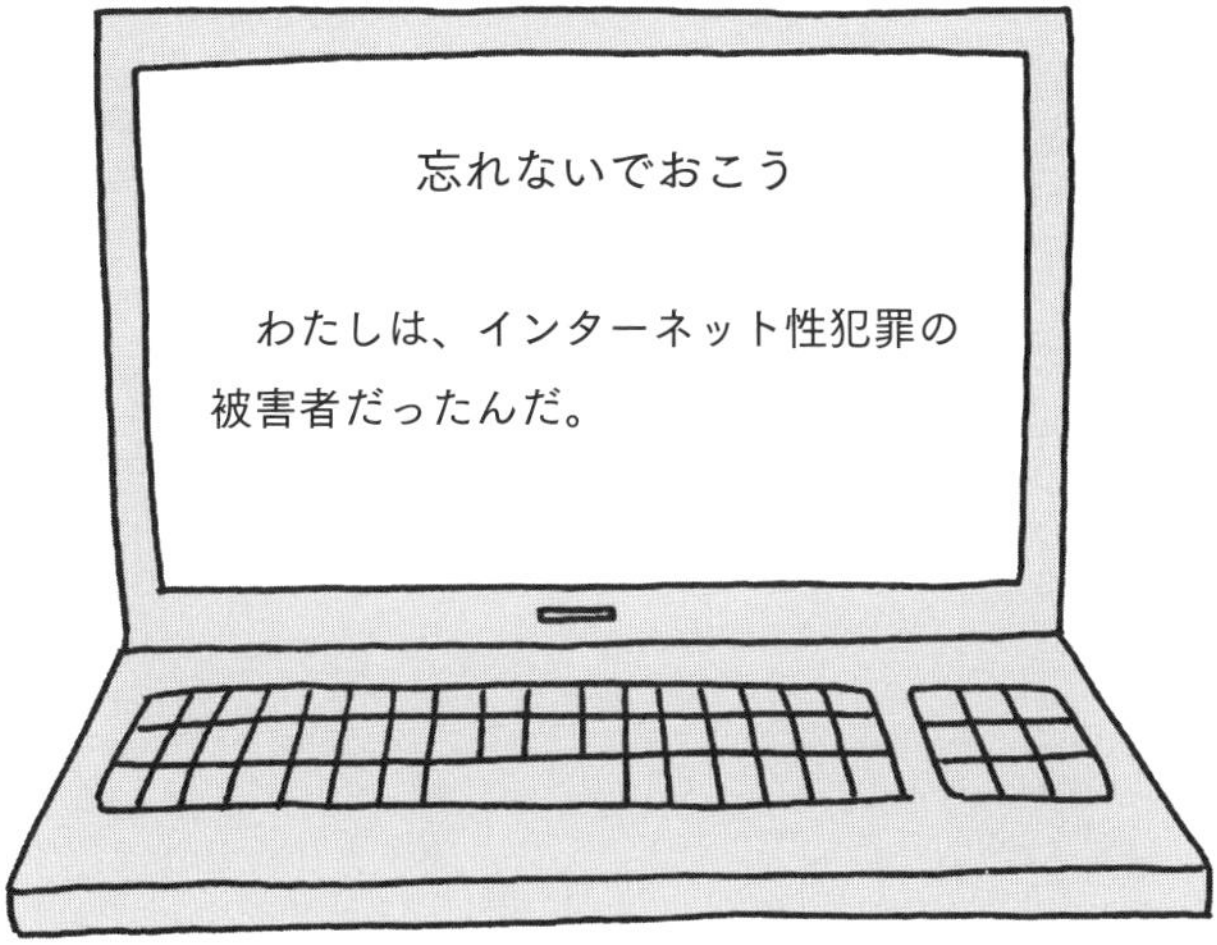
忘れないでおこう
わたしは、インターネット性犯罪の
被害者だったんだ。

害者なんですよ、あなたは被害を受けたのですよ、あなたはだまされただけですよ、あなたは相手に引っかけられて、手ひどく扱われたのにすぎないのですよ」と書くことはできますが、でも、あなた自身が「人はだれにも、やらなきゃよかったと後悔するような体験があるものだ」とこころから納得しなければ、いくら「自分は被害者だ」と口にしたところで意味はないでしょう。あなたは自分自身を許す必要があります。25歳の男性とセックスすることはイケてると思った13歳の自分を許さなければならないし、人生の男性モデルを切望するあまり人選ミスを犯した14歳の自分を許さなければなりませんし、20歳のカッコイイ男性が自分の送ったヌード写真をだれにも見せずに大切にしてくれるはずと信じ込んだ17歳の自分を許さなければなりません。たとえ、あなたがなにをしたとしても、あなたは自分のしたことを許す必要があるのです。

　簡単なことではないでしょう。時間がかかることかもしれません。でも、きっとできるはずです。第11章の〈許すこと〉を必ず読んでください。そして、あなたにくだらないことを言う人の話に、耳を貸す必要はありません。このめちゃくちゃな状況に陥るきっかけとして、たとえあなたがなにをしたとしても、それでもあなたは被害者にちがいないのです。そしてこの状況すべてを解決するには、なんらかの手助けが必要なのです。あなたを助けてくれる人を探しましょう。あなたの残りの人生がどうなるのか、インターネット性犯罪者に決めさせてはなりません。今すぐ、だれかに相談し、動き始めましょう。ねえ、世界にはこんなことよりもっともっとたくさんの素晴しいことがあるんですよ。さあ、顔を上げて。必要なら一日に何度でも「自分は被害を受けたんだ」と思い出して。決して、あなたのあやまちではないのです。

注意——性暴力は長期にわたって続く可能性あり

もし、暴力がまだレイプといえるものまで至っていなくても、「レイプまでされるわけがない」なんて自分をごまかしてはいけません。もし、インターネットでのやりとりで、相手からまだ「会おうよ」と誘われていなかったとしても、「だからわたしは大丈夫」だなんて考えてはいけません。覚えておきましょう。相手は、今このときだって、あなたのことを見ているかもしれないのです。重要なのは、性暴力というものはどんなかたちのものであれ、長く続き時間が経つにつれて、どんどんひどいものになっていく傾向があるということです。つまり、今、あなたがどんな目にあっているとしても、その状況をとめない限り、おそらくどんどんひどいことが起こりうるということです。

ええ、たしかに、わたしはちょっとこわがらせるような言いかたをしました。あなたに考えてほしいからです。たしかに、ちょっと大げさにね。だって、あなたにこれ以上ひどい目にあってほしくないから。なんとかして、被害を受けている今の状況から逃げてほしいのです。

覚えておいてください。

- 性暴力は、法律違反です。

- 性暴力は、まちがったことです。
- 性暴力は、いつだってだれかを傷つけます。

わたしはあなたに安全を確保してほしいのです、しかも、今すぐに。

でも、わたしができることは何もない

これまで、あなたは「自分を守るためにできることなんてなにもない、わたしにはなんの力もないし、相手にされるがままなんだ」と思い込んでいたかもしれません。こういう考えかたは、恐ろしく痛ましい経験をすると、だれもが思ってしまう反応です。

でもね、本当は、あなたはパワーやコントロールする力をもっているのです。あなたは自分を守ることができるし、安全を手に入れるためのたくさんの選択肢をもっているんです。でも……そしてこれは大きな「でも」なのですが、そのためには、あなたはだれかにうちあけなければなりません。安全を手に入れるための唯一の方法、自分の力を見出すためのただひとつの方法、それは秘密を手放すことです。秘密を手放すというのは、だれかに話をすることなのです。

やってごらんなさい。あなたはすべて話すことができるはず。安全を手に入れる方法を見つけるために、この先も読み続けてくださいね。

第Ⅱ部　助けを求めよう

第4章　だれかに話すこと

話す？　まさか！　だれも僕のことなんか信じてくれないさ。

頭がおかしいんじゃない？　絶対、話すわけないじゃない。そんなことしたら、お母さん、死んじゃうわ。

チャンスなんかじゃないよ！　施設かどこかに入れられるだけさ。

ええ～、無理！　話したりなんかしたら、裁判所に行かなきゃならなくなる。そしたら、みんなに知られてしまうじゃない。

あなたの言うことはよくわかります。それに、なぜ話さないのか、ここに挙げているような言い分は、あなたにもあてはまることでしょう。おそらくあなたは、加害者があなたやあなたの大切な人を傷つけるかもしれないと恐れているのでしょう。加害者が刑務所に入れられたり、友だちに見捨てられたりするのが心配なのかもしれません。家族が貧乏になってしまうかもしれないとか、あるいは二度と世間に顔向けできなくなるのではないかと不安になっているかもしれません。あるいは、だれもがもっとも恐れること、つまり「だれにも信じてもらえない」と思っているのかもしれませんね。

たしかに、そうしたあなたの心配のいくつか、あるいはすべてが実際に起きてしまう可能性はあります。でも、そうであってもなお、それは話さずにいる理由にはなりません。奇妙に聞こえるかもしれませんが。いいですか、もしあなたがだれにも話さなかったら、そして、もしあなたの代わりにだれかが対処しなかったら、被害が続いてしまう可能性はとても高いのです。ほかの子どもが被害にあう可能性もあります。だから、だれかがなにかをしなければならないのです。そのだれかに、あなたが選ばれたともいえます。どうか落ち着いて。少しずつお話ししていきますから、読み続けてくださいね。

安全のためにすべきこと

安全のための三つのステップがあります。

性暴力が続く限り、あなたは安全ではありません。そして、性暴力をとめるのを手助けしてくれるだれかに出会うまで、あなたの被害は続いてしまいます。つまり、自分が被害を受けているということを、だれかに話さなければならないということです。

ええ、わかっていますよ。自分の身に実際に起きていることを、だれにも言わずに生きていくこともできるでしょう。でも、秘密をうちあけるときがきたのです。あなたは価値のある大切な存在で、被害なんて受けない人生を送るべき人なのですから。さあ、安全を手に入れましょう。

安全のための三つのステップ
①だれかに話す
②通報する
③保護される

第1ステップ　だれかに話す

あなたを助けてくれる人を探しましょう。いろんな人がいるはずです。

あなたのお母さん

ほとんどの子どもは、このことを話したらお母さんをすごく傷つけてしまうだろうと思っています。もしうちあけたら、お母さんは人目を避けて死んでしまうかもしれないと。話の内容にお母さんが傷つくのは確かです。もしかしたら、お母さんはあなたのことを嘘つきだとか、もっとひどいことばでののしるかもしれません。お母さんが信じようとしないことを弁解するつもりはありません。ひどすぎる真実に直面するよりも、「嘘つき！」と叫ぶほうがたやすい場合もあるってことだけ言っておきましょう。

でも、あなたの話を聞いてどう反応するかは、お母さんの問題です。あなたが思うほど、お母さんは弱くないかもしれません。あなたがお母さんの最初の反応（ひどいものかもしれませんが）に耐えられたなら、そのあとお母さんはあなたをしっかりと支えてくれるようになるかもしれません。

ジョージアの場合はどうだったかを見てみましょう。彼女は、きれいな茶色の瞳をしている体格のよい女の子です。彼女の夢は美容師になることで、今もあれこれメイクを試していて14歳の実年齢より大人っぽくみえます。

わたしが兄にレイプされそうになったのは11歳のときです。兄が、わたしたちきょうだいのベビーシッターをしていたときでした。兄はそのとき15歳で、やってはいけないことをしたのです。

両親が離婚して半年ほど経った頃、兄のゲイリーは、わたしと妹のベッドに入ってくるようになりました。きっかけは、嵐の晩のことでした。わたしたち姉妹は、とてもこわがっていました。それでゲイリーは、わたしたちを安心させようとしてくれました。でも、それ以降、わたしたちと一緒にベッドに入るための言い訳をあれこれ始めて、触る必要のないところを触り始めるようになったんです。

その前から、彼は、わたしや妹に自分のペニスを触らせようとしたり、わたしたちの胸の上でオナニーをしたりしました。わたしはお母さんに、「ゲイリーが夜、わたしたちにいやなことをしてくるの」と言い続けました。でも、お母さんはちゃんと聞こうとしませんでした。ただ聞き流したのです。

そして、ある夜、お母さんが出かけているときに、ゲイリーはわたしを寝椅子に押し倒して、服を引き裂きました。わたしは叫んで騒ぎ続け、ようやく兄はやめました。

お母さんが帰ってきたとき、わたしは起きたことを話し、お母さんは保護機関に連絡しました。ソーシャルワーカーがわたしに話を聞きにきました。ソーシャルワーカーは、妹とお母さんからも話を聞きました。そして、警察が兄に事情聴取をしました。

実は、お母さんは、一度、ゲイリーがわたしたちのベッドに入っているところや、彼がわたしたちにやっていることを目にしていたのです。お母さんはそのとき、わたしたちが合意のうえでやっていると思ったというのです。そんなふうに考える女の人っているかしら？

ゲイリーは今後一切、わたしと妹に会わないこと、そしてお母さんはセラピストが許可しない限りゲイリーを自宅に入れてはいけないと、裁判官は言いました。もちろん、兄はすぐにどこかに行ったわけではなく、逮捕されて治療教育プログラムを受けることになりました。そのプログラムには、兄の生活場所を決めたり、学校を卒業することや仕事を探すことなども含まれています。こうした結果になって、わたしはよかったと思っています。

ジョーシアのお母さんは、少なくともこのことを通報することができました。子どもの話をまったく信じずに、通報もしないお母さんもたくさんいます。

ジョージアのお母さんは通報はしましたが、残念なことに、それでもなお性暴力について、それほど真剣には考えようとしませんでした。お母さんは、ジョージアの訴えを〈ないがしろにし続けて〉おり、娘たちに「事を大げさにしすぎだわ」とも言いました。でも、ジョージアのお母さんは、ちゃんと通報することによって、少なくともジョージアと妹にとって安全な状況を確保することができたのです。

自分の子どものために、もっとしっかりとやり通すお母さんたちもいます。以下は、メリーエレンのお母さんが、娘からできごとをうちあけられたときのことです。

> わたしが仕事から帰ってきたら、夫は酔っ払ってソファーで寝ていました。娘のメリーエレンは、ヒステリックに泣いていました。娘は、「パパがわたしをレイプした」と言ったんです。わたしはすぐさま娘を救命救急センターに連れていきました。わたしは娘の言うことをすぐに信じました。わたしはあいつを殺してやりたいと思いました。

こういうお母さんたちは、子どもの話を信じ、通報をし、子どもを安全な場所に連れていき、子どものための治療者を探し、そして、子どもたちがなんとか生活し続けていけるようにサポートします。でも、こんなふうに自分自身と家族をしっかり落ち着かせながら、全部きちんとできるお母さんはほとんどいません。でも、お母さんにもチャンスをあげましょう。お母さんは、あなたがびっくりするくらいのことができるかもしれませんよ。

あなたのお父さん　お父さんに話すことについては、〈お母さんに話すこと〉についての部分でお伝えしたのと同じような気持ちがするかもしれません。つまり、お父さんの手に負えるはずがないと思い込んでしまうってことです。でもね、やってみなければわかりませんよ。

もしあなたのお父さんが、あなたを虐待している人でないのなら、性暴力をとめるために、すごい力になってくれるかもしれません。両親が離婚していて、お父さんとは一緒に暮らしていない人もいるでしょう。お父さんが遠くに住んでいるとか、両親が子どもの親権や養育のことでいつも争っていて、お父さんにあまり会えない人もいるかもしれません。こういう場合だと、性被害を受けていることをお父さんに伝えたときに、お父さんがどんな反応をするか、あまりよい想像はできないかもしれません。

でも、お父さんがあなたを助けてくれる可能性がちょっとでもあるのなら、ぜひお父さんに話してみましょう。わが子がどれほど助けを必要としているかがわかったとき、父親というものはそれに応えるべく動いてくれることがあるからです。考えてみて。お父さんが虐待者でないなら、うんと強力な味方になってくれるかもしれませんよ。

学校のだれか　最近の学校には、心理学やカウンセリングなど精神保健領域の特別な訓練を受けたスクールカウンセラーやスクールソーシャルワーカーがたいてい設置されています。こうした人は、あなたの役に立つでしょう。

大好きな先生という手もあります。もし、あなたがうまくやれている先生や話しやすい先生がいるなら、その先生に相談してみるのもいいでしょう。その先生が被害を食いとめる方法を一緒に考えてくれるはずです。

サミュエルは英語の先生が好きでした。だから、ふいに訪れた偶然の機会をとらえて話してみることにしました。

健康教育の授業に女の人が来て、〈性的虐待〉について話してくれました。わたしは、その話の最中、じっと座っていられませんでした。彼女はまるでわたしに向かって話しているかのようだったのです！　彼女が言ったことのほとんどが、わたしにあてはまったからです。

わたしはどうしても、じっと座っていることができませんでした。ペンをカチャカチャ鳴らしたり、貧乏ゆすりをしたりしていました。ベルが鳴った途端、真っ先に教室を飛び出しました。でも、わたしはその話を忘れることができませんでした。

その女の人は、子どものときに性的虐待を受けていたと言っていました。彼女は、実際に体験したことを話してくれたのです。その女の人が言ったことばが、繰り返し頭のなかに浮かびました。「あなたは話すべきです。話すまで、安全を手に入れることはできないんですよ」ということばが。

それで、わたしは話したのです、英語のマースデン先生に。本当にこわかった。お父さんにされたことを話したら、先生はわたしのことをきらいになるかもしれないって思ったから。でも、先生はなにを聴いても、終始すごく冷静でした。先生は、「州の法律で決まっているから、通報しなければならない」と言いました。「でもわたしは、面接のあいだ、あなたのそばにいるし、あなたが話さなければならないところにはどこにでも一緒に行きますからね」と言ってくれました。そして、先生は実際にそうしてくれたんです。

たいていの場合、学校にいる先生たちは通報をしなければなりません。そう法律で定められているからです。だからといって、話すことをやめないでくださいね。通報することは、権限のある機関が関わることを意味します。そしてそれは、あなたが安全になるチャンスなのです。

友だちの親　あなたが10代なら、ほかの子の親が自分の親よりも素敵な人に見えることがあるでしょう。自分のお母さんやお父さんに話すよりも、友だちの親のほうが話しやすい場合もあります。もしそうなら、友だちの親に話すことを考えてみてください。気をつけてほしいのは、あなたの話を聴いた友だちの親がショックを受けて、その葛藤ゆえに、（もし加害者のことを知っていたとしたら）「まさか、そんなはずがない」と考えて、やり過ごそうとする可能性もあるということです。でも、その人たちが、あなたが考えているとおりの素敵な人たちなら、話を聴いて驚いた気持ちをコントロールしながら、あなたがどうすればいいのか、援助の手を差し伸べてくれるはずです。

ジェイミーは、今、15歳です。彼女は両親と一緒に自宅に戻りました。でも、ここに至るまでの2年間は、たやすい道のりではありませんでした。彼女は今、ゆったりとソファーに腰かけながら、自分の身に起きたことを穏やかに話せるようになりました。

わたしはもう、我慢の限界でした。なにかしなければ、正気を失っていたでしょう。

わたしは、アルバートにされたことをお母さんに話しました。でも、お母さんはなにもしてくれませんでした。だから、わたしは家を出たんです。

それは、わたしが5歳くらいのときに始まりました。両親はパーティや仕事で忙しく、たびたび家を空けました。両親はいつも、アルバートという名前の男にわたしの面倒をみさせていました。彼は大酒飲みでした。だから、こんなひどいことをしたのかもしれません。

彼は、わたしをベッドに寝かせて、それから、自分も同じベッドに入ってきました。彼は、わたしの背中を撫で、それから、わたしに彼の背中を撫でるようにと言いました。最初は、別に問題ないと思いました。でも、その後、彼はわたしの服を脱がせて、プライベートな部分を触るようになりました。そして、わたしが10歳くらいになったとき、……ああ、ものすごくひどいことなんですが……、彼は自分のモノをわたしの口につっこみました。わたしの頭をつかんで、無理やりさせたのです。彼はわたしを押し倒して、指をわたしの膣に入れたり、胸を吸ったりしました。ああ、思い出すのもいやなできごと！

わたしは考えて、アルバートがベビーシッターにくるときに友だちを呼んだりしました。でも、あいつは友だちのからだについてあれこれ言ったり、成人向けのポルノ映画を見せたりするようになったんです。

ついに、わたしは友だちのミッシェルに、家を出るかクスリをやるつもりだと話しました。彼女は、自分の家に来ればいいと言ってくれました。彼女の両親は、わたしに本当によくしてくれました。わたしを質問攻めにしたり、なにかを強制したりしませんでした。2週間くらい経ってから、わたしはミッシェルのお母さんになにがあったのかをうちあけました。ミッシェルのお母さんはそれを通報し、調査が進められているあいだ、ずっと家にいさせてくれました。安全だと感じられたのは、本当に久しぶりのことでした。

残念ながら、わたしの両親は、わたしの言うことを信じませんでした。それどころか、両親はわたしとミッシェルの両親に対して激怒したのです。サイアクでした。ミッシェルの両親はわたしにずっと親切にしてくれたのに、わたしの両親はとてもひどいことをたくさん言いました。

わたしの両親は、わたしがミッシェルの家にいてもいいという書類にサインしなかったので、わたしは里親委託されることになりました。本当にいやでした！　その後、友だちが自分の親に、わたしの家で過ごした夜に起きたことを話してくれたので、アルバートは自分のやったことを自白するはめになりました。その子の証言のおかげで、ようやくわたしが言っていたことは本当だったとみんなにわかってもらえたのです。やっとのことで、両親もわたしの話を信じてくれました。

両親がすぐにわたしを信じてくれなかったことについて、今でも少し腹が立ちます。でも、わたしは両親と向きあうことを決意し、今は家に戻っています。アルバートは仮釈放されました。両親とわたしは、以前よりもずっとたくさん話すようになりました。ただ残念なのは、わたしの両親がミッシェルの両親と絶縁してしまったことです。わたしは、そのことについて罪悪感もあります。

あなたをかばってくれたり、あなたの味方をしてくれたり、あなたを守ってくれる大人はいます。たとえジェイミーの場合のように、友情が犠牲になることがあったとしても。思い切ってやってみましょう。だれかに話すのです。

宗教的指導者

教会やお寺に通ったり、子ども会や青年会のような集まりに参加したりしている子どももたくさんいます。日曜学校の先生や牧師、ラビ、僧侶、あるいは子ども会や青年会のリーダーになら話しやすいかもしれません。話そうと思った相手が宗教家だからといって、はぐらかされてはいけません。教会やシナゴーグ、お寺に通っている人のなかにも性加害者はたくさんいるのですから、あなたから事実をうちあけられた人は、「教会に来ている人がそんなことをするはずがない」なんて言うべきではないのです。もし、相手にそんなふうに言われたなら、次に進みましょう。ほかの人を探すのです。

ペーターは、教会の仲間たちと参加した修養会の折に、青年会のリーダーに相談しようとしました。ペーターは、自分がひとりぼっちだと感じていて、自分はほかの子たちとはちがうという気がしていました。リーダーのマックスはそんなペーターの様子に気づいて「どうしたんだい?」と声をかけてくれました。

僕の心臓はドキドキしていて、口のなかもカラカラだった。でも、もう黙っているのは限界だと思った。突然、僕はだしぬけに口走った。「お母さんが、僕にヘンなふうに触ってくるんだ」って。

マックスは文字通り、僕から後ずさりをしてこう言ったんだ。「おい、ペーター。気持ち悪いこと言うなよ」と。

それで、僕はすぐさま否定したんだ。「まさか、そんなわけないだろう」ってね。

それから彼とは、もう二度とこのことを話さなかった。結局、僕はほかの人に話すことができた。でも、あのときのことはすごく傷ついた。だって、マックスはふだん、すごく話のわかる人だったから。あのときの彼の態度には、とてもがっかりさせられたよ。

マックスはペーターをがっかりさせてしまいました。でも、ペーターは、思い切ってだれかにうちあけてみたことで、そのときにどんなにショックを受けたとしても、叩きのめされることはないとわかりました。だって、うちあけたのにもかかわらず、彼はまだ生きていられたんですからね。

ペーターのすごいところは、あきらめなかったことです。彼はほかの人にうちあけました。そして、その人はペーターの話を信じて、通報もしてくれました。

ペーターとは全然ちがう体験をした人もいるでしょう。最近は、多くの教会やシナゴーグが、スタッフや信徒に対して性被害について教育することに力を注いでいるからです。たとえば、カトリック教会は、性被害の申し立てに対する対応に関する規約を作りました。これまで、カトリック教会が被害に対して充分な対応をせず、加害についても責任をとるような取り組みをしてこなかったという反省にたってのことです。状況は改善されつつあります。

ペーターの事例を読んだからといって、「同じ教会に通う人には話さないでおこう」なんて思わないでくださいね。もし、あなたが「この人なら助けてくれそう」と信じられる人がいたなら、ぜひ話しましょう。うまくいかなかったら、ペーターのようにすぐに別の人を探しましょう。

あなたの親友　もしその友人が、本当の親友であるならば、その友人はあなたがうちあけたことを大人に話すでしょう――あなたがそうしてほしいと思うか思わないかにかかわらず、です。親友は、その問題はあまりに深刻すぎるため、自分ひとりでは対処できないし、だれか大人に関わってもらうべきだとわかっているのです。もし、友人が「だれか大人に話すよ」と言ったなら、少なくとも、どの人だったら話してもらってもかまわないかを伝えましょう。

親友は、あなたから話を聞いたあとも、きっと友人であり続けてくれるでしょうし、被害への対応がなされているあいだもサポートしてくれるでしょう。ほかの人が、あなたやできごとについてひどいことを言ったときには、ピシャッと言い返してくれるかもしれません。親友ならば、こうしたときにも本当にあなたの助けになってくれるはずです。

キャシーが親友のロビンに、継父にされたことを話したのは、まだ10歳のときでした。ロビンがスクールカウンセラーにそれを伝えたとき、キャシーはどんなに腹を立てたか、それから3年経った今でもよく覚えていると言います。

ドーソン先生の部屋に呼び出されたときのことは、今でも覚えています。わたしはそのとき、なんで先生がわたしを呼んだのだろうと不思議に思っていました。

わたしが部屋に入ると、ドーソン先生は家のことを尋ねてきました。しばらくして、先生は継父のことを知ってい

話せる人はたくさんいます。

るのだとわかりました。わたしはすごくムカつきました！　ロビンには「だれにも言わないで」って言ったのに。

わたしはドーソン先生がなんの話をしているのかわからないふりをして、とぼけていました。

でも、そのあと泣き出してしまいました。先生はわたしにティッシュを渡しながら、「あなたが悪いんじゃないのよ」と言ってくれました。悪いのは、わたしにそんなことをする継父のほうだと。それから先生は、継父のボブがしたことは違法行為だから警察に通報しなければならないと言いました。

わたしは、本気でロビンを殺してやりたくなりました。警察に言うですって?!　なんてこと！　恐ろしすぎる。もしロビンがだれにも言わないでいてくれたら、こんなことにはならなかったのにと思い続けました。

でも、今では彼女が言ってくれてよかったと思っています。

キャシーはとてもラッキーでした。彼女とロビンは友だちのままでいられました。虐待を通報したり、大人に知らせた人と友だちのままでいるのがむずかしい場合もあるからです。虐待がとまり、安全な場所を確保できて、人生がよい方向に進むようになってからようやく、友だちがしてくれたことに感謝できる場合もあるでしょう。一方で、その友だちといると虐待のことを思い出してしまうから、つい友だちを避けてしまう人もいるかもしれません。

通報したからといって、事態が改善しない可能性もあります。たとえば、だれもあなたの言い分を信じてくれなかったり、家族があなたを追い出したり、裁判所が悪夢のような場であったり。混乱を引き起こした人の近くにいたくないと思う心理は、だれにもあるのです。そのことを気に病むのはやめましょう。あなたを助けるために関わってくれた人に感謝したら、あとはもう、あなた自身が回復していくことに時間を使えばよいのです。

病院の人たち

もし、性被害によってからだが傷つけられた場合、とくに膣や肛門が傷つけられたなら、おそらく医師の診察を受けることになります。もし、どうしてこんなふうになったのかと聞かれたら、嘘をついてはダメですよ。もし、親が診察室に同席していて、親の前では言いたくないと思ったら、お医者さんに「ふたりだけで話したい」と伝えましょう。そして、本当のことを話すのです。お医者さんや看護師さんは、性被害のことをよく知っています。性的虐待のサインも知っていますし、どう対処すればいいかもわかっています。病院の人たちは、その後の対応のしかたをよく知っています。

もし、ふだんの診察でお医者さんに会う機会があるなら、そのときに話すことも考えてみてください。さっきも言ったように、病院の人たちは性暴力や虐待の被害者をしょっちゅう診ているのです。だから、あなたを助けてくれるはずです。もし、ちゃんと対応してくれなかったら、ほかの人を探しましょう。

アンジェラは、今18歳です。でも、16歳になって車の運転ができるようになって、最初に行った先は無料のクリニックでした。とてもビクビクしながら……。そのときの様子を聞いてみましょう。

そのとき、わたしはありとあらゆる婦人科系の病気を抱えていました。おりものは悪臭がして、ひどい生理痛もありました。陰部のあたりに大きなニキビのようなものができたときには、すごく不安になりました。医者に診せたほうがいいと思って、それで病院に行ったんです。そこで、ヘルペスに感染していることがわかって、医者に性交渉の相手はだれか聞かれました。ほかの人に感染させる可能性があるから、相手も治療を受けなければいけないからって。

本当に頭にきたわ！　おじは、わたしのことを売春婦のように扱ったばかりか、こんな病気までうつしたんだもの。それに、ヘルペスは赤ちゃんに影響したり、子宮頸がんのリスクを高めたり、本当に深刻な問題を引き起こすっていうじゃない。だから、わたしは医者におじのことを言ってやったんです。医者は、わたしの相手がおじだと知ると、すぐに警察に通報して報告書を書きました。大変な一日でした。いろんな人にすべて話さなきゃならないのは、本当にいやなことでした。それに、いとこやおばは、今でもわたしと口を聞いてくれません。でも、それ以来、おじはわたしに触れることはできなくなったし、今はもうヘルペスも治りました。

アンジェラは、つらい体験を通して、だれかにうちあける必要性を痛感させられました。性的虐待によって、病気をうつされてしまったのですから。けれど、ある意味、アンジェラはラッキーでした。ヘルペスはエイズとちがって死につながる病気ではありません。*1 もし、話すかどうかを迷っているのなら、残りの人生を性感染症にかかって過ごすことに価値があるのかどうかを考えてみてください。加害者への恐れや、話したあとに起こりそうなことへの不安といった気持ちは、あなたの命を賭けるほど大事にしなければいけないことでしょうか。そうは思いませんよね。さあ、だれかに話しましょう！

警察　もう本当に危険という状況になったときには、なにはさておき警察に通報する子どももいます。命や身の危険を感じたときには、迷わず警察に電話をしましょう。タネーシャの場合もそうでした。彼女は13歳で、兄は16歳でした。

兄は、何年もわたしにそんなことをしていました。わたしの裸を見ようとしたり、おっぱいが大きくなり始めると胸についてあれこれ言ってきたり、自分の性器を見せて「これが欲しいんだろう？　なぁ」と言ったりしてきました。ホントに気持ち悪いことをしてきました。

でも、ある週末、母はシッターをつけずに、わたしと兄を家に残して出かけてしまいました。母は、わたしたちだけで留守番しても大丈夫な年齢だと思ったようです。そしたら、兄は数人の友だちを家に呼び、お酒を飲み出しました。彼らはバカげた話を始め、わたしに野球拳をやろうと言ってきました。最初は全然こわくなかったんです。知っている人たちだったし、彼らはこれまで何度も家に来たことがあったからです。でも、あの夜はいつもと全然ちがっていたのです。

わたしは上の階で髪の毛を直していて、彼らは階下にいました。急に、あたりが静かになったのに気づきました。

＊1　訳注　現在では、エイズをひきおこすＨＩＶ感染症に対するよい治療法があります。ほかの性感染症と同じように、早めに検査をして適切な治療を受ければ、あなたは健康な生活を送ることができます。それを治療し、再び性感染症にかからないようにするためにも、性的虐待や性暴力について、だれかに相談してください。

そのとき、どこからともなく兄がわたしに飛びかかり、こう叫んだのです。「つかまえたぞ！　だれからやる？」わたしはなんのことかすぐにはわかりませんでした。でも、兄の仲間のルイスが自分のズボンのチャックをおろそうとしているのが見えました。わたしは恐怖で震えあがりました。

わたしはありったけの力で兄を押しのけ、逃げました。階段を上がり、母の寝室に駆け込みました。その部屋には電話があるからです。鍵が壊されてしまうかもしれなかったので、家具でドアを押さえました。わたしは警察に電話をかけて、レイプされそうだと言いました。数分後、警察がきてくれました。

警察に電話をするなんて考えられないと思う子もいるでしょう。こうした子どもは、警察は敵だと思っています。警察はパーティをぶち壊しにくるやつらで、スピード違反のキップを切ったりドラッグの手入れをしにくるやつらだと思っているのです。そういう子たちは、警察は関わりたくない相手なのでしょう。11歳になって礼拝で神父のお手伝いをする係になったブラッドは、3年間にもわたって神父から被害を受けていたにもかかわらず、こんなふうに思っていました。

なんてったって、警察はとっくに俺のことを知っていたのさ。小さな町で暮らしていれば、悪いコトをしでかす子どもは警察に覚えられているからね。それに、神父を警察につきだすなんてありえないだろう。考えてもみろよ。やつらは、だれを信じると思う？　問題児の俺か、神に仕える神父か。

ふん！　警察に通報しろだって。笑っちゃうね。

あなたもブラッドと同じように感じているかもしれませんね。でも、思い出してください。性暴力は〈犯罪〉

なのです。罪の重さは州や状況によってちがいますが、違法行為であるのは確かです。だから、警察はうちあけるのにとても適切なところなのです。

たいていの警察署、少なくとも大きな署には、性被害を受けた子どもの対応をする専門の部署があります。そこで働く警察官は、制服ではなく私服を着ていて、パトカーではないふつうの車に乗っています。あなたに事情を聴きに来るときは、警察だということがわからないようにしてくれます。もし、被害が深刻になっていたり、「もうヤバイかも」と思ったりしたときには、迷わずに警察に電話をしましょう。

専門機関　性暴力の被害者への支援を目的とする機関や組織もたくさんあります。あなたの住む地域の社会サービス局の窓口で聞いてみましょう。米国ではたいていの州で、管轄区（郡や市）ごとに一カ所、あるいは複数の郡や市にサービスを提供する窓口を少なくとも一カ所備えています。機関の電話番号を探すときは、電話番号案内に電話をするか、電話帳の地方行政のリストを探してください。子どもが巻き込まれる犯罪を専門に捜査する部署がある地域に住んでいるならば、そこで専門家に話すこともできます。

性的虐待や性暴力の回復施設のような非営利団体に電話をすることもできます。地域によってそれぞれ名称は異なりますが、電話帳の〈相談〉とか〈社会サービス〉の欄を探せば見つかります。レイプ・クライシス・センターでも、性的虐待を受けた人を支援してくれます。こうしたセンターも電話帳に掲載されているはずです。

もし、インターネットが使えるならば、地元の行政のウェブサイトに行き、「性的虐待、レイプ、被害者支援」などのキーワードを入れて検索すると、支援機関の名前が出てきます。あなたの家から一番近いところを見つけましょう。

そこに書かれている番号に、今日にでも電話をかけてみましょう。*2

そのほかの人　おそらく、あなたには力になってくれて信用できる人たちがたくさんいるはずです。そうした人たちを実際に信じてみたことはないかもしれませんが、今こそ信じてみるときかもしれません。おそらく親戚（大好きなおばや祖母）なら、あなたの話を聴いて信じてくれるはずです。あなたの話を聞いてどうするかは、その人たちにまかせなさい。その人たちに代わってあなたが決める必要はありません。被害をとめるための援助を受ける貴重な機会を失ってしまうかもしれませんから。

重要なこと　もし、相手があなたの話を信じてくれず、あなたを嘘つきとかふしだらとか、おかしい、問題児だとか、もっとひどいことを言うようなら、別の人を探しましょう。そうはいっても、実際にはむずかしいかもしれません。でも、あなたの話を信じてくれて、あなたが求めている共感と理解を示してくれる人は、きっといますよ。

第2のステップ——通報する

うちあけたあと、相手は「まあ、かわいそうに」と言ってあなたの頭を撫でて、そのままあなたを家に帰そうとしたなら、それは親切な行為とはいえません。もし、そんなふうにされたら、ほかの人に話さなければなりません。

性的虐待についてうちあけられた人は、なにはさておき、児童保護局に通報しなければなりません。[*3] 大丈夫、落ち着いてよく聞いてください。これから説明しますからね。

性的虐待の問題に対する専門機関である児童保護局は、まさしくあなたを支援してくれる人たちがいるところです。児童保護局は、なによりも虐待を受けている子どもの安全を確保することを考えます。あなたの安全を確保するにはどうしたらいいか、虐待をしていた親やきょうだいが、子どもを虐待するのをやめるためにどんな支援を受ける必要があるのかを考えます。そのためにも、まずなにが起きたのかを聞くことで、あなたや家族を援助することができ、治療を開始することができるのです。

米国では、性的虐待を疑った市民は報告をしなければならないと法律で定められている州があります。州によっては、教育機関（教師、校長、スクールカウンセラー）、医療機関（医師、看護師）、社会福祉機関（ソーシャルワーカー）、精神保健機関（心理士、セラピスト、カウンセラー）や警察の職員は、どんな虐待であれ、発見したならば報告しなければいけないと義務づけられています。

あなたが住む州によっては、あなたから性的虐待をうちあけられた相手は、法律にもとづいて専門機関に通報しなければならない場合があるということです。

これは悪いことではありませんが、あなたはすぐに納得できないかもしれませんね。でも、児童保護局に通報することは、確実に虐待をとめることができ、事態を進展させ、あなたが自分の望むような人に成長できる機会

＊2（77頁） 訳注　日本でも同じように、行政の窓口や非営利団体（NPO）などを調べて相談することができます。子どもであれば、住んでいる町の役所や児童相談所に電話をするか、学校の養護教諭やスクールカウンセラーに相談するのがよいでしょう。この本でも何度も書かれているように、もし話してみて、よい対応をしてもらえなかったら、あきらめずにほかの人を探してください。携帯電話やインターネットが使えるならば、「性暴力　被害　相談」などを入力して検索すると、さまざまな情報を得ることができます。ただし、〈性〉ということばによって、暴力的な性の情報や画像が出てきてしまうこともありますし、ネット上のトラブルに巻き込まれる危険性もあるので、慎重に情報を見極めることが大切です（ひとりで探さずに、サポートしてくれる大人と一緒に検索することをお薦めします）。

＊3　訳注　日本では、子どもが家庭内で虐待されている疑いをもった専門家や市民は、役所や児童相談所に通報することが義務づけられています。また、家庭外での性被害には、本人や保護者が警察に通報することができます。

をもたらす、唯一の方法かもしれません。

通報されたら、どうなるの?　あなたが性的虐待についてうちあけたことで、児童保護局へ通報された被害内容に関する報告書が作成されます。そして、児童保護局の職員があなたの話を聞きにきます。

〈児童保護局〉がどんなところなのか、よくわからない人もいるでしょう。児童保護局は、主に家庭内の虐待や性暴力に対応するところです。そこには、次のような仕事をする人たちがいます。話の内容を記録する人、地域の児童保護サービスのワーカー、ソーシャルワーカーや警察官、被害者や虐待者やそのほかの面接者から報告内容について調査する人、被害者を保護する責任があるソーシャルワーカー、必要に応じて虐待者を起訴する弁護士、あなたを診察するかもしれない医師や看護師、できごとについてお話しするセラピスト、などです。[*4]

これらのすべての人たちはひとつの目的を持っています。起こったことを明らかにして、二度と性的虐待が起こらないようにすることです。そうはいっても、必ずそれができるとは限りません。とてもむずかしい道のりだからです。

ある日、わたしはママに、自分の身に起きていたことを話したの。それですべて終わるはずだと思っていました。うちあけたのだから、もうこの話はすっかり終わりなんだって。でも、そうじゃなかった。うちあけたのは、そのあとに続くたくさんのひどいできごとの、ほんのはじまりにすぎませんでした。

ブリアンナ、継父からの性的虐待を受けた15歳の少女

米国では、各機関がチームを組んで一緒に働き、被害者への調査をスムーズに行っている州もあります。たと

えば、性的虐待が通報されると、警察署の刑事や児童保護サービスのワーカーが一緒に被害者への面接をする州もあります。チームのスタッフたちは、地域の弁護士事務所に集まり、告訴の準備をして報告書を作ります。こうした方法をとることで、被害者は会う人会う人に、何度も同じ話をする必要がなくなるのです。

ですが、米国のすべての州がこのようにしているわけではありません。通報を受けた機関が、被害者の話を聴くために代理人を送る州もあります。そして、すでに話を聴いている別の機関がまた被害者と話します。つまり、あなたが警察に虐待を通報すると、警察署のだれかがあなたのところに来てくれて、そこで話をするわけです。その日のうち、あるいは翌日くらいに、児童保護局やソーシャルサービス機関の代理人も、あなたとの面会にやってきます。地域の検察局も深く関わっており、そこでもあなたは何度も面接を受けることになります。つまり、被害者はそこでもまた話さなければならないというわけです。従来はこうした方法が用いられていましたが、だんだん被害者に負担がかからない方法に変わりつつあります。でもどんなときも、あなたは落ち着いて調査に協力しましょう。[*5]

＊4　訳注　日本の児童相談所の場合、最初に会うのはケースワーカーですが、あなたの状態に応じて、他の専門職にも相談できるようにしてくれます。からだの状態を診て治療をしてくれる婦人科や小児科の医師や、あなたのこころの状態を理解してサポートしてくれる心理カウンセラーや児童精神科医、それから、安全を守ったり虐待者を訴えたりすることなどについて法律的な相談に乗ってくれる弁護士にも、相談できるようにしてくれるようになってきています。

＊5　訳注　日本でも、児童相談所のケースワーカーに話したあとは、婦人科や泌尿器科等の医師や心理カウンセラー、精神科医、弁護士などが、あなたの援助をしてくれる場合もあります。告訴するときには、警察や司法機関の職員、犯罪被害者支援センターといったNPO団体のスタッフなども関わってくれることがあるでしょう。最初に婦人科を受診した際に、性的虐待の証拠を採取してくれるような性暴力救援センターも増えてきています。こうしたセンターでは、あなたが何度も被害内容を話さずにすむように配慮してもらえることもあります。

自分で通報することもできるよ。

第3のステップ――保護される

あなたとの面接を終えた児童保護局の職員は、あなたを虐待していない保護者（非虐待親）に連絡をとろうとします。非虐待親とは、あなたを虐待していない親という意味ですが、あなたの安全に責任を負うべき人でもあります。もし、お母さんの恋人が虐待者なら、児童保護局はあなたのお母さんと連絡をとろうとします。虐待者がきょうだいやそのほかの同居人であれば、あなたの両親のどちらか、あるいは両親に連絡をとるでしょう。もし、虐待者があなたのお母さんで、お父さんはすでに亡くなっているのであれば、ほかの親戚と連絡をとります。もうおわかりですね。あなたが安全に暮らすことに責任を負っていて、かつ虐待に関わっていない人が、児童保護局に呼ばれることになるのです。

継父があなたを虐待し、お母さんは虐待に関わっていなかった場合を考えてみましょう。機関はあなたのお母さんと連絡をとり、あなたがどう言っているかを伝え、お母さんがなんと言うか、どんな反応を示すかをみます。すでにお話ししたように、あなたのお母さんはショックを受けるでしょうし、最初はうまく話せないかもしれません。お母さんは、「子どもが嘘をついているんです。そんなことを言い出したのは気を引くためで、わたしの夫は絶対にそんなことはしません」なんて言うかもしれません。もしお母さんが、あなたが虐待されたという事実を受け入れられず、虐待者からあなたを守るために安全な環境を作ることができないのであれば、児童保護局は、すべて解決するまでのあいだ、あなたが安全に過ごせる場所を探さなくてはなりません。

それによって、あなたは数日間、里親家庭に預けられるかもしれないし、親戚や友だちの家に泊めてもらうことになるかもしれません。そのときは、遠慮なく尋ねましょう。「これからどうなるんですか」「問題が落ち着くまで、わたしはどこに行くんですか」と。[*6]

虐待者が告発に気づいたら？　虐待者のことをうちあけられない理由のひとつには、虐待者を恐れる気持ちもあるでしょう。うちあけたら虐待者に傷つけられる、それどころか殺されるかもしれないって。通報したあと、あなたやあなたの保護者（非加害親）が面接を受けたら、次は虐待者が面接に呼ばれます。これは重大なことですね。繰り返しになりますが、手続きの流れは州によって異なります。ソーシャルワーカーと刑事が一緒に虐待者の面接を行う州もありますし、別々に面接をする州もあります。

最終的には、あなたがうちあけてから間もなく、虐待者はあなたが「虐待された」と言って自分を告発した事

＊6　訳注　日本の場合、もし、非加害親があなたの被害を信じてくれず、あなたにとって安全な環境を作ることができないと判断されたなら、しばらく一時保護所という場所で生活することになるかもしれません。一時保護中に、ケースワーカーとお話しして、これまでのことや今後のことを話し合います。もし、それが長期にわたる場合は、里親家庭に預けられたり、施設で生活することになるかもしれません。家を離れて生活することに不安を感じるのはもっともですが、性的虐待が起こりうる家庭に居続けることは、あなたにとって安全な策ではありません。今は不安かもしれませんが、本当の安心感を得るためには、児童相談所に通報して守ってもらうことが大切です。

実を知ることになります。これは、あなたにとって非常に恐ろしい瞬間でしょう。どうか、あなたが知っている真実から逃げないでください。もしも、実際に安全が脅かされて心配なら、児童保護局のソーシャルワーカー、警察官、医師など、だれかに話しましょう。あなたが安全でいられるように助けてくれるはずです。

僕がうちあけたとき、お父さんは狩猟の旅で出かけていたんです。ソーシャルワーカーやお母さんは、お父さんが戻ってきて僕が話したと知ったら暴力をふるうだろうと、すごく心配しました。だから僕は、警察がお父さんに話してくれるまで、家を離れて友だちのところで暮らさなければならなくなりました。

ジョイ、継父から性的虐待を受けた15歳の少年

安全でいる

児童保護局が虐待者と話す機会を設けてなんらかの結論が出るまで、あなたの安全が第一に優先されるべきであり、あなたは虐待者から離れていなければなりません。これは重要なことです。もし、あなたのお母さん（または、あなたの安全を守る責任を負っている人）が虐待者を家に入れないようにすることができず、あなたを守ろうとしなかったり、守れないかもしれないようであれば、機関があなたを守らなければなりません。

がんばって落ち着いてみましょう。とてもこわくて、恐ろしいのはよくわかります。あなたと一緒にいてくれる人を探しましょう。通報に付き添ってくれた人が一緒にいられないのならば、あなたの側にいてくれるほかの

人や、こころの支えになってくれる人を呼びましょう。

子どもの安全と幸せを守るソーシャルワーカーが、あなたを守る役目を果たしてくれるはずです。ソーシャルワーカーに、「次になにをするんですか」「これからどうなるんですか」と聞くこともできます。あなたにセラピーを紹介してくれたり、性的虐待を受けた同年代の子どものためのグループセラピーを薦めてくれるかもしれません。[*7]

あなた自身を大事にすること

あなたが機関と関わっているときに、自分自身を大事にするためにできることがあります。

なんらかのサポートを受ける

もしあなたが秘密をうちあけた人（通報をした人）が、本当に信頼できて、その人を好きならば、面接につきそってもらいたいと頼みましょう。でも、それができない場合もあります。その人がその日はいないということもあるでしょうし、面接者が同席を認めない場合もありえるからです。でも、頼んでみなければわからないのですから、まずは頼んでみましょう。

＊7　訳注　日本では、児童相談所にいる心理カウンセラーと話すことができます。施設に入所することになった場合、そこでセラピーやカウンセリングが受けられることもあります。日本ではまだ、性的虐待を受けた子どもたちのグループセラピーは一般的ではありません。今後、こうしたさまざまな回復の機会が増えていくことが望まれます。

状況を知る

もし状況がどうなっているのかわからないのなら、尋ねてみましょう。新しい情報や今後の流れが知りたいときも、質問することができます。自分のために立ち上がり、この大変な時期を切り抜けるのに役に立つような、前向きで、自分が納得のいくことをしましょう。「これからどうなるんですか」と礼儀正しく質問したり、あなたがこわくて不安になるような計画に対しては「それはいやです」と自分の意見を礼儀正しく伝えたり、「もっと詳しく教えてください」と礼儀正しく頼んだりすることができます。

自分自身をコントロールしている

実際にはブチギレて叫びだしそうな状況なのに、わたしがあなたに何度も〈礼儀正しく〉と言っているのに気づきましたよね。できるだけ自分をコントロールすることが大事なのです。もしあなたがヒステリックで、コントロールのきかない子どもだという印象を与えてしまったら、自分の安全を保つためにどうするかについて決めるプロセスに参加させてもらえなくなるかもしれないからです。

自分の気持ちに正直でいる

もし、自分の気持ちをどうしても落ち着かせられないならば、それをことばで伝えましょう。「わたしは今、すごく混乱していて、泣きたい（こぶしで壁をぶち抜きたい、大声をあげたい、叫びたい、なにかを壊したい）気持ちなんです。自分でもちゃんと決断していきたいから、自分なりに必死でコントロールしようとしているんです」と。こんなふうにことばで伝えることは、すごく道理にかなったことです。このように言うことで、あなたは、自分が今どんな状態にあるかを正確に話すだけでなく、自分の気持ちをなんとかなだめて、理性的で分別ある状態を維持し続けているのだと示すことができるからです。あなたに関わる人たちは、あなたを見直して、今後について決める際に、あなたが貴重な意見を言える子なのだとわかってくれるかもしれません。

あなたはよいことをした

人に助けを求めることは、これまでにあなたがしてきたさまざまなチャレンジのなかでも、もっともむずかしいことのひとつかもしれません。こんなにもメチャクチャな状況になってしまって、やっぱり口を閉ざしたままにしておけばよかったと後悔しはじめているかもしれません。面接を受けた虐待者が、あなたが自分への不満を述べたと知り、事態はさらにひどくなるかもしれません。虐待者はあなたを脅かすかもしれませんし、あるいは、虐待者の家族までもがあなたを脅かしてくるかもしれません。あなたに対して、本当に失礼で卑劣な態度をとってくることもあるでしょう。冗談を言っているわけではありません。それほど、安全を確保するということは大変なことなのです。でも、あなたにはできるはずです。

いつでも思い出してください。あなたが話したのは正しいことだった、と。あなたは自分のために決断したのです。あなたは立ち上がって宣言したのです。「わたしは重要な存在です。わたしは大切な存在です。もうこれ以上、こんなことに耐えられません」って。

あなたはよいことをしたのです。自分自身に、そう言い続けましょう。

第5章　まわりの人はなんて言うだろう？

僕は、練習に行くのがこわかった。みんなにからかわれて、「ホモ」とかなんとかって言われるだろうから。僕がコーチを訴えたせいで、みんなは僕に腹を立てていたんだ。だから、だれにも知られたくなかったんだ。

ハリー、サッカーのコーチから性被害にあった16歳の少年

あなたが性被害についてうちあけたあと、もっとも苦労させられることのひとつが、まわりの人たちの反応でしょう。ちゃんとした対応をしてくれる人たちもいます。そういう人たちは、あなたを支え、勇気づけ、守ろうとしてくれるでしょう。

でも、たいがいはひどい反応をするものです。そんなふうになるのは、ただ単にまったくなにも知らないせいなのです。そういう人は、だれかから性被害を受けたとうちあけられたときにどうすればいいのか、さっぱりわからないのです。

どうしたらよいか考えることすらできずに、ひどい態度をとる人もいます。そういう人は、それまでの人生でそんなつらいことを経験したことがなかった、つまり、そんなひどいことなど身近に起こらない、おとぎ話のような暮らしをしてきたのでしょう。あるいは、あなたの体験が、その人にとってあまりにも痛いところを突きすぎていて、その人自身が体験した被害を思い出させたのかもしれません。

なかには、こんなひどいことを言う人もいるでしょう。「どうして、相手に『やめて』と言わなかったの？」とか「確かなの？　なにか勘ちがいしてるんじゃないの？」とか、わたしが個人的にお気に入りのセリフとして「そんなこと早く忘れて、前を向いて歩いていくべきよ」なんていうのもあります（ええ、つまり子ども時代のことはすべて忘れて、なにもなかったかのようにふるまいなさいってことね。よく言うわよ！）。

他人がなんと言おうと、どんなことばよりもあなたが耳を傾けるべきなのは、うちあけたのは正しいことだったと思い出させてくれるあなた自身の声です。ほかの人の言うことを聞き流したり無視したりするのは、簡単ではありません。ほかの人に言って欲しかったことばについて考えてみることも、役に立つかもしれません。

嘘をついていると言われたら……

まわりの人は、あなたに何度も何度も、「ほんとなの？　嘘でしょう？」と言うかもしれません。おばあちゃんから妹まで、だれもかれもがね。警察や福祉サービスのワーカーは、あなたの体験の一部分だけを繰り返し何度も話させようとするかもしれません。正確に知りたいからだって言うでしょうけど、あなたにしてみたら信じてもらっていないみたいに感じるかもしれませんね。

虐待していないほうの親（お母さんがそうだとしましょう）は、だれよりもあなたのことを嘘つき呼ばわりするかもしれません。自分の夫や彼氏がそんなことをしたと信じるのは、お母さんにとってとても大変なことだからです。そのうえ、そんなことが起こっていたと気づいていなかったと思い知らさせることは、さらにつらいことなのです。あなたの言うことが本当なら、お母さんはたくさんのものを失うことになります。だから、あなたに向かって「嘘つき」と責め続けてしまうのでしょう。

性暴力をふるったのが家族以外の人の場合、あなたは親族や友だちから、すごく圧力をかけられるかもしれません。嘘つき呼ばわりされたり、(性暴力が実際にあったことだと認めたとしても)そんなことになったのはあなたのせいだと責められたりするかもしれません。

負けないで！　子どもはいざこざを避けるために嘘をつくことはありますが、いざこざに巻き込まれるために嘘をついたりしないものです。まわりから責められても、あきらめないでくださいね。

自分から誘ったのだろうと言われたら……

簡単には聞き流せないセリフですよね。すでにお話ししたように、わたしたち被害者は、自分がされたことについて、自分にも少しは責任があるんじゃないかと思い込んでしまいがちです。つまり、自分が被害を招き寄せたとか、相手を誘ったとか、自分が求めたんだとか、自分も望んだんだとか、そんなくだらないことあれこれです。

こういうセリフはどれもくだらないことだと覚えておきましょう。性暴力の責任はだれにあるんでしたっけ？　そう、加害者です。性暴力を受けるはめになるような状況に、あなたが何回身を置いたかに関係なく、性暴力の絶対的な責任は加害者にあるのです。あなたがどんな格好をしていたか、どんなふうに話したか、どんなふうにふるまったかは、なんの関係もありません。加害者や加害者の行動をコントロールするのは、あなたの責任ではありません。大事なことは、加害したほうに責任があるということです……どんなときでも、です。

こうしたことから学ぶことこそあなたの責任ですから、回復を始めるにあたって、まずはそのことをお話ししましょう。まず、今まさにこの瞬間にも、性暴力の責任はあなたにはないということを思い出すこと。これまで、あなたのまわりに無責任な発言をする人はいましたか？　そんな人は、無視しましょう。

噂になったら……

あなたの身に起こりうるつらいことのひとつに、友だちやクラスメイトに関することがあります。性暴力の被害についての話を聴取するために、警察や福祉サービスのワーカーが学校にくることがあります。なぜなら、学校というのは、加害者からも、あなたを守ってくれるかもしれない人からも、距離を置いた中立的な場所だと考えられているからです。

反対に、あなたにとって学校は、世界中で最悪の場所になるかもしれません。教室から校長室に呼び出されるやら、事務職員はあなたに話を聞きにきた警察や福祉サービスの職員の存在を知っているやら、それを校長先生が知っているばかりかその場に同席するかもしれないのですから。そのうえ、あとから友だちみんなに「なんだったの？」と質問攻めにされるかもしれません。

友だちに話すかどうかは、あなた次第です。このことは、あなたとあなたが話したいと思う人にしか関係がないことです。たしかに、話の一部がもれてしまうこともあります。つまり、あなたが直接話さなかった人までも、この話を知ってしまうことがありえます。でも、大丈夫。あなたはこの状況を切り抜けることができます。そんな人たちのことは気に留めなければよいのです。しっかり顔を上げ、前を向いていきましょう。恥ずべきことは、なにもないのですから。

みんなに知られていると思うと、クラブ活動や学校での活動なんて全部やめてしまいたくなるかもしれません。でも、やめちゃダメ。今できていることは、できるだけそのまま続けていくことが大切です。ふだん通りの生活を続けることは、あなたの助けになるはずです。今までどおり友だちと過ごすことも、あなたの助けになるでしょう。もちろん、その〈友だち〉が、実はそんなによい友だちではなかったと判明しなければの話ですが。もし、あなたに冷たくしたり、陰口を叩いたり、噂やひどい話を広めるような人がいたら、そんな人は端《はな》から本当の友だちなんかじゃなかったってこと。こうしたことから、だれがあなたにとってかけがえのない親友であるかがわかるでしょうし、あなたがだれと一緒に過ごすべきか、だれのことは気にかけずにやり過ごすべきかがわかるはずです。

覚えておきましょう　あなたには性暴力の責任は一切ありません。あなたはなにもまちがっていません。あなたは価値のある人間だし、価値のある人間として扱われる権利があります。とくに、友だちから。いつだって、あなたはしっかりと顔を上げていましょう。

あなたのせいで家族がバラバラになったと言われたら……

性暴力や性的虐待が家族を蝕《むしば》むとき、強い怒りや恐れ、そしてストレスが生じます。両親だけではなく、きょうだいや祖父母、おじやおば、いとこもです。性的虐待を知った人たちは口々にいろんなことを言いたがりますが、それはあなたが受け入れられるものばかりではないでしょう。

もし、虐待者が家族のだれかであったなら（たとえばお父さんだったとします）、お母さんはこんなふうに言うかもしれません。「警察には自分が悪かったたって言いなさい。そうすれば、お父さんには二度とあんたのことを触らせないようにするから。もしそう言わないと、警察はお父さんを刑務所に入れてしまうし、そうなったらお父さんは働けなくなって、わが家は収入がなくなるから、家も失うことになるし、家族みんなが路頭に迷うことになるのよ」と。

あなたの姉妹は「友だちが知ったら、なんて思われるかわからないから、嘘だったと言ってちょうだい」と頼んでくるかもしれませんし、あるいは、「どうしてあんたはいつもトラブルばっかり起こすわけ？」と非難するかもしれません。

祖父母は、あなたが悪魔にとり憑《つ》かれているにちがいないと言って、お祓《はら》いをしようとするかもしれません。結局のところ、祖父母にとって息子であるあなたのお父さんは、「そんなことをするはずがない」と思われているわけです。

いやはや、ひどい話です！　あなたが問題を引き起こしたわけではないのに、にわかに家族全員があなたを槍玉に挙げて、いっせいにあなたを非難するのですから。あなたのことを「トラブルメーカー」「嘘つき」「ふしだら」なんて呼ぶかもしれません。

残念なことに、これが虐待をうちあけられたときに家族に起こりがちな現実なのです。どの家族にとっても、虐待の事実を信じたり、自分の感情をコントロールしたりするのはむずかしいものなのです。

自分を大事にしましょう

あなたは心底打ちのめされてしまったように感じるかもしれませんね。そして、家族内のあらゆるストレスや緊張から逃れるために、ひとりでなんとかやっていくしかないと思うかもしれません。「虐待は本当に起こったことなのかしら……」「本当に言うほどのことだったのかな……」「本当に起こったことかどうかわからなくなってきた」と、迷い始めているかもしれません。でも、あなたが真実だとわかっていることをなかったことにしてはいけません。

あなたのことを一番愛してくれていると思っていた家族から、圧力をかけられたり、怒りのことばをぶつけられたりしたら、それに立ち向かうのは簡単ではありません。でも、虐待が起きたことについて、あなたが勇気をふりしぼってそれをうちあけようと決めたならば、ここであきらめてはいけません。どっちみちつらいのですから、踏みとどまるべきです。きっと最後には事が収まり、だれもが最初の衝撃を乗り越えられるはずです。家族のだれかがあなたの支えになってくれたり、どんなときにもあなたを応援してくれるようになったりするかもしれません。

もしも、だれもあなたを支えてくれなかったら

もしも、だれもあなたの味方についてくれないならば、あなた自身でサポートグループを探さなければなりません。つまり親友や、あなたが参加している被害者グループのメンバー、セラピスト、ソーシャルワーカー、学校の先生やコーチなどといったあなたの身近にいる大人のことです。支援を求めることを恐れる必要はありません。「家族はだれも助けてくれないので、わたしには、自分のことを信じてくれて、味方になってくれる人が必要

なんです」と言ってよいのです。

もしも、しばらくのあいだ、別のところに住まないといけなくなったら

あなたは、家族の怒りや非難にもう耐えられないと思うかもしれません。しばらくのあいだ、どこかほかのところに住むほうがいい場合もあるでしょう。担当のソーシャルワーカーやセラピストにこのことを話して、あなたにとってどうするのが最善なのかを相談しましょう。

家を離れることを決めるのは簡単ではありませんが、なにより優先させるべきことは、あなた自身やあなたの幸せです。もし、まわりのだれもあなたの世話をしてくれず、あなたの安全――単に加害者からの安全だけではなく、ほかの人から非難される苦痛から守られることも意味します――を確保してくれないのであれば、あなたは立ち上がり、自らをケアしなければなりません。あなたの幸せは、なににもまさる優先事項なのですから。

家族は自分の感情や行動に対する責任があります

性的虐待の事実が明らかになるのは、家族にとってつらいことであるのは事実です。だからといって、あなたの話を変えたり、あなたが全部でっち上げていると言ったりしてもよいことにはなりません。あなたには虐待の責任はないのだし、家族の感情や行動にも責任はないのです。どのように感じ、なにをしたいと思うかは、おばあちゃんの選択であり、お母さんの選択であり、きょうだいの選択なのです。あなたには、その責任はありません。

でも、あなたは実際に家族と一緒に暮らさなければならないし、最低限のやりとりをしなければなりません。どうやってしのぐかを考えるために、だれかの助けを得る必要があるかもしれません。担当のソーシャルワーカーは、あなたやあなたの家族にセラピーを勧めることができます。もし、なんのセラピーも紹介してもらえなければ声をあげて求めましょう。あなた自身をケアすることを忘れないでください。

まわりの人の言うとおりだと思い始めたら……

まわりの人がなんと言おうと、うまく無視できる人もいるでしょう。でも、「こんなことが起こったのはおまえの責任だ」「あなたには重大な欠点があるのよ」ということを真剣に説きふせようとし、あなたに信じ込ませようとしている人がまだひとり残っているかもしれません。それは、あなた自身です。

子どもはもともと、家族の危機やトラブルについて、多少なりとも自分のせいだと考えてしまうものです。両親がケンカをしたり、きょうだいが問題に巻き込まれたり、お金に行きづまったり、あるいは一家の大黒柱が失業したりすると、子どもは「自分のせいでこんなことになったんだ」と思い込んでしまいがちです。性的虐待のようにひどいトラウマが起きたときも、子どもはすぐに「自分に責任があるんだ、自分がやったんだ」と思ってしまうのです。そのうえ、子どもは、加害者から「おまえがとてもかわいいから、こうせずにはいられないんだ」「あなたも楽しんでいたでしょう」というような微妙なメッセージを受け取ります。なにを信じればいいのでしょう？　こういうことを言われるうちに、子どもは虐待の原因が自分にあるのだと思い込むようになるのです。

でも、本当は（さあ、みんな声をそろえて言いましょう）、子どもたちは性暴力について一切責任がありません！　ふたりの関係では、あなたのほうが子どもだったのです。もし、あなたが17歳で、相手が2、3歳だけ年上だったとしても、あるいは相手のほうが年下だったとしても、それでもあなたには責任がないのです！　あなたは搾取されたのですし、無理じいされたのです。あなたに責任はなかったのです。

自分がとめるべきだった

自分が相手をとめるべきだった、加害者に立ち向かって「やめろ」と言うべきだった、なんて思っている人もいるでしょう。

落ち着いて。よく考えてみて！　どうやったらそんなことができたと思う？　3歳、もしかしたら9歳、あるいは17歳の子どもが、自分よりもなんらかの権力や権威で上まわっていたり、自分よりもからだが大きくて強い人の行動を、どうやってコントロールできたというのでしょう？　小さくて、弱くて、権威のない子どもにすぎなかったあなたが、どうやったら加害者を説得できたと思う？　あなたひとりでは、加害者をとめる方法なんてなかったのです。絶対、なかったのです。

自分がもっと賢ければ……

加害者はあなたに「もしだれかに話したら、おまえを傷つけるぞ」と言ったかもしれませんし、「君の愛するだれかや、大切にしているものを傷つけるよ」と脅したかもしれません。とてもじゃないけれど、この脅迫が単なるハッタリかどうか、つまり冗談にすぎないのかを判断するために試してみるなんてことはできないでしょう。もし、だれかがあなたのからだを傷つけたり、あなたの愛する人を脅したりしたならば、それだけで充分加害者をとめられなかった理由になります。おそらくあなたは、自分さえ我慢すればほかの人を守ることができると考えたのでしょうね。もっともな話です。あなたがそう思い込んだのは無理もないことですから、自分に腹を立てる必要はありません。

加害者は、ただ「おまえの話なんか、だれも信じやしないさ」とだけ言ったかもしれませんし、「なにもかもおまえが悪いのだ」と思い込ませようとしたかもしれません。こうしたことばは、「おまえを傷つけるぞ」と脅すのと同じものです。もし、あなたが何度も何度も、「もし、だれかに知られたら、おまえが刑務所に行くことになるぞ」「だれもおまえの話なんかまともに聞くものか」「君から求めてきたんだろう、だから君のせいだよ」と言われ続けたなら、それを信じかけてしまうのも無理のないことです。そう思わされたとしても、あなたがおろかだとか、常識がないということではありません。あなたは被害を受けたということなのです。

加害者のことを気にするあまり、無力になってしまう可能性もあります。加害者に愛されたいと願い、自分の感情を無視することもあるでしょう。あるいは、自分が傷つくよりも加害者が傷つくことのほうがこわいと感じているかもしれません。

そんなふうに思っているなら、自分の身に起きていることが性暴力だと気づくのはむずかしいかもしれません。なぜなら、加害者の行為が、愛情や特別な関心という覆《おお》いで隠されてしまっているからです。加害者は、繰り返しこんなふうに言うはずです。「君は特別な存在だよ」「僕の人生にとって、おまえはどれほど重要な存在か」「僕のことをこんなに満足させてくれるのは、世界中で君だけだよ」と。これはすごく強力なメッセージで、そんなふうに思い込まないようにするのは、実にむずかしいことなのです。

もし、あなたにこんなことが起きているなら、現実を確認しなければなりません。だれかにとって特別な存在であるのは大切なことですが、そのためにあなたの気持ちや要求が無視されるべきではありません。特別であることは、あなたが自分自身をよりよく思う助けになるはずですが、そのためになにか代償を払うべきものではないのです。特別な存在であることは、傷つけられることを意味するわけではありません。

自分自身を大切にしよう

力を抜いてリラックスしましょう。だれかに言われたくだらないことばや、あるいはあなたが自分に対して言ってしまうような否定的なことばを気にしてはいけません。あなたは信じてもらえるに値する人間です。他人からも、そしてあなた自身からも、信じてもらえる人間なのです。ですから、まずは自分を信じることから始めましょう。自分自身を大切にするのです。自分にやさしくしましょう。あなたは過酷なことを体験しているのですから。

さて、もう秘密はなくなったのですから、次の章では、あなた自身に起こることやからだに現れてくることについてお話ししましょう。

第6章　わたしはどうなっちゃうの？

自分自身が、まるでガラスでできているみたいな感じで、今にも粉々に砕け散ってしまいそうだった。食事もとれないし、いつだってピリピリしていた。この先、僕の人生がどうなるのか、まったくわからなかった。

ブライアン、兄から性被害を受けた16歳の少年

被害についてうちあけたら、いわゆる〈緊急段階〉に入ったも同然です。とてもつらい時期ですが、永遠に続くわけではありませんからね。

あなたは自分がおかしくなったんだと感じるかもしれません。だって、まわりの人たちはこぞって、あなたの誤解にちがいないとか、あなたが情緒不安定だなんて言うのですから。そう言われているうちに、あなた自身も自分が信じられなくなって、本当に自分が被害を受けたのかどうかもわからなくなってくるかもしれません。あるいは、頭のなかに浮かんだり、口にしたりするのはすべて性被害のことばかり、なんて状態になるかもしれません。もうその話には触れないでほしい、みんなに忘れてほしいと思う人もいるでしょう。

あのできごとが明らかにされた今、あなたがもっとも恐れていたことが次々と現実のものになっているかもしれません。周囲から嘘つき呼ばわりされたり、お母さんやあなたを守ってくれるべき人たちがちっともあてにならなかったり。きょうだいやほかの家族は、話したことは全部でっち上げだと言えと、あなたに圧力をかけてく

るかもしれません。そして、あなたか加害者のどちらかが、家を出なければならなくなることもあります。あなたの人生は、今まさに最悪の状況でしょう。

がんばりましょう！　そして、思い出すのです。被害を受けていることをうちあけようと決意したのは、あなた自身とあなたの未来のために下した勇気ある決断だったんだってことを。あなたは回復しようと決めたのです。そして、自分は価値のある人間で、こんな目にあうことのない人生を送る権利がある人間なのだとこころに決めたのです。だれがなんと言おうと、あなたは正しいことをしたのです。被害をうちあけるのは、とても勇気がいることだったはずです。それに、こんな大騒動のまっただなかで自分の話を貫き通すには、正真正銘のガッツがいることですからね。

からだの反応に対処すること

今、あなたは自分がまったくダメになってしまったように感じているかもしれません。こわくて不安な気持ちかもしれません。自分の顔に「被害者」とか「キズモノ」と書かれているような気さえするかもしれません。どこに行っても、まわりの人にジロジロ見られて、後ろ指をさされているかのように感じる人もいるでしょう。会う人みんなに、自分の身に起きたことを知られているような気がするかもしれません。ちょっとしたことでドキッとしたり、こころがグラグラゆれるかもしれません。ビクビク、ハラハラして、神経質になっていることもあるでしょう。眠れない人も多いでしょうし、逆に、だらだらと眠り続けてしまう人もいるでしょう。食事がのどを通らない人もいれば、つねになにか口に入れていないと落ち着かない人もいるはずです。ものすごくたくさんのことがこころのなかにわき起こり、なにをしても気分がスッキリしないかもしれません。こんなふうに、あなたの身に起きているかもしれないことに対して、どんなふうに対処していけばよいのかを考えてみましょう。

睡眠の問題

睡眠のパターンはめちゃくちゃになっているかもしれません。夜、寝つけなくて、そのせいで、朝、ほとんど布団から出られなくなっている人もいるでしょう。悪夢を見たり、寝ぼけて歩き回ったりしてしまう人もいるかもしれません。そんな状態だと、睡眠は、あなたにとって害を与えるものになってしまっているかもしれません。眠りに入るのはとてもこわいことでしょう。夢の中でなにが起こるかわからないのですから。あるいは、まったく思うように生活が送れなくなり、睡眠はコントロールできない最たるもので、あなたはそれを避けようとするでしょう。

その一方で、あなたはずーっと眠っていたいと思うかもしれません。授業中であっても、テレビを見ているときでも、夕食中でもウトウトしてしまうほどに。眠りは、逃避して人生の大きなゴタゴタを避ける方法、いやなことばや苦痛をシャットアウトする方法になっているかもしれません。

たっぷり眠り、きちんと疲れをとることは、今のあなたにとても大切です。自分の健康を保つ必要があるのですから。

なにをやってもうまくいかなければ、かかりつけのお医者さんに相談しましょう。お医者さんは、効き目の穏やかな薬を処方してくれたり、役に立つ助言をくれるでしょう。次に挙げたような方法を試してみてください。

睡眠の問題があるときに、やってみよう。

1　意識して、からだ全体をリラックスさせます。頭のてっぺんから始めて、徐々に下のほうに進めていきます。からだのそれぞれの部分にぎゅっと力を入れて、それから緩めましょう。緩めるときには、からだのその部分から、ふわ〜っと力が抜け切る感じをイメージしましょう。
2　リラックスする音楽や、波の音や鳥のさえずり、カエルの鳴き声といった自然の音を聴きましょう。こうしたヒーリング用のCDは、たくさん売られています。
3　危険から守ってくれる人たちに囲まれた安全な場所にいるというイメージをしましょう。
4　こころを空っぽにしてみましょう。空っぽの部屋を想像してもいいし、頭のなかの考えを全部外に出して、締めきってしまう頑丈なドアを思い浮かべるのもいいでしょう。

食事の問題

食事がのどを通らなかったり、食べもののことを考えるだけで胃がムカムカする人もいるでしょう。食べようとするたびに胸がやけるような感じがしたり、口に入れても吐き出してしまったりするかもしれません。食事をとれなくなったり、ほんの少ししか口にできなくなって、体重が減ってきているなら要注意です。

逆に、食べものにすごく癒やされる感じがして、ずっと食べ続けている人もいるかもしれません。ふいにこころにわき起こる孤独感や、「自分はみんなとちがうんだ」という感覚を消し去る唯一の手段が、クッキー（あるいはアイス、ポテトチップス、フライドポテトなど）を食べ続けることになっているのかも。これもよくないですね。

食事は、睡眠と同じように、今のあなたの健康を保つために欠かせないものです。このままではいけません。食事の問題についてだれかに相談しましょう。まず、かかりつけのお医者さんに相談してみてはどうでしょう。

そんなお医者さんがいないですって？　じゃあ、学校の先生やソーシャルワーカー、児童保護局の職員に、お医者さんを紹介してもらいましょう。

そのほかのからだの問題

ストレスはさまざまなからだの異常を生じさせるため、からだのあちこちがおかしくなってきているかもしれません。髪の毛が抜けやすくなって、入浴するたびにごっそり一握りくらい髪の毛が抜け落ちてしまうこともあります。歯が浮いたようになり、歯茎から出血しやすくなることもあります。からだのあちこちに、できものや小さなしこりができるかもしれません。顔にはひどいニキビのように見える発疹が出ているかもしれませんね。

こんなことがあれこれ起きても、それはあたりまえのことです。でも、あまりにひどくなったり、眠れない夜が3日間も続いたり、一週間で3kgも体重が増えたり、飲みものしか喉を通らなかったりしたら、専門家にみてもらう必要があります。そうした症状がストレスによるものかどうかがわからなくても、お医者さんに診てもらったり、セラピストにお話ししたりしましょう。専門家は、あなたの睡眠や食事の問題やそのほかの問題が解決するように手助けしてくれます。

自分自身を大切にしましょう。あなたはここまで来ることができたのですから。今ここで、あきらめないでくださいね。

不安と恐怖に対処すること

あなたは不安でいっぱいかもしれません。イライラしやすくて、過敏になっている人もいるでしょう。微熱が

あなたの人生は、目下、コントロール不能に思えるかもしれません。

続いたり、ひどいパニック発作が起きたりするかもしれません。でも、それはめずらしいことではありません。

今やあなたの生活は、以前とは大きく変わってしまいました。加害者は家を出て行ったかもしれませんし、あなたのほうが家族と離れて生活しなければならなくなったかもしれません。警察官やワーカー、検事や教師、友だちなどに、自分の身に起きたことを何度も何度も説明しなければならないかもしれません。あまりに強いプレッシャーを受けて、ようやくうちあけた事実を撤回したくなっているかもしれません。これから家族がどうなってしまうのか、それが心配な人もいるでしょう。そう、あまりにいろいろなことがいっぺんに変わってしまったために、ほんの数日前の暮らしとはまったくちがう感じがしていることでしょう。

パニック発作が起きたら

恐怖の感情がからだに影響を及ぼすことがありま

す。突然、息ができないように感じて、心臓が激しく鼓動し、手が震え、汗をかき始め、胸が締めつけられるように苦しくなって、気絶して死んでしまうかもしれないと感じることがあります。これはパニック発作と呼ばれるもので、実際に死ぬことはありません。

パニック発作が起きたときにもっとも大事なことは、ゆっくり呼吸をすることです。とにかく、ゆっくりと深い呼吸をするのです。でも、うまく息が吸えないかもしれません。パニック発作が起こると、胸が拡げられない感じになって息が浅くなるからです。それでも、なんとかゆっくり呼吸を続けましょう。こうすることで過呼吸（速くて浅い呼吸）をとめやすくなり、心臓のドキドキも収まってくるはずです。呼吸さえなんとかできれば、ほかの症状も落ち着いていき、もう大丈夫と感じられるようになるでしょう。

パニック発作はとても恐ろしいものです。突然起こる症状だからです。パニック発作が起こりそう……という前兆があったとしても、気づきにくいものです。もし、頻繁にパニック発作が起こるようなら、それをコントロールするために医療の助けを借りる必要があるかもしれません。かかりつけのお医者さんに、パニック発作やほかのからだの症状について相談してみましょう。そういうお医者さんがいないですって？　そういう人は、これを機にお医者さんを見つけること。ソーシャルワーカーが、あなたのような被害を受けた人をていねいに診てくれるお医者さんを紹介してくれるかもしれません。

加害者から脅されたら

「もしだれかにしゃべったら、どうなるかわかっているだろうな」と、加害者が脅すことがあります。あなたや、あなたの大切な人を傷つけると脅したかもしれません。あるいは、だれかに言ったら自殺すると脅したかもしれません。こうした脅しは、〈ピリピリ感〉を通り越して、すぐさま〈恐怖〉を感じさせます。

加害者がするかもしれないことをこわがる必要はありません。どんな脅しであっても、必ず警察や児童保護局の職員に伝えましょう。これまで、こうした脅しをだれにも言わずに黙っていたのなら、今こそ言うのです。児童保護局か警察に電話をして、脅されていることを伝えましょう。そして、このあとどうなるのか、どうやって自分の安全を守ってもらえるのかを尋ねましょう。

自分の感情に対処すること

あなたは今、すごく不安定になっているかもしれませんね。あるいは、ひどく取り乱しているかもしれません。マッチで火をつけられるのを待っている火薬庫のような状態かもしれませんし、キツネのねぐらに迷い込んだニワトリのような気分かもしれません。ここで、踏みとどまりましょう。どんな気持ちも、やがて落ち着いていくはずですから。

混乱を感じること

僕は、怒るべきなのかどうかもわからないんだ。すごく混乱していて。みんな、僕にちがうことを言うんだもの。

デイビット、母親から性的虐待を受けた16歳の少年

〈緊急段階〉の時期でもっともむずかしいことのひとつが、自分のこころにわき起こるさまざまな混乱の気持ちに対処することです。身のまわりの人たちは、「こんなふうに言えばいいのよ」とか「こうすればいいんだ」とあれこれアドバイスをしてくるかもしれません。なかには、「なにもなかったかのようにふるまって、日々の暮

らしを淡々と続ければいい」という人もいるでしょう。

自分の家族がとても苦しんでいることに対して、強い罪悪感をいだいている人もいるでしょう。虐待者ではない親や後見人がこの件でひどくショックを受けていることについて、心配でたまらない気持ちがしているかもしれません。あるいは、その人たちが性的虐待をたいしたことではないと捉えて、ちゃんと扱ってくれないことに対して、不信感をいだいているかもしれません。

加害者に対しても、複雑な感情がわくことでしょう。ある15歳の女の子は、わたしにこんなふうに言いました。「わたしはまだ、彼のことをすごく愛しているの。でも、もうあの人とは話したくない」って。加害者が今どうしているのかが気になっている人もいるでしょう。怯えているだろうな？　心配しているかしら？　申し訳ないことをしたと思ってくれているだろうか？　もしかして、怒っているかも？　相手に「今も愛している」と伝えたい気持ちはあるものの、一方で、そんなふうに言ったら相手に「じゃあ、あのことはたいしたことじゃなかったんだろう」と思われたら困るので口にできないと思っている人もいるでしょう。あるいは、加害者のことをものすごく怒っていて、相手がもし明日ぽっくり死んでしまったとしても、まったく気にならないくらいの人もいるはずです。実際には、これらのいろいろな気持ちが混ざり合っている状態かもしれませんね。

今のあなたは、人生に圧倒されそうになっていることでしょう。最初に思い出してほしいのは、あなたは頭がおかしくなったわけでも、気が狂っているわけでもないってことです。あなたの気持ちはどれも大切で、正常なものだということです。次に思い出してほしいのは、どれほどの非難を浴びせられようとも、あなたが被害をうちあけたことは正しかったっていうこと。最後に思い出してほしいのは、今の状況は、永遠に続くわけじゃないっていうこと。あらゆる混乱にみまわれる〈緊急段階〉はひとつの段階なのです。始まりと終わりがある一時期のことにすぎません。そして、あなたはこの時期を生き延びることができるはずです！

憂うつを感じること

憂うつでおかしくなりそう。どうして落ち込むのか自分でもわからないほど、できごとからずいぶん時間が経ってから憂うつになるの。たとえば、ボーイフレンドとケンカをしたとしたら、一週間も経ってから落ち込んでしまったりね。

イボンヌ、おじから性的虐待を受けた16歳の少女

憂うつは、10代にはつきものです。でも、あなたはふつうの10代の子たちが経験する憂うつよりも、もっと深刻な憂うつを味わっているかもしれません。

次に挙げるリストは〈うつ〉の症状を示すものです。もし、これらの症状のいくつかがあてはまるようなら、あなたは〈うつ〉かもしれません。ほとんどの項目にあてはまるならば、〈うつ〉に対処するために支援を求めるべきです。

〈うつの徴候〉

- 寝つきにくいですか。
- 夜にどれだけ寝ても、朝、起きにくいですか。
- いつも疲れていて、元気がありませんか。
- あたかも霧のなかで生活しているようなぼんやりした感じがしたり、なにをやるにもおっくうで、かなり努力しなければできない感じですか。
- 物事を記憶したり、集中したりするのがむずかしいですか。

- 成績はどうですか。下がってきていますか。クラスや学校の活動についていけていますか。
- 友人関係はどうですか。友だちによく会っていますか。それとも、だんだんひとりで過ごすことが増えていませんか。
- よく泣きますか。ふだんならば動揺しないようなことに、すぐにくよくよして涙が出ますか。
- 怒りっぽいですか。だれかの呼吸の仕方が気に障るなんて理由で平手打ちしたいような気持ちになったりしますか。ほんのささいなことで腹を立て、気がおかしくなりそうですか。
- 将来に対してどう感じますか。行事を楽しみにしていますか。それとも、明日なにが起きるかについて、以前より関心がもてなくなっていますか。
- 身だしなみはどうなっていますか。最近、お風呂に入ったり、シャワーを浴びたりしましたか（先週の水曜日に入ったきりというのでは、最近とはいえませんよ）。髪を切らずにボサボサのままですか。ヒゲを剃《そ》っていますか。清潔な衣服を身につけていますか。体臭はどうですか。自分を大事にしていますか。自分の気持ちを楽にしていますか。
- 最近、すごくからだがぎこちなくなっていませんか。自分の足につまずいて転んだり、車やバイクで事故を起こしたりしていませんか。よく転びませんか。
- よく胃が痛みませんか。頭痛は？　湿疹ができたり、皮膚がかゆくなったりしていませんか。
- 決断ができますか。ここでは「自分は脳外科医になるべきか、原子力科学者になるべきか」なんていう大きな決断の話をしているのではなく、「どの映画を観ようか」とか「ピザにマッシュルームやペパロニをのせるか」といった、ちょっとした決断ができるかを聞いています。
- 死について長時間考えていませんか。自殺について考えていませんか。自分の葬儀を空想したり、「もし自分が死んだら、みんなは悲しむだろうな」なんて考えたりしていませんか。

このリストは、あなたに起きていることすべてを網羅しているわけではありません。ですが、〈うつ〉があなたを弱らせているかどうかを測るには、よいものさしになるはずです。

〈うつ〉が非常に強まることがあるので、〈うつ〉を改善させるためにはちゃんとした対応が必要となります。もしあなたが「もうずっと長いこと、〈うつ〉の症状がある」というのであれば、あなた自身を大切にして、なんらかの助けを求めるべきです。セラピストに話すとか、主治医に診てもらうとか、とにかくだれかに話さなければなりません。手に負えないくらい、ひどい〈うつ〉になるまえに。

〈うつ〉のために、医療的な支援が必要なことがあります　〈うつ〉は、体内の化学的なバランスが崩れることによって生じる場合があるので、主治医に診てもらわなければなりません。ストレスによって引き起こされた〈うつ〉や、体内の化学的な混乱を原因とする〈うつ〉に対処するために、医者が処方できる薬はいろいろあります。

よく覚えておいてほしいことは、アルコールやドラッグではうつは治らないということです。むしろそんなものを使えば、〈うつ〉はより悪化します。〈うつ〉に効く薬もありますが、その薬は資格のある医師に処方されたものに限られます。母親や父親の薬箱から取ったり、路上で買ったりするものではありません。

あなたは、〈うつ〉の状態で生きる必要はありません。医師やセラピストは、〈うつ〉には原因があり、解決法のある病気だと知っています。ですから、あなたは必要な支援を受けるべきです。失うにはもったいない、盛りだくさんの人生が、〈うつ〉の向こうに待っていますよ。

絶望感を感じること

いつか、自分の人生から降りてしまいたい。　アンバー、義父から性的虐待を受けた15歳の少女

眠りに落ちて、二度と目覚めなければいいのに。　マイケル、祖父から性的虐待を受けた14歳の少年

〈緊急段階〉のあいだ、あなたは強い絶望感を感じるかもしれません。自分の頭がおかしくなったかのように感じたり、自分は孤独で、頭がおかしくて、気持ちが悪くて、汚い、厄介者のようだと感じ、自分がいなければ世界はもっとよくなるはずだと思うかもしれません。その考えをやめましょう！

自分を傷つけてはいけません。あなたは自分を傷つける行為（からだを切ったり、皮膚に火を当てたり、つねったり、別の方法で自分のからだを傷つけること）をするようになり、それがやめられずにいるかもしれません。そんなことをしてはいけません！　あなたは、自分自身からも、そしてほかのだれからも、これ以上傷つけられるべきではないのです。

自分の苦痛を終わらせる唯一の方法は自殺しかないと考え、自殺の方法を思案している人がいるかもしれません。いけません！　もし、あなたが今、自殺したい衝動に駆られているなら、第9章を開き〈自殺〉の項目を読むか、ほかの被害者からの励ましのことばが載っている115ページを読んでください。今すぐ、自分自身を傷つけるのをやめるのです！

絶望感に対処する方法のひとつは、「憂うつ撃退法」のリストを作ることです。これは、あなたが憂うつに感じたときや落ち込んだときに、自分のためにできるあらゆることを挙げたリストです。憂うつが絶望感や自殺した

い衝動に変わるまえに、このリストに書かれていることをやってみましょう。いくつかのアイデアを挙げてみますね。

★数回、深呼吸をし、頭の先からつま先まで、全身をリラックスさせましょう。

★揺り椅子を見つけて、安全な場所に置き、そこに座ってゆらゆらしましょう。ゆっくりでも、速くでも、お好みのままに。

★猫や犬、あるいは動物のぬいぐるみを抱っこしましょう。

★何かエネルギッシュなことをしましょう。たとえば、自転車をこいだり、サッカーやバスケットボールをしたり、ローラースケートをしたり、走ったり、縄跳びをしたり、サンドバックを叩いたり。

★担当のソーシャルワーカーや、いつでも話したいときに話すことができるサポーター（バディ）に電話をしましょう。

★音楽を聴きましょう。ただし、気分を盛り上げてくれるポップやクラブミュージックか、スピリチュアルなヒーリングミュージックに限ります。自滅的な歌詞のものはダメです。

★からだにご褒美をあげましょう。たとえば、エステをしたり、熱い泡風呂に入ったり、ゆっくりシャワーを浴びたり、ヘアトリートメントをしたり。

★好きなお笑い番組を見て、笑いましょう。

★たとえば、日帰りのハイキングやサイクリング、週末のキャンプなど、

楽しみになるようなイベントをいくつか計画しましょう。
★お気に入りの趣味（木工、裁縫、レース編み、バードウォッチング、ビーズなど）といった気持ちを落ち着かせる活動に取り組みましょう。
★健康的な方法でストレスを発散させましょう。だれかをぶっ殺してやる！なんていうのはいいアイデアではありません。
★憂うつ感を追い払うまで、何度も何度も、このリストに書かれていることをやってみましょう。

あなた自身の〈憂うつ撃退法〉のリストを作って、手元に置いておきましょう。

コントロールできないほどの絶望感をいだくまえになんらかの助けを求めましょう。いのちの電話（自殺予防の電話相談）や、友だち、先生、ソーシャルワーカー、親など、だれかに電話をしましょう。世の中には、あなたが驚くほど、あなたのことを心配して、あなたの幸せを気にかけてくれる人がいるものです。この世には、あなたにとって助けとなるものや癒やしとなるものが必ずあります。あなたはただ、それらに手を伸ばせばよいのです。どうか、どうか、自分を傷つけないで。

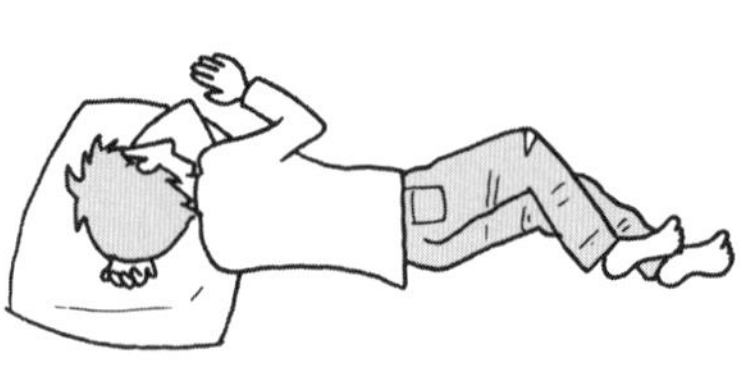

励ましのことば

ここに挙げることばは、過去に性被害を受けていて、今は自分の人生に前向きに取り組もうとしている実在の人たちからのものです。15歳から20代半ばのサバイバーからのメッセージです。

あなたは、回復することができるよ。　26歳のサバイバー
希望はある。　26歳のサバイバー
あなたはひとりじゃない。ここにはたくさんの仲間がいるよ。　24歳のサバイバー
本当に大変だけど、それだけの価値があることだよ。　16歳のサバイバー
あなたは、永遠に傷ついたままではない。　26歳のサバイバー
あなたは大丈夫。　18歳のサバイバー
続けることに、価値がある。　19歳のサバイバー
これを一緒にくぐり抜けてくれる、安心できる人を探そう。　19歳のサバイバー
がんばって。　19歳のサバイバー
他の人のせいで、くじけないで。　15歳のサバイバー
再び虐待を受けるくらいなら、百万人に虐待のことを話すほうを選ぶよ。　17歳のサバイバー
いったんうちあければ、あなたはもう被害者じゃない。あなたには、力がある。　17歳のサバイバー
決して忘れないで。あなたのせいじゃないってことを。　17歳のサバイバー
傷つけられたという事実が、あなたをダメな人にするわけじゃない。　18歳のサバイバー
わたしはあなたを尊敬します。　15歳のサバイバー

第7章　うちあけたあとの家族との生活

家族は、わたしの味方にはなってくれませんでした。すごく腹が立ちました。どうしてママは、またあの男を家に戻したのだろう？　ママや家族は、あの男がビョーキだってわかっていながら、なにもしてくれませんでした。家族のおろかさの犠牲になったのは、わたしでした。

キャサリン、実父から性的虐待を受けた16歳の少女

この章では、家族のだれかが性被害を受けていたことがわかったときのほかの家族の反応について話します。性暴力が起きていたという事実が明らかになると、家庭内で大混乱が起こる可能性があります。突然、家族は自分たちをこれまでとはちがった目で見なければならなくなります。わが家は、自分たちが思っていたような健全で幸せな家族じゃなかったんだ。これまで見えていた家族の姿は、実は嘘っぱちだったんだってね。

性暴力が明るみに出た今、あなたもまた家族の様子を慎重に見ていかなければなりません。愛していると思っていた家族のことを、今、自分はどんなふうに感じているか、よく考える必要があります。今は、愛よりもむしろ怒りや憤慨《ふんがい》する気持ちのほうが、ずっと強く感じられるかもしれませんね。期待どおりの家族ではなかったとわかり、なんらかの悲しみをいだいていることも認めなければならないかもしれません。

では、性暴力が明らかになったとき、家族が示しやすい反応から整理していきましょう。

秘密をうちあけたことに対する家族の反応

「ねぇ、大変なことがあったの……」とうちあけたとき、相手がどう反応するかは家族によってさまざまです。家族の反応にちがいをもたらす要素のひとつは、だれが加害者かということです。もし加害者が家族以外の人であったなら、加害者が家族の一員であった場合よりも、あなたの告白に対していくぶんかはよい反応を示すかもしれません。

加害者が家族以外の人物のとき

もし加害者が、家族や家族ぐるみでつきあっている人でなければ、家族はわりと早くあなたが被害を受けたという言い分を信じて、対応してくれるかもしれません。家族にしてみれば、加害者がお父さんやルイーズおばさんだったときよりも、ベビーシッターやスカウトリーダーだったときのほうが、ずっとあなたの話を信じやすいのです。

でも、だからといって、あなたの話を聞いた家族がショックを受けないということではありません。きっとショックを受けているはずです。ただ、加害者が家族だったときほどのショックではない、というだけの話です。

親の反応　親は、あなたが家族以外の人から性暴力を受けたとうちあけられたとき、「信じられない」「どうして言わなかったの?」と口にするかもしれません。親は、わざと無神経な言いかたをしているわけではなく、ただ単に、まったくこころの準備ができていなかっただけなのです。話を聞いた親は、信じられない気持ちや怒あなたの親は、自分の気持ちに対処するのに精一杯で、あなたがどれだけ親を必要としているのかがわからなくなっている可能性があります。
恐れずに言ってみましょう。
「なぐさめてほしいんだ」
「お母さんとお父さんが必要なんだ」と。

り、罪悪感、ストレスを感じるのでしょう。そして、「どうして、こんなことが起きてしまったんだろう」「自分たちはなにをしていたんだろう」「どうして子どもを守ってあげられなかったのかしら」と、自問自答しているのかもしれません。

　加害者でない父親は、相手を「ぶっとばしてやりたい」というような強い思いにかられるものです。自分は家族の安全を守る立場にあると考えている父親にとって、わが子が傷つけられたことはものすごくつらいことなのです。わが子に大変なことが起きたと知った父親は、落ち込み、自分が男性としての役割が果たせなかったかのように感じる可能性があります。

　加害者でない母親もまた、憂うつな気持ちにさいなまれます。母親自身が「この人にならこどもをまかせて大丈夫」と信じ込んでいた人や、子どもに一緒に過ごすよう勧めた相手がわが子を傷つけたと知るのは、とてもつらいことなのです。

　親たちは、「どうしてわからなかったんだろう」「なぜ気づいてやれなかったのか」「あの子が『もう学校に行きたくない』と言ったときに、もっとちゃんと話を聞いてあげればよかった」と、罪の意識にさいなまれます。そうした罪悪感にとらわれてしまうと、親はあなたのことやあなたの気持ちにきちんと対応することができなくなる場合があります。自分のことを親として失格だと思い、自分を責めさいなむことでいっぱいになってしまい、あなたがどう感じているかまで思いが至らないことがあるからです。そのことを、あなたが親に指摘する必要があるかもしれません。ふだんと同じように、ちゃんと話を聞いてほしいと伝えましょう。あなたが、わめいたり叫んだり、罰あたりなことばを親に向けたりすると、親はあなたの話に耳を傾けるどころか、あなたを黙らせようとするはずです。できるだけ穏やかな口調で、「わたしのそばにいてほしい」と伝えれば、加害者でない親ならば、たいていはあなたの望みに沿うために最善を尽くしてくれるはずです。

なかには、あなたの話を信じない親もいるかもしれません。「おまえの想像じゃないのか」「勘ちがいをしているんだろう」「嘘だろう」なんて言うのです。親の否認に対処するのは、むずかしいことです。だれだって、嘘つきだとか、空想のしすぎだなんて言われたくありませんからね。嘘じゃなくて本当のことを言っているのですから、なおのことです。なにを言われても、事実をひるがえす必要はありません。まわりの人が、あなたが被害を受けたことについてすぐに理解できなくても、あきらめないでください。あなたが真実だと知っていることに、あくまでも忠実でいてください。なにがあろうと、あなたは真実を知っているのですから。あなたはその場にいたのですから。

きょうだいの反応　あなたが家族以外の人から性被害を受けたとうちあけたとき、きょうだいは（親戚たちと同じように）家族のだれかから被害を受けたという場合よりも、すんなりあなたの話を信じてくれることでしょう。きょうだいは、あなたが被害を受けたことに腹を立て、憤慨するでしょう。まわりの人たちがあれこれ詮索してくるときも、きょうだいはあなたを守ろうとしてくれるかもしれません。きょうだいはあなたを支え、守ってくれるでしょう。

その一方で、あなたの被害の訴えを聞いたきょうだいも、こころが大きくかき乱されます。そのため、あなたがうちあけたことによって自分の生活がゆるがされたと感じて、あなたに強い反感をいだくかもしれません。もし加害者が地域の有名人であれば、このことが噂になって近所に広がるかもしれません。きょうだいは、自分のプライバシーが侵害されるのがたまらずに、あなたを非難するかもしれません。

きょうだいはまた、あなたに注目が集まることに対して動揺することもあります。たとえ加害者が地域の有名人ではなかったとしても、たくさんの人があなたのことを心配してくれるでしょう。それに、両親は目下、あなたのことで手一杯になります。警察の聴取やセラピストの治療、弁護士との面談にと、あなたを連れてあちこち駆け回ることになります。そのぶん、両親はあなたのきょうだいに対して、充分な時間がかけられなくなってしまいます。そのことに納得がいかない思いをいだくきょうだいもいるでしょうね。

きょうだいも（それ以外の家族も同じように）あくまでも加害者のしたことに対して反応しているのだということを忘れないでおきましょう。きょうだいの行動やことばに対して、あなたには責任がありません。それに、本来、加害者のしたことに対する怒りがあなたに向けられていることについて、あなたが我慢する必要もありません。

同時に、今は、家族全員にとってつらい時期なのだということを覚えておきましょう。新たにわかった事実に対して、すぐにうまく対処できる人なんていないのですから。だから、できることなら、家族のことをちょっと大目にみてあげてくださいね。

加害者が身内だったとき

加害者が家族に近い人であればあるほど、あなたの話を家族に信じてもらうことは、よりむずかしくなるでしょう。もし、加害者があなたのお父さんの親友で、あなたが小さい頃からの知り合いであったなら、お父さんがこの事実に直面するのがいかに大変か想像できますよね。あるいはもし、非の打ちどころのない、将来有望なスポーツ選手である兄が加害者だった場合、あなたの両親（そしてほかの家族）があなたの言い分を信じて対応するのは、とてもむずかしいでしょう。

もし加害者が、父親や継父、母親のボーイフレンドであったなら、そのときは充分に気をつけなければなりません。それをうちあけることは、核爆弾を爆発させるほどの衝撃を家庭内にもたらすはずですから。

非加害親の反応　非加害親とは、あなたを虐待していない親のことです。もしお母さんから虐待されたなら、その場合は、お父さんが非加害親になります。もしお父さんに虐待されたなら、お母さんが非加害親となります。きょうだいやおじ、祖父母、そのほかの親族から虐待されたならば、その場合、父母両方が非加害親ということです。

たとえば、継父が虐待者だとしてみましょう。この事実は、お母さんの人生や、お母さんが信じていたものすべてに大きな衝撃を与えるでしょう。想像してみてください。あなたの言うことを信じれば、お母さんは自分の夫のすべてが信じられなくなるのです。夫への信頼も粉々に打ち砕かれてしまうでしょう。

お母さんは、最初はあなたの訴えを否定したいと思うでしょう。なぜって、あなたの言うことを受け入れてしまうと、お母さんは夫であるその人をこれまでとはまったくちがう目で見なくてはならなくなるからです。それ

までの夫との素晴らしい時間、愛し合ったことや親密さなどすべてを忘れなければならず、その人を性犯罪者とみなさなければならないのです。たやすいことではありません。

お母さんはまた、夫であるその人を選んだ自分自身の判断力にも、疑いをいだかざるを得なくなるでしょう。性加害者には目に見える印がついているわけではありませんし、目立った特徴があるわけでもないので、つきあっているパートナーが実は自分が思っていたような人ではなかったと、あとになってわかることはよくあります。でも、お母さんはきっと、こんな目にあうのは自分だけだと思うでしょう。はじめのうち、お母さんは孤立感をいだき、ひとりぼっちの気持ちになっているはずです。だれにも話せないと感じていることでしょう、あまりにもひどい話なのですから（あなたは、それをきっと理解できるはずです！）。

お母さんは、「あなたが思っているほどひどいことじゃない」「そんなことは早く忘れて、ほうっておきなさい」と、あなたを説得しようとするかもしれません。あるいは、もっとひどいことに、お母さんがあなたの話をまったく信じないということもあるでしょう。「あの人がそんなことをするはずがない。立派で高潔な人なんだし、熱心な信者でもあるんですから」と言うかもしれません。でも、どうしてあなたがこんな嘘をつかなければならないというのでしょう？

忘れないで、お母さんは必死で対処しようとしているってことを。最初はあなたの話を否認したとしても、それは自分の人生にぶち込まれた爆弾を処理するお母さんなりの方法なのです。そうとしか言えません。性暴力とは爆弾並みの威力をもったものなのですから。

もし加害者が親ではなく、たとえばおじや祖父だった場合でも、両親ともあなたの話をきちんと受けとめるのは、おそらくとてもむずかしいでしょう。だれでも、自分の身内が子どもへの性犯罪者かもしれないなんて、考えたくないものです。もしかしたら、親自身も子どものときに、その同じ人から被害を受けたという事実に向きあいたくないということもありえます。

ええ、そうなんです。虐待は、家族のなかで世代間連鎖する可能性があるのです。もし、お祖父さんがあなたを虐待したのであれば、そのお祖父さんは、わが子であるあなたのお母さんかお父さんも虐待していた可能性があるのです。もし、いとこがあなたを虐待したのなら、いとこも家族から虐待されていた可能性があります。このように、虐待は連鎖反応を起こす可能性があるのです。ドミノのように次々と影響をもたらしながら、やがてみんなが倒れてしまうのです。

家族のほかの人たちの反応

これまでに、あなたの友だちが、急に変なふるまいをし出したり、おかしくなってしまったようにみえたり、悪いことをするようになったことはありますか。そんな友だちと一緒にいるとき、どんなふうに感じましたか。自分にもなにか責任があるように感じましたか。ほかの人たちに、自分のことまでも変だと思われるんじゃないかと気が気じゃなかったことはありますか。友だちが悪いことをしていると、あなたまで責められるんじゃないかと不安になったことはありますか。

そうなんです、性加害者が家族内にいる場合も、それと同じように感じることがあるのです。虐待者が身内だった場合、家族のほかの人たちが心配するのは、その虐待者のふるまいが自分たちにも影響を及ぼすんじゃないかということです。だから、否認したい、信じたくないという強い衝動が生じるのです。

親戚たちは、今はまったくあなたの助けになってくれないかもしれません。みんな、性的虐待やインセスト、子どもへの性犯罪、被害、法律なんていうものと関わりたくないのです。きょうだいは、虐待者がしたことを友だちに知られたくないと思って、「よけいなことを言うな」とあなたに圧力をかけてくるかもしれません。

祖父母は、知らないふりをするかもしれませんし、あなたのことを「あの子はいつも問題を起こすんだから」なんて言い出すかもしれません。祖父母は、家族のだれか、とくに自分たちの子ども（つまり、あなたの親）が性犯罪者だなんて考えたくないのです。

ほかの身内の人たちは、それぞれいろいろな立場にたつことでしょう。あなたの味方になってくれる人は、そう多くはないかもしれません。これはつらいことですよね。ぜひ、あなたをサポートしてくれる人を探してください。セラピストや自助グループの仲間、友だち、身近なほかの大人といった人たちがいます。

どうしてだれもわたしを守ってくれなかったの

被害者にとって、「あの人は自分を加害者から守ってくれるべき人」と考える人がいるでしょう。それは、お祖母さんかもしれないし、お母さんかもしれません。あるいはお兄さんやもう成人になっている友だちということもあるでしょう。大切なのは、あなたの身のまわりに、あなたの安全を守ってくれるべきだと考えている人がいるはずだということです。

もしあなたが、父親や継父、里父、母親のボーイフレンドから被害を受けたのであれば、おそらくお母さんに守ってほしいと望んだことでしょう。母親や祖父母、おじから被害を受けたなら、お父さんに守ってほしいと期待したかもしれません。もし家族以外から被害を受けたのであれば、お父さんとお母さんの両方に助けてほしいと思ったかもしれません。

もしも両親から、あるいは親代わりの人たち（里親や一緒に生活している親戚など）から被害を受けていたのであれば、あなたは、この世には自分を守ってくれるべき人や守れる人なんていないわけがないと感じたかもしれませんね。残念なことですが、恐ろしいカルト的な性暴力の場合、カルトに両親が関わっている可能性があるので、被害者は助けを求められる相手なんていない、自分を守ってくれる人なんてだれもいないと感じてしまいます。

自分のことを守ってくれるべきだったとあなたが思う人と話し合うとき、頭に入れておくべき一番大切なことは、あなたに性暴力の責任がないのと同じように、その人も性暴力についての責任はないということです。忘れないでくださいね。性暴力の責任は、ただひとり、加害者だけにあるってことを。だからといって、あなたを〈守るべき立場の人〉が、あなたを守ってくれなかったことや、あなたがひどい目にあっているのに気づいてくれなかったことに対して、怒りを感じてはいけないということではありません。その〈守るべき立場の人〉が、あなたの気持ちをわかってくれないことや、あなたに身体的な暴力をふるったり暴言をはいたりしたことに対して、腹を立ててはいけないということでもありません。その〈守るべき立場の人〉に力がなくて、あなたを守るどころかほかの人のなすがままになってしまうことに、腹を立ててはいけないということでもありません。こうした怒りは、性被害を受けた子どもにとってごくあたりまえの感情です。

なにが言いたいかというと、性暴力について、あなたを〈守るべき立場の人〉のせいにすることはできないということです（もし、その〈守るべき立場の人〉が、あなたが虐待されているのを知りながらほうっておいたり、わざと被害が起こるように仕組んだりしていたのが明らかなのであれば、その場合は、その人は虐待のその部分について責任をとるべきです）。

性被害を受けた子どものほとんどは、母親が非加害親であったならば、お母さんこそが自分を守ってくれるべき人だと考えています。そう望んでいたはずのお母さんが、自分の面倒をきちんとみてくれず、自分の安全を守ってくれなかったことに対して、とても強い怒りを感じる子どもは多くいます。

覚えておきましょう あなたを守ってくれなかった人にすごく腹が立ったとしても、その人たちは、性暴力自体に責任はないのです。どんなときも、加害者だけに責任があるのです。

お母さんはなにをしていたの？

初めて子どもから性被害をうちあけられた母親は、怒って防衛的になったり、子どもを嘘つき呼ばわりしたりすることがあります。でも多くの母親は、最後には「わたしはなにをしていたんだろう」「どうして気づけなかったのかしら」と思い悩むのです。

知らなかったんです 母親が、性暴力が起きているという徴候を把握していないことは、めずらしいことではありません。本当に、子どもが傷つけられていたことをまったく気づかずにいる母親もいるのです。

こんなことが起きていたなんて、思いもよりませんでした。わたしと夫はうまくやれていると思っていたんです。

グローリー、13歳の娘の母親

ご存じのように、加害者は、非常に注意深い方法でだれにも知られないようにしています。彼らが子どもに性暴力をふるう方法は、とてもずるがしこいやりかたであり巧妙なのです。そのため、とりわけ年配の母親は、いろいろな部分でだまされてしまいます。つまり、いつも息子は父親を避けようとするとか、娘は兄とふたりで留守番するのをやけにいやがるとか、そういうことには気づいているのですが、ふつう母親というものは、それがなにを意味しているのかはわからないのです。たいがいは単にホルモンのせいだと考えて、「そういう年頃なのね」と思い込んでしまうのです。

なにか変だなとは思っていました

性被害を受けた子どもの母親のなかには、なにか変だなとは気づいていたものの、それがなにかわからなかったという人もいます。家庭内に緊張感やストレスがあることには気づいているものの、なんの緊張でどんなストレスなのかは、はっきりわからずにいるのです。

なんだかおかしいってことには気づいていました。感じてはいたんです……でも、なにが変なのかは、わかりませんでした。いくつかおかしな場面を目にしてはいたのですが、なにもかも、あの人の飲酒のせいにしていました。

デビー、11歳と13歳の娘の母親

緊張を引き起こす原因がよくわからないと、母親はその心配ごとを「あとで考えよう」と思ったり、「気のせいね」と自分に言い聞かせたり、あるいは別の理由づけをしてしまいがちです。

夫はとても内向的でしたし、娘もまた似たような態度をとっていました。夫婦の結婚生活に問題があったのはたしかですが、娘の態度については、そうした親の不仲に対処する娘なりの方法なのだと考えていたんです。

アビー、12歳の娘の母親

目をそむけたかったんです

母親のなかには、実は、性的虐待が起きているのを知っていた人もいます。息子のシーツに血がついていたり、背中が赤く腫れていたりするのに気づいていたのです。また、娘が性感染症にかかって、病院に連れて行った母親もいます。こうした母親はいずれも「なにか悪いことが起きている」「だれかが子どもを傷つけている」というハッキリした証拠をつかんでいました。にもかかわらず、母親は目をそむけていたのです。なぜなら、起きているできごとに対して、母親はどうやって対処すればよいかわからなかったからです。

視力はいつだって1・0（正常）なんです。今、思えばですが、わたしが「大丈夫」「これはふつうのことよ」と信じようとしたことは、実際には、そうではなかったのです。わたしは本当に無知でしたと言って許しを請いたいですが、本当のことを言えば、まったくわかっていなかったわけではないんです。神よ、わたしをお許しください。わたしはただ、その事実に挑む勇気がなかったんです。

リア、継父に性的に虐待された14歳の息子の母親

性被害に対するあなたのお母さんの反応

お母さんが、あなたの被害のことをどう考えて、あなたがうちあけたあとになにをしてくれて、なんと言ってくれたかは、あなた自身があの被害をどう考え、自分のことをどう思うかに大きな影響を与えます。覚えておいてほしいのは、被害を受けた子どもはだれでも、お母さんに次の三つのことをしてもらってしかるべきだということです。それは、信じてもらうこと、支えてもらうこと、守ってもらうことです。お母さんがこの三つのことをしてくれて、百パーセントあなたの味方になってくれるなら、あなたはすごくラッキーですよ。子どもの話を

全部信じてくれて、最初からずっとそばにいてくれて、子どもを支えながら、子どもの安全のためにあらゆることをしてくれるお母さんもいます。こうしたお母さんは、はじめはショックを受けて、加害者がしたことをおぞましく感じますが、その事実を受けとめて、これはまさに加害者の責任にほかならないとわかってくれます。

このようなお母さんは、この事態が、一ヶ月あるいは一年やそこらで片付くなんて思っていません。こうしたお母さんたちのことばや、とくにふるまいから、お母さんはあなたのことを最優先してくれているってことがわかるでしょう！　こんなお母さんがいたなら、被害を告発したり、警察やソーシャルワーカーに関わったり、カウンセラーと話したりすることは、ずっとたやすくなるにちがいありません。

でも残念ながら、こんなふうにふるまえるお母さんはほとんどいません。最初のうちは、子どもの言っていることを信じるお母さんもいますが、では実際にどうやって子どもを支えるべきか、どのように子どもを守ればいいのかとなると、どうしていいかわからないこともあります。子どもに対して「嘘をついているんじゃないの」と口走ってしまっても、そのあと落ち着きを取り戻してから、子どもの味方になって世話をしてくれるようになるお母さんもいます。なかには、単純に、子どもを信じることもなく、支えもせず、守りもしないというお母さんもいます。あなたのお母さんがどうであるかにかかわらず、次の項では、なぜお母さんがそんなふうにふるまうのかを、ちょっとでも理解してほしいと思います。でも、よく聞いてください。とても大事なことをお話ししますから。これからわたしがお話しすることは、あなたのお母さんのふるまいの言い訳をするためではありませんし、そんな態度も仕方がないのだと正当化することでもありません。なぜこんな話をするかというと、あなたのお母さんの反応は、あなたへの反応ではなく、お母さん自身への反応なのだってことを、よく理解してほしいからです。お母さんが口にするセリフやあなたに対する態度が、すべてあなたに対するものであるかのようにしか感じられないというのはわかります。でも、実際にはそうではないことを信じてください。

わが子が性的な暴力をふるわれていたと聞いた瞬間、あたかも一組のカードのようにまとまっていた自分の人生を何者かに放り投げられて、カードが床一面にバラバラに散乱させられてしまったかのように感じるお母さんもいるでしょう。そんななかでも、お母さんは大人として、自分でなんとかしなければならないのです。家族の暮らしを支えていかなければなりません。ちゃんと洗濯をすませているか、子どもたちは学校やスポーツやそのほかの活動に行っているかに気を配り、豪華なディナーのような料理をテーブルに並べるのは無理だとしても、少なくとも家のなかに食べものがあるかどうかを確認しなければなりません。お母さんは、あなたのこともなんとかしなければならないし、性暴力によってぐちゃぐちゃにされてしまったあなたの世界も支えていかなければなりません。お母さんは、本当に大変なんです！　加害者にも対処しなければなりません。もし、加害者がお母さんの夫やボーイフレンドだったなら、お母さんは自分を愛してくれていたはずの男に裏切られ、もてあそばれたという事実にも直面しなければならないのです。お母さんは、その男を殺してしまいたいほどの気持ちと、その男に「あの子が言っているのは嘘だよ」と言ってほしい気持ちのあいだで、引き裂かれそうになっているかもしれません。

こうしたあらゆることに対処しながらも、お母さんの頭のなかには、ずっと、ある大きな声が響き渡っています。「そんなこと信じられない、信じられない、信じられない！」って。残念なことですが、このことばは、ただお母さんの頭のなかにあるだけではなく、お母さんの口からもれ出てしまうこともあるのです。もう一度言いますが、わたしは、あなたの話をうちあけられたお母さんの態度について言い訳をしているわけではありません。ただ、この事実を知ることがお母さんにとってはどんな事態なのか、そしてどうしてお母さんはそんなふうに感じるのかを説明しているだけなのです。

でも、どうしてお母さんはあいつを追い出さなかったの？

加害者がお母さんのボーイフレンドや夫だったなら、あなたは加害者よりも重要な存在だとはみなしてもらえず、ひどい立場に置かれてしまうかもしれません。加害者が家から出て行かなければならないと知って、カッとなるお母さんもいるでしょう。加害者が出て行くことについて、断固反対するかもしれません。そうなると、あなたはどこに行けばよいのでしょう？　そう、あなたのほうがのけものにされてしまうのです。なんて、恐ろしいことでしょう！

お母さんはわたしたちのことなんて、どうでもいいんでしょ。わたしたちのことを愛していないみたいだもの。お母さんは、わが子よりも恋人を選んだってこと！　それっていったいどんな母親なの？

母親の恋人から性的虐待を受けた14歳のカイシャと12歳のディネエ姉妹

「それっていったいどんな母親なの？」とは、なんとも素晴らしい質問ですね。その答えは、そういうお母さんは、明らかに〈完璧な母親〉ではないってこと。ここで大切なのは、あなたが問われているのではなく、お母さんの基準、決定、性格、強さ、そして能力に疑問が呈されているということです。お母さんがなにをもとに自分の行動を決めたかというと、それはあなたでもなければ、あなたが本当のことを言っているかどうかでもなく、あなたが愛すべき人かどうかでも、あなたのために闘う価値があるかどうかでもありません。こんなことをあなたに言うのはとても心苦しいのですが、あなたのことは、お母さんの決断事項のなかに入ってさえいないのです。この件について、お母さんは自分の観点からだけ見ているのです。ですから、お母さんがとったひどい決断について、あなたが自分自身をさいなむリストに加えないでください。口で言うほど簡単じゃないってことはわかっています。でも、お母さんがとった反応は、あなたがどういう子であるかとは関係ないのです。もっといろんなことが影響しているんです。それを納得できるようになるために、この先も読み続けてくださいね。

無力さを感じる母親

お母さんたちのなかには、無力感があるせいで加害者を放り出せない人もいます。お母さんが生まれ育った家庭では、男性が完全に支配していて、女性や子どもは、ただ男性に奉仕するためだけの存在として扱われていたのです。こういう環境で育った女性は、大人になってからも、自分が子どもの頃に家にいた男性と似た人、つまり支配的で操作的な男性を選びやすいのです。こうした操作的な男性は暴力的になっていくことがあり、女性にひどいこと（おまえはバカだ、ブサイクだ、なにひとつまともにできないやつめ）を言ったり、服装や料理をけなしたり、女性をぶったり叩いたり、殴ったりすることさえあるのです。

もし、あなたの家庭がこうした状況なのであれば、お母さんには正直あまり期待できないでしょう。あなたに性暴力をふるったのが、長年、お母さんを痛めつけてきた人なのであれば、お母さんはあまりの恐ろしさと無力感で、加害者に立ち向かうことなんてできないからです。お母さんは、警察になんて話そうものなら、事態はもっとひどくなるだけだと恐れてもいるでしょう。加害者の罪は問われず、新たに復讐心をいだいて戻ってくるだけだと思い込んでいるかもしれません。暴力を受けた女性の多くは、自分はどうやっても加害者から逃れられないのだと思い込むようになるからです。逃げてもきっと加害者に見つかって、最後には殺されるにちがいないと思ってしまうのです。だから、お母さんはあなたが被害を受けたことを信じていたとしても、〈平和を保つため〉に、「あのことは黙っていてちょうだい」とあなたに懇願したりするのです。

残念なことに、もしあなたのお母さんがこのような状態ならば、だれかの助けを得るために、ほかの人に話すことを考えなければなりません。あなたは、お母さんやきょうだいの面倒までもみなければならなくなるかもしれません。というのも、あなたから被害をうちあけられたお母さんは、ふだんにもまして無力感でいっぱいになってしまうかもしれないからです。

子どもの頃に性的虐待を受けた母親

こんなふうに思う人もいるでしょうね、「性的虐待を受けた? お母さんが? ありえない……お母さんが被害を受けただなんて」って。そうかしら? どうしてわかるの? おそらく、お母さんはそのことをだれにも話していないでしょう。たぶん、お母さんは必死でそれを秘密にしながら、すべてを素晴らしく完璧に見せようとがんばってきたことでしょう。だれにも言えずに事実を墓場までもっていくか、そのことを考えないようにしていれば、やがてあの性暴力は消え去ってしまうはずと思ってきたのかもしれませんね。ここでニュース速報です。「性暴力は〈消えてしまう〉ことはありません」。そう、被害についてきちんと向き合わなければ、あなたの人生で待ち構えている性暴力のない人生には、決してたどり着けないのです。

もしも、お母さんが子どもの頃に性的虐待を受けていたのであれば、自分の身に起きたことをやり過ごすために、たくさんの時間とエネルギーを浪費してきたことでしょう。お母さんは、〈いやなできごと〉すべてを押し込めるのに、すごく必死だったのです。お母さんが、あなたが被害を受けたことを信じれば、それによってお母さんの子ども時代の記憶が蘇るはずです。お母さん自身の過去のとてもつらいできごとに対処しながら、同時に、あなたの苦痛にも応じなければなりません。こんなことができるお母さんは、そう多くはないでしょう。ふつうは過去の記憶を恐れます。人生がコントロールできなくなりそうで、こわくなるのです。お母さん自身の怒りの気持ちも、恐ろしく感じられることでしょう。だから、それに触れないようにするのです。自分の過去に直面することを避けて、わが子を嘘つきの問題児呼ばわりするのです。

これは、とても痛ましいことですね。あなたは、自分自身についてどれほどみじめに感じることでしょう。おそらく、あなたは「わたしが悪いんだ」と思い込む罠《わな》にはまるか、「自分はとても汚れてしまったんだ」という考えが頭から離れなくなるかもしれません。もうおわかりですね？　お母さんが子どもの頃に性的虐待を受けて、これまでまったく触れずにきているのならば、どうなると思う？　そう、お母さんも今のあなたと同じところにひっかかったままだということ。お母さんは今でも「自分はとても汚れてしまったんだ」と感じているでしょうし、わが子が同じような目にあったと聞いて、あなたもまた同じように汚れていると考えてしまうかもしれないのです。ね、まるで今のあなたの家族の状況そのものでしょう？

お母さんは、おじいちゃん（お母さんの父親）がわたしにしていることを聞いたとき、叫び声をあげました。こんなふうに、まるでわたしがゴミかなんかみたいに気持ち悪そうな表情を浮かべて、「なんて、嘘つきな子なの」って言ったんです。そして、「もしそれが本当なら、そんなことになったのはあなたが悪いからよ」って。でも、そのあと、おじいちゃんは、お母さんが8歳のときから21歳までずっとお母さんを虐待していたと知ったんです。

ケイト、祖父から性的虐待を受けた17歳の少女虐待されていたという過去を隠しているお母さんは、とても傷ついているはずです。そんなお母さんのことばやふるまいは、ものすごく意地悪な感じで、あなたへの憎しみすら感じさせるものかもしれません。あなたは、自分が責められる筋合いはないとわかっていても（わかっていますよね？）、お母さんがあなたのことを責め立てるので、もしかしたら自分に非があるのかもしれないと混乱するかもしれません。もう一度、あなたに伝えておきますね。**あなたが責められるべきことではありません。被害を受けたのはあなたの落ち度ではありません。**

覚えておきましょう。お母さんのふるまいや反応は、お母さん自身の問題によるもので、あなたに対してのものではないのです！ お母さんはこれまで自分が受けた性的虐待のことにまったく触れずにきたので、あなたが受けた被害に対処しようとしても、うまくできない状態なのです。ですから、「わたしの話を信じてくれて、わたしの味方になって支え、慰めてくれて、なんでもやってくれるような親の役割を果たしてくれる人なんて、どこにもいないんだ」なんて考えに陥らないように。もし、あなたの親がそうしたことができない、あるいはしようとしてくれないなら、あなたのためにそれをしてくれるほかの人を見つけましょう。あなたはそれだけの価値がある人なのですから。あなたは愛され、世話をされる価値がある人なんです。だれだって、自分のことを信じてくれて、うちあけたあとの悪夢のような時期を支えてくれる人が必要なのです。

冷ややかな母親

ほかにもお母さんのなかには、たしかにそこにいてくれるのだけれど、精神的あるいは情緒的にはいないも同然の人もいます。こうしたお母さんは、自己愛的（自分自身にしか興味がない人）かもしれません。なにか命じるほかは、子どもと話す時間すらもたないような態度をとったりします。こうしたタイプのお母さんは、子どもや夫、恋人の計画や考えや時間よりも、自分自身の計画や考えや時間のほうがいつだって重要なのです。そんなお母さんが大好きなテレビ番組を見ているときに邪魔をしようものなら大変なことになるはずです。もしも、お母さんが友人と出かける予定だった晩にあなたが病気になってしまい、その看病のためにお母さんが外出をキャンセルするはめになったとしたら、あなたはとんでもない代償を払うことになるでしょう。

もし、お母さんが関わってくれなかったら、だれかがお母さんの代わりを務めなくてはなりません。たいてい、それは子どもが担うことになります。そのため、子どもたちは次第に〈大人〉の役割を担うようになっていきます。こうしているうちに、加害者は、妻が自分の味方になってくれないことや、自分を家から追い出そうとすることに対して、ますます腹を立てるようになります。子どもたちはお母さんの代役を務めようとするかもしれませんが、そのなかにセックスまで含まれていることもあるでしょう。

さて、このタイプのお母さんが子どもから被害をうちあけられたら、どんな反応をするでしょうか。そうです、いい反応をするわけがないですね。こういうタイプのお母さんは、子どもの話が自分自身にどんな影響を及ぼすかを見定めようとします。自ら進んで、夫や恋人を追い出そうとはしないでしょうね。そんなことをすれば、自分の生活がむちゃくちゃになってしまいますから。こんなふうに言うお母さんもいるかもしれません。「どうやったら、ふたつの家庭をもてるっていうの？」とか「友だちはどう思うかしらね？　どうやって説明するつもり？」とか「彼が刑務所に入れられたら、こんな暮らしはできないわね、それは困るわ」なんてね。こんな考えは、どれをとっても、お母さんに今年の母親大賞をとらせてくれないでしょうね。なにより、あなたのニーズにはまったく触れていません。すでにお話ししたように、もしもお母さんが加害者を家から追い出さなければ、家を出て行かざるを得ないのはあなたなのです。

わたしが以前に会った少女は、お母さんが夫を家にとどめておいたので、彼女のほうが家を出なければならなくなりました。彼女は毎週お母さんに電話をして、自分がどう過ごしているかを伝えて、お母さんに少しでも自分を愛してくれている態度を見せてほしいと望んでいました。でも、そんなことは起こりませんでした。

ある晩、母はわたしのところにきて、こんなことを言いました。「夫が刑務所に入って、家を失って、友人まで失うことで、わたしがどんな気持ちになるか、あなたにはわからないの」って。自分の娘を失うことについては、お母さんはなにも言いませんでした。

キミ、実父から性的虐待を受けた15歳の少女

夫や恋人、あるいは母親のライフスタイルよりも、子どもである自分を優先してもらえなかったというこころの痛みを取り去ることはできません。でも、とにかく覚えておいてほしいのは、これはお母さんの問題であり、お母さんの価値観であって、お母さんが不適切であるということなのです。あなたに価値がないとか、あなたは大切な存在ではないという意味ではありません。あなたが愛らしくないとか、大事にされるべき人ではないという意味でもありません。そうではなくて、あなたを愛して、あなたを最優先してくれるべき人が、そうしなかったというだけのことです。ほんとに、ひどいことですね！

なぜお母さんは、わたしではなく「家族」を選んだのか

加害者があなたのきょうだいだった場合も、お母さんは同じような反応を示すことがあります。実際に、一緒に暮らしている家族のなかで性暴力が起こると、お母さんというのはいつでも性暴力によるダメージを軽くみようとして、そのまま家族で一緒にいようとするのです。あまりよいプランではありませんね。

きょうだいが加害者だと、ほかの家族たちは「そのくらいのことなら、被害者にもたいした影響はないだろう」と思い込むことがよくあります。家族は、あなたが〈ささいなことを大げさに言っている〉かのように扱い、

あなたが〈乗り越える〉ことを求めるのです。これもまた、あまりよい考えではありません。

また、いつも男の子だけを大事にする家族もあります。こうした家庭では、男の子が悪いことなどするわけがないと信じ込んでいて、よくないことがあるとなんでも女の子のせいにします。また、兄や姉は、弟や妹をいじめてもかまわないと考える家族もあります。こんな野蛮なメンタリティの背後には、「それが子どもを強くするのだ」なんて考えがあるのです。こうした家庭では、あなたが望むような反応や必要とする対応が得られるとは限りません。実際、あなたのほうがむしろ問題であるかのように言われるかもしれません――きょうだい間で性暴力が起こること、それ自体が問題だというのに。

わたしたち家族は、裁判所に呼ばれました。わたしはこっち側、兄は反対側。お母さんはどっち側に座ったと思う？　兄のほうよ。公判のあいだ、わたしはずっと泣いていました。みんなは被害のせいで泣いていると思ったでしょうね。でも、本当の理由は、お母さんは被害のことを信じてくれたのに、それでもまだわたしより兄を優先させていたからなの。

リー、兄から性被害を受けた14歳の少女

性的虐待が起きた家庭と同じように、加害者がきょうだいであった場合にも、専門家の支援が必要です。こうした家庭は、問題に向き合うように強く指示されるまでなかなか変わりませんし、そのためには（ソーシャルワーカーやセラピストや警察といった）専門家が必要です。

きょうだいが性暴力をした場合、なにが起きたのかがはっきりして、どうすれば被害者を守れるかがわかるまで、被害者の安全を確保することがもっとも重要です。そうなのです、お母さんの夫や内縁男性が性暴力をふるったときと同じように、性加害をしたきょうだいも家から出て行ってもらうべきなのです。ええ、その通りです。そのときもまた、あなたを最優先してもらえないことがあるのです。両親は、あなたの言うことを信じなかったり、たいしたことではないと考えたり、あるいは、あなたの言うことを信じたとしても加害者のほうを守ろうとするかもしれません（だって、お兄さんは学級代表だから、フットボールチームのキャプテンだから、多額の奨学金をもらって一流大学に入学するのが確実だから……このなかのどれかひとつ選んでね）。だから、あなたに「黙っていなさい」と言うかもしれません。こんなときは、親の言うことに耳を貸さないようにする、とってもよいチャンスですよ。

このことを書いているうちに、きょうだい間の性暴力について、もうちょっと話したくなってきました。まず、きょうだい間の性暴力は大人から受けた被害ほどダメージはないなんて、自分をごまかしたり、思い込もうとしたりしないでください。被害者にとって、きょうだいからの性暴力は大人からの虐待と同じくらい深刻なものになりえます。きょうだいからの性暴力のほうが、とめるのがむずかしく、長期間にわたって続き、より過激な行動にエスカレートしがちです。もし、家族がとめられないのであれば、そのときは家族以外の人に助けを求めなければなりません。学校の先生、友だちのお母さん、看護師、スクールカウンセラー、あなたが信用できるほかの大人です。もしかしたら助けてくれそうな親戚に電話するのもよいでしょう。必要があれば、どんな人にでも助けを求めてください。

二つ目に、きょうだいによる性暴力は、大人からの虐待と同じように地域の児童保護局に通報しなければなりません。こうした機関の職員は、あなたの家と同じような家庭をよく知っています。あなたの安全を確保してくれるだけではなく、地域にある相談先にも詳しいので、同じような体験をした子どもたちと出会えるような援助をしてくれます。地域の児童福祉関係機関や性暴力被害に関する支援センター、医療機関などに相談してみましょう。[*1] あなたが話すのを支援してもらったり、同じような体験をした子どもたちと一緒に過ごしたりすることで、あなたはひとりぼっちではないということがわかります。

結論：きょうだいからの性暴力は、あなたの人生にとって、大人からの虐待と同じように、生々しい現実で、ダメージが大きく、自分だけではとめることができないものなのです。だから、だれかに話してください。どんなときも忘れないでほしいのは、これはあなたのせいではないってことです。

お母さんの反応に対処すること

まず、あなたの話を聞いたお母さんがどんなふうに反応するかについて説明しているのは、お母さんの態度に対する言い訳ではないということを思い出してくださいね。なぜ、お母さんがあんな言いかたをするのかが少しでもわかれば、お母さんの態度はあなたに原因があるのではなく、お母さん自身の問題に関係しているのだということが理解できると思うからです。それがわかるように、ちょっと考えてみましょう――話を聞いたお母さんの最初の反応は、決して素晴らしいものではなかったでしょうからね。

お母さんは、わたしのことを売女《ばいた》と呼び、「もしあの人がなにかしたんだったら、それはおまえが悪いんだ」と言いました。

キーシャ、母の愛人から性的虐待を受けた15歳の少女

最初はひどい反応をしたものの、子どもの話に耳を傾けるにつれて、子どもを信じるようになるお母さんもいます。

息子の話を信じられるようになるまでに、わたしはあれこれ説明してもらわなければなりませんでした。誤解なのではないかと思って、ちゃんと確認したかったのです。だから、息子にたくさん質問しました。こころのどこかで、「事実はそうじゃないにちがいない」と思いたくてならなかったんです。

サンディ、自分の夫に11歳の息子を性的に虐待された母

わが子を嘘つき呼ばわりして、その後、通報されても、ソーシャルワーカーが関わっても、司法機関が関わっても、裁判が始まっても、ずっと変わらないお母さんもいます。

裁判所で、お母さんは「あの子はまわりの関心を引きたくて、あんなことを言っているだけですよ」と言い続けました。そうすることが、まさにわたしが望んでいた〈関心〉であるかのように。

メリンダ、義父から性的虐待を受けた15歳の少女

こんなふうに信じようとしないお母さんと新しい関係を築いていくなんて、絶対に無理だと思うかもしれませんし——実際、無理かもしれません。本当にそうなのか確かめるには、新しい関係を築こうとしてみるよりほかありません。

＊1 訳注 児童相談所や性暴力に関する支援センター、医療機関などに相談すると、ほかの相談先など役に立つ情報がもらえるかもしれません。ぜひ、問い合わせてみてください。日本では、きょうだい間の性暴力を知りながら、親が適切な対応をしない場合、「ネグレクト」とみなされます。なお、日本では、同じような体験をした子ども同士が集まれる機会はあまりありません。ですが、ひとりぼっちではないと感じられるような支援者との出会いがあることを願っています。

お母さんの反応が完璧ということもありえます。つまり、あなたのことを信じてくれて、加害者を家から追い出して、あなたに専門家の支援を受けさせるような。でも、そこで崩れてしまうお母さんもいます。

わたしは娘の言うことをすぐに信じました。でも、お医者さんがそのことを確認したとき、わたしは泣き崩れてしまいました。こころのなかでは、だれかに「そんな事実はまったくありませんよ」と言ってほしかったのです。

アイリーン、夫に13歳の娘を性的に虐待された母

身に起きたことをうちあけて、これから生き抜いていこうと望んだあなたの決意は、お母さんがノイローゼになってしまったことで粉々になってしまうかもしれません。お母さんは強い人ではなく、あなたのケアもしてくれないことに対して、腹立たしい思いがしているかもしれません。あるいは、すごく苦しんでいるお母さんをみて、罪悪感をいだく人もいるでしょう。あるいは、お母さんに裏切られた気持ちになったり。お母さんが自分の話を信じてくれたときには信用できると思ったのに、ここにきてお母さんが精神的に参ってしまったのです。できるだけ、ここでぐっと耐えましょう。お母さんにとって、今はとてもつらいときなのです。お母さんはもとの状態に戻れるでしょうから、そうなれば、あなたは今後のことを考えることができるはずです。

お母さんとの関係を築きなおすためには、カウンセリングが一番役立つかもしれません。今は、お互いの気持ちが強すぎたり、自分の気持ちがわからなくなっているかもしれません。もしそうなら、お母さんに「カウンセラーを探して」と頼んだり、「社会福祉局に問い合わせて、どんなサービスが受けられるか調べて」と言えばいいんですよ。

なかには、お母さんさえいれば、この困難を乗り越えられるはずと思う子どももいます。でも、それがうまく

いくのは、母親と子どもの両方がなんとかしたいと思っていて、お互いの話をじっくりしっかり聴く準備ができていて、できごとについてお互いを責めるのをやめて、責めを負うべき人（責任はすべて加害者にあると答えられたあなたには300ポイント進呈）に責任を求める姿勢があり、何度でもチャレンジしようという前向きな気持ちがある場合だけです。性暴力にまつわることにはどれも困難さが伴います。それと同じように、こうしたことはどれも、たやすいことではありません。でも、やれる可能性はあります。

何回も何回も、お母さんに励ましてほしいと思っても、お母さんは全然信じようとしないかもしれません。たとえお母さんがあなたのことをまったく信じなかったとしても、あなたの人生は続いていくのです。

ゲイル、20歳のサバイバー

嘘つき、売女《ばいた》、わがままなんてことば、あるいは、ほかにもお母さんが口にするかもしれない恐ろしいことばによるこころの痛みを取り去ることはできません。思い出してほしいのは、本当に起こったことを知っていて、本当はだれが加害者かを知っているのは、あなただけだということです。うちあけるのには、ものすごく勇気が必要だったでしょう。そのうえ、信じてもらえないという状況、とりわけお母さんに信じてもらえないという状況に向きあうためには、自分の意見を曲げない勇気がものすごく必要になるはずです。

お母さんの怒りに対処すること

本当に、これはむずかしいですね！　あなたのお母さんの怒りがどんな感じかわかりませんが、たとえどんなものであっても、親の怒りは子どもを傷つけます。

僕の母は、いつも意地悪なことを言いました。たとえば、「おまえには幸せになってほしいものね。家族全員をひどい目にあわせたんだから」なんて。

ジョイ、義父から性的虐待を受けた15歳の少年

母は腹を立てるといつもわたしを嘘つきだと言って、ぶったり、髪や服を引っ張ったりしました。とうとう、わたしと弟はおばの家で暮らさなければならなくなりました。

ミーガン、実父から性的虐待を受けた14歳の少女

なかには、わが子と口をきかないお母さんもいます。沈黙療法をしているのかしらね。また、わざとひどいことを言うお母さんもいます。ジョイのお母さんのように「おまえが家庭をぐちゃぐちゃにしたんだ」と言ったり、「お父さんが失業したのはあなたのせいよ」とか、「嘘をついているんだろう」「気を引こうとしているだけだ」とか、「おまえから誘って、やってくれと頼んだんじゃないか」なんてことを言ったりするかもしれません。そんなのはほうっておきましょう。どれも、本当のことではないのですから。あなたのせいでそうなったのではありません！　覚えていますか。虐待の責任は、あなたにはないのです。

もしあなたのお母さんが、ミーガンの母親みたいにあなたのからだを傷つけようとするなら、それは虐待であり、とめなければなりません。虐待をとめる助けをしてくれるか、あなたを安全な場所に連れて行ってくれるだれかに電話をしましょう。ああ、なるほど、あなたはもう事情を話したわけですね。それなのに、かんばしい結果が得られなかったというわけね。でもね、しかるべき対応、つまり愛情と関心と保護を手に入れるまで、あなたはだれかに言い続けなければなりません。お母さんの怒りに対処するのは、簡単ではありません。願わくば、親子そろってセラピーを受けてほしいものです。せめて、あなただけでも。そうすれば、なんらかの支援が受けられるはずです。それに、あなたは自分自身の怒りにも対処しなければなりません。ものすごく強烈な怒りを抱

えながら、お母さんの怒りに応じなければならなくなるかもしれません。強烈な怒りを覚えること自体はちっともおかしくありませんが、怒りはコントロールしなければなりません。さもなくば、あなたの怒りは炎となって燃えさかり、あなた自身を焼き尽くしてしまうでしょう。でもあなたはここまで来ることができたのですから、そんなふうに後戻りをしている場合じゃありません。カウンセリングを受けるか、グループに入るか、あなたの回復を支援してくれる専門家にぜひ話してください。

お母さんの恨みに対処すること

お母さんはわたしをバカにします。父から性的虐待を受けていたとき、父はわたしを母よりも上に扱いました。父はいつでも、わたしを特別扱いしたんです。今、お母さんは、そのことでわたしに仕返しをしているみたいです。

カーラ、義父から性的虐待を受けた15歳の少女

あなたが、実父や義父やお母さんの愛人に虐待されたのなら、自分がお父さんとお母さんのあいだに割り込んだ〈別の女〉という不運な立場に置かれて非難されたことがあるかもしれません。〈別の女〉なんて呼ぶのはふざけています。起きたことはあなたの責任ではないのに、お母さんはそう思えないのでしょう。実際、お母さんはあなたを被害者としてみることがどうしてもできないのかもしれません。お母さんは自分こそが被害者だと感じていて、あなたを、雌犬、売女、略奪者なんていういろんなひどいことばでののしるかもしれません。

お母さんは、あなたを娘ではなく、ライバルと思っているのかもしれません。あなたのほうが若いし、からだは引き締まっていて、妊娠線もなく、肌はすべすべで、未来が目の前に広がっているのですから。お母さんは、

どんなに抑え込もうとしてみても、あなたへ強い恨みを向けてしまうのかもしれません。

これってフェアかしら？　いいえ！　合理的かしら？　いいえ！　だれにでもありえること？　そうです！　よくあること？　そのとおり！

セラピーでは、こうしたあなたとお母さんとの関係について整理する支援が受けられるでしょう。今はどんなにひどい状態に思えても、もしお母さんがあなたとセラピーを受ける意志があるなら、ふたりが新しいよりよい関係を築けるチャンスがあるはずです。

お母さんとやっていくこと……

わたしはお母さんが満足するようなことは、なにもできなかったの。お母さんがわたしのことを誇りに思ったり、わたしが娘でよかったと感じているように見えたことは、一度もないわ。

リン、実父から性的虐待を受けた17歳の少女

お母さんのことが大きらいでも、お母さんに認められたくてたまらなくても、あるいはお母さんを憐れんでいても、おそらくあなたは、これまでお母さんと親密で愛情に満ちた関係をもてずにいたのでしょう。性的虐待を受けた人は、母親と緊張関係があったという人が少なくないのです。自分の気持ちや性的虐待といったすごく重要なことは、とてもお母さんに話せそうにないという人がほとんどです。

お母さんのなかには、わが子とどうやって親密な関係を築けばよいのかわからない人もいます。母親自身が自分の親と親密な関係をもったことがなく、自分の子どもとどうやって関係を築けばよいのかわからないのです。

子どもの問題に対処できないと感じているお母さんもいます。子どもが親から離れつつあることや、ひきこもるようになっているのには気づいていても、どうしたらいいのかわからないのです。

被害にあう前のお母さんとの関係にかかわらず、被害についてお母さんが知った今、新たによりよい関係を築くチャンスです。そうね、そんなにうまくいかないかもしれません。わが子のことをどうしても信じられないお母さんもいますからね。あなたの場合もそうならば、これは大変なことです。ほかのだれよりも、お母さんがあなたを信じずに加害者の側に立つということは、子どもにとって壊滅的な状況です。虐待同然のひどいことであり、裏切りでもあります。

もし、お母さん（あるいは監護者）が、あなたの話を信じてくれなければ、あなたの話を信用してくれる大人を探しましょう。その人は、あなたの味方になり、サポートをしてくれたり勇気づけてくれたりして、慰めてくれるはずです。こうしたことは、まさに今、あなたが求めていることですね。そんな人を見つけるのは、容易ではないかもしれませんが、価値あることですし、必要なことなのです。学校の先生かもしれないし、ソーシャルワーカーやセラピストかもしれません。あるいは、友だちのお母さんがこの役を買って出てくれるかもしれません。

でも、お母さん（あるいは監護者）が、わずかでもあなたの話に耳を傾けて、虐待という事実に対処しようという意思があるなら、新たによりよい関係が築けるという希望がもてます。でも、そのためには、お母さんとあなたの双方に少しばかり努力が求められます。

お互いの人生において、今まさに、いろんなことが変わりつつあります。そして、こうした変化は、ふたりのあいだにあれこれ困難を引き起こす可能性があります。もしも、あなたとお母さんが一緒にセラピーを受けるなら、それは役に立つでしょう。ソーシャルワーカーや児童保護局のワーカーは、セラピーを紹介してくれたり、とくに無料で受けられるサービスを探してくれるかもしれません。米国では、犯罪被害者法（ＶＯＣＡ）により、被害者であれば無料でカウンセリングが受けられます。*2 詳しい話は、直接聞いてみてください。

昔の癖を克服すること

あなたとお母さんがお互いの関係を築き直そうとがんばっているところなら、これまでのふたりの態度、つまり昔の癖をどうにかする必要があります。

お母さんはわたしが以前のようにふるまうことを望んでいます。今までとちがうふうに関わると問題が起きてしまいます。だから、なんだか結局、だまされたような気がします。

アニータ、義父から性的虐待を受けた17歳の少女

虐待が起きていたときに受けていたストレスも、お母さんとの関係に影響するはずです。たぶん、あなたはお母さんにつっかかったり、不機嫌になったりしていたんじゃないかしら。お母さんのことを、バカかマヌケだと思っていたかもしれません。虐待の事実が明るみに出たことで、もはやお母さんに対してかつてのようなふるまいを続けるべきではないと思った人もいるでしょう。これからはもう、お母さんと服装のことで言い争ったり、門限で議論になったり、女の子同士での外泊の約束で意見が食いちがったりすることもないだろうって、期待している人もいるかもしれません。お母さんと友だちみたいな関係になれるかもって、楽しみにしている人もいるかもしれませんね。

でも、お母さんの目からみると、あなたは相変わらずつっけんどんで、不機嫌で、上から目線だとしか映らないかもしれません。そのため、あなたがなにをしようと、なにを言おうとも、お母さんは古いフィルターを通してあなたの態度を見てしまうのです。

あなたもお母さんも、お互いにとって健全ではない関わりかたにハマり込んでしまっているのかもしれません。こうした昔の癖を打ち砕いて、お互いが新たに関わっていくためには、時間もエネルギーも必要です。さらに、ほかの人の助けもいるかもしれません。

役割を変えることへのあなたの抵抗感を克服する

僕が虐待のことを話したら、お母さんは、突然、それまでの子どもっぽい感じがなくなって、母親らしくなったんだ。以前は、お母さんが子どもみたいで、僕のほうが親みたいだったのに。それが一気に変わったのは、正直、つらかったな。

マーティ、義父から性的虐待を受けた16歳の少年

家庭のなかで、実際に親役割をとっている子どももいます。こうした子どもは、家事を一手に担っています。幼いきょうだいの世話もします。お母さんとお父さん、あるいはどちらかの機嫌をとったりもします。女の子だけではなく男の子も、どちらかの親あるいは両親から、自分がまるで家族のなかのもうひとりの大人として扱われていることを自覚しています。

虐待が明らかになり、家族がお互いを別の目で見るようになると、あなたはこれまでのような大人としての立場を失いそうになるかもしれません。子どもが家庭で大人の役割をとることは、いやなこともたくさん伴いますし、とてもストレスの高いものではありますが、一方で、ふつうはもてないほどの自由を楽しめる場合もあるのです。

＊2　訳注　日本でも、都道府県にある犯罪被害者支援センターで無料の相談を受けることができます。地域の児童相談所でも、性被害の相談ができるかもしれません。

今、その立場が変化しつつあることについて、なんとなくいやだなと感じている人もいるでしょう。これまで、お母さんはひどい頭痛でいつも横になっていて、洗濯も支払いも、幼いきょうだいの面倒も全部自分がやっていたというのに、お母さんが親役割をきちんとやるようになると、内心、穏やかではいられないかもしれません。あるいは、それまでお父さんはいつも弱っちい虐げられキャラで、お母さんが息子であるあなたのことを恋人みたいに扱ってくれていたのなら、虐待が明らかになったあと、お父さんが父親としての立場を表明するようになっていやな感じがすることもあるかもしれません。

状況はどんどん変わっていきますし、それは必ずしも悪いことではありません。でも、あなたとお母さんが新たな関係をスタートさせるには、なんらかの支援が必要かもしれません。もし、社会福祉サービスを受けているなら、カウンセリングを受けることができるでしょう。これはとっても役に立ちます。第三者（カウンセラーやソーシャルワーカー）が同席しているほうが、虐待やお互いの関係について話しやすい場合があるからです。

社会福祉サービスを受けていないのであれば、性暴力に詳しくて経験豊富な個人開業のセラピストの支援を受けるのもお勧めです。

セラピーはたしかに役に立ちますが、セラピーを受けたからといって、あなたが自分を守ってほしいと期待している相手との新たなよりよい関係を築けるという保障はありません。ある17歳の少女が、わたしにこんなことを話してくれました。「血も涙もないような関係性を癒やすには、それを絶ち切るのがベストだってこともあるでしょう」と。あなたの場合も、そうせざるをえない可能性があるかもしれません。でも、どうなるかは、まずはやってみなければわかりませんよね。

あるお母さんの告白

次の手紙は、娘が実父から性的虐待を受けたお母さんが書いたものです。このお母さんは、勇気をふるって、よい感情であれ悪い感情であれ、自分の感情について語ってくれました。自分と娘が仲よくやっていく方法を見出すまでに経験した葛藤も語っています。あなたの状況とはちがうかもしれませんが、虐待をうちあけたあと、お母さんと子どもが再び絆を結びなおすこと、平穏、そして愛が示された手紙です。

親愛なる娘へ

あの日のことを、昨日のことのように思い出します。家に帰ったとき、あなたの目には憎しみがにじんでいました。お父さんがまたやったと聞いて、わたしの血は煮えたぎりました。

あの人をすぐにでも殺してしまいたかった。でも、もしわたしが刑務所に入ってしまったら、かえってあなたに負担をかけてしまいます。お父さんがあなたにしたことをこころから憎いと思うし、お父さんにそんなことをみすみすさせてしまった自分自身にも、すごく腹が立つのです。

お母さんは、とてもこわかったのです。もうダメだと思うのと同時に、なんとかしてみんながバラバラにならないようにしなくちゃって思っていました。あなたが保護されていたあいだ、離れているのはつらかったです。自分たちはいわゆる完璧な家族だってことをみんなにわかってもらおうと必死だったの。冗談もいいところね！

お父さんにはものすごく腹が立って、ぶちのめしたいくらいでした。

最初は、あなたはどんなグループやセラピーにも行きたがりませんでしたね。でも今は、グループに入ってよかったと思っているはず。お母さんもそのあとすぐに、母親グループに参加し始めました。

ここまで来られるとは思いませんでした。最初の2年間は、混乱して、怯《おび》えて、自分でもわけがわからなくなってしまうこともありました。でも、グループのみんなと助け合いながら、そうしたつらい時期を過ごしました。以前のようにけんかをせずに、お互いに話し合えるようになりましたね。

虐待をうちあけてくれてから、もう3年が経ちますね。あの日、あなたを愛していたのと変わらず、今もあなたを愛していますよ。

小さなケンカはするけれど、自分たちができる一番いい方法で解決してきたと思います。あなたが、素敵な娘に成長していくのを見ながら、あなたを手助けしてきました。わたしは、お母さんというよりはあなたの友だちになろうとしていたけれども、それはあなたがわたしに期待していたことじゃなかったのよね。自分の気持ちをきちんとあなたに伝えようと努力してきたけれど、それはお母さんにはすごくむずかしいことなの。でもがんばっています。

あなたは自分の気持ちをきちんと話してくれるし、自分の考えをしっかりもっていると思います。そんなあなたが大好きです。わたしもそんなふうになりたいわ。あなたには、自分だけの空間が必要だってこともわかっているし、それも準備したいと思っています。今は、困ったときにあなたに頼られるのがうれしいの。前みたいにはねつけるのではなく、あなたの身になって話を聴いて、一番いい方法をとれるようがんばるからね。

あなたといるととても幸せ。あなたを誇りに思っています。

愛してる、ママより

第Ⅲ部　さらなる前進

第8章　回復することも、ひとつの選択肢

すべて消えてしまえばいいのに。疲れちゃったし、このことはもう考えたくないの。

ケイト、祖父から性的虐待を受けた17歳の少女

性暴力を受けただれにとっても大切な決断。それは、「自分は回復したいのか」ってことです。おかしな質問に聞こえるかもしれませんね。でも、回復するために必要なことを考えてみると、「まっぴらごめん。残りの人生、犠牲者のままで過ごすほうがマシ」って思う人もいるでしょう。あるいは、「自分は犠牲者のままで過ごすしかない」って思っている人もいるかもしれません。たしかにそれも選択肢のひとつですが、それしかないわけではないし、それがもっとも健康的な選択肢でもないのです。

選択をすること

回復する、つまりサバイバーになるということは、あなたが意識して決断する選択なのです。それは、自分の人生を選ぶということ、そして自分の人生をどうしていくかを選ぶということです。そして選択するということは、自分はもうこれ以上、だれかのあるいはなにかの犠牲にならないと決断することなのです。自分が性暴力を

受けたという事実に向きあい始めることなのです。加害者は、あなたのさまざまな権利を奪いました。あなたの自尊心、あなたの自己価値、あなたの自己評価を。加害者は、あなたからあなた自身を奪ったのです。

サバイバーになることは、性暴力を受けた人にとって唯一の健康的な選択肢です。自殺、逃避、薬物あるいは売春をするといったほかの選択肢は、どれも加害者に勝利をもたらすだけです。そうした行動をとることは、加害者の思うつぼです。

性暴力がまだ続いているなら、回復は始まらない

もしあなたが今も被害を受けているなら、回復しようと決断するのはとてもむずかしいでしょう。なぜなら、あなたがまずしなければならないのは、その性暴力をとめる方法を見つけることだからです。でも、性暴力をとめようとすることは容易ではありません。これまでずっとやめさせようとがんばってきたけれど、うまくいかなかったのですからね（第4章に、性暴力をやめさせて安全を確保する方法について詳しく書かれています）。

今は性暴力がとまっているから「もう大丈夫」と思って、今さら決断することなんてないって思うかもしれません。

でも、そんなわけないですよね？

性暴力が終わっても、その影響は自然になくなるわけではありません。性暴力がとまったからといって、あなたの傷つきが終わるわけではないのです。あなたがそのできごとを整理し、受けた傷つきの深さを理解し、必要な手当てをしなければ、性暴力はこの先の人生にもずっと影響を及ぼし続ける可能性があります。

回復には時間が必要

性的虐待や性暴力のサバイバーになるのは、一晩でできるようなことではありません。たくさんのステップがある道のりなのです。残念ながら、サバイバーになることは、料理本やフットボールの試合みたいなものではありません。つまり、ケーキの作りかたとかタッチダウンのやりかたのように、いくつかの手順をふめば期待通りの成果が得られるようなものではないのです。

回復というのは、大きく三歩前進して、小さく一歩後ろに下がるようなものです。何度も何度も同じことを繰り返しているような感じです。性暴力は自分のせいではないということを、何度も繰り返し思い出すように。覚えたことを忘れてしまって、また学ばなければならないこともあるでしょう。回復の道のりでは、同じ問題について、繰り返し繰り返し取り組まなければならないこともあるはずです。くじけそうになるかもしれません。でも、覚えていてください。あなたは決してのろまでも、おバカさんでもありません。それがふつうなのです。

回復はあなたのペースで起こるもの

回復というものは人によって異なります。あなたにとっては対処するのが大変なことでも、ほかの人はたいしたことがないと思うかもしれません。逆に、ほかの人なら打ちのめされてしまうようなことを、あなたはすんなりやってのけるかもしれません。回復までのスケジュールが決まっているわけでもありませんし、この順番通りに進むというものでもありません。いつまでに最後までたどり着かないといけないというものでもないですし、ある段階に行くまえに、あれとこれをすませておかなくっちゃと思う必要もないのです。

被害を受けたのは自分のせいではないとわかってから、2、3ヶ月後にサバイバーになることを決心する人もいれば、何年も経ってから決心する人もいます。回復に決まった手順はないのです。自分のペースで、自分に必要な時間をかけて、自分なりの方法で回復するのです。一番大切なことは、どんなやり方であれ〈回復する〉ということなのです。

選択できるのは、あなただけ

あなたのソーシャルワーカーは、あなたに代わって回復することを決断できません。友だちが代わりに決断することもできません。あなたの回復を決断できるのはあなただけです。だからといって、あなたはひとりで決めなければならないわけではありません。実際、たったひとりで決心できることなのかどうかわかりません。性暴力を受けた人たち、つまり、そんな被害を受けるいわれもないし、わが身に起きたことをぬぐい去ってしまいたいと思っている人たちと一緒に、回復に取り組んでくれる人たちがいます。セラピスト、精神科の先生、精神分析医、頭のお医者さん（どんなふうに呼んでもかまいません）は、たくさんいます。性暴力を受けたみなさんには、セラピー（カウンセリング）を受けることをぜひお薦めします。

セラピーは回復を始めるのによい場

お母さんに「あなたにはカウンセリングが必要よ」と言われたとき、わたしはポカンとしたままこう答えたの。
「え？　わたしはイカれてなんかいないけど」

リン、実父から性的虐待を受けた17歳の少女

10代の若者のほとんどは、自分にはセラピーなんて必要ないと思っています。あなたも、リンと同じように、

セラピーが必要なのは〈イカれた〉人だけで、イカれているのは、あなたじゃなくて加害者のほうだって思っているかもしれません。そして、性暴力の後遺症くらい自分でなんとかしていける、自分は無敵だ、なんだって自分で克服できる、性暴力のトラウマだって乗り越えられる、と感じているかもしれません。

サバイバーのなかには、性暴力に関することはすべて忘れ去り、目の前の生活をうまくこなしていくのが一番、と思い込んでいる人もいます。あなたの親戚や友だちも同じように思っていて、あなたに「もう忘れなさい」と言うかもしれません。こうしたアドバイスはよくあるものですし、そう言うからといって、まるでわかっていない人たちだというわけでもありません。たいていの人は、苦痛なことに対処していくよりは、忘れてしまうほうがいいと考えているだけのことです。というのも、性暴力から回復するには、多くの苦痛がともなうからです。その苦痛は被害者だけにとどまらず、周囲の家族にとってもつらく感じることがあるのです。

でも、その苦痛に対処せずにいては、苦痛を取り除くことはできません。対処しないということは、それをただ保留にしているだけなのです。遅かれ早かれ、あなたはまた苦痛にさいなまれることでしょう。なぜなら、その苦痛は自然に消えてしまうことはないからです。本当ですよ。わたし自身、その苦痛を対処せずに生きようとしてみた結果、生きることさえ苦しくなるような状態に陥りました。だから、ぜひ聞いてください！　セラピーがどんなふうに役立つか、これからお話ししますからね。

セラピーができること

この社会は、セラピーやメンタルヘルスについて、おかしなとらえかたをしているところがあります。セラピーに行くのは変わりものだけ、と考えている人も少なくありません。あるいは、セラピーに行くと催眠をかけられるとか、長椅子に横になって「ふん、ふん」としか言わない人に向かって話をしなきゃいけないとか、自白薬をたっぷり注射されて自分が言いたくないことまで言わされるんじゃないか、なんていう思い込みもあります。

こんな話はどれもまちがいです。セラピーはここ50年、時間をかけて発展してきていますし、あなたにとってもメリットがあるはずです。実際に、セラピーに通っている人も少なくありません。もしあなたが、自分はセラピーに向いていないと思っているなら、考え直してみて。性暴力を受けた子どもにとって、セラピーは大きな助けになることが多いのですから。[*1]

セラピーでは、あなたの気持ちを取り上げ、性暴力があなたの人生にもたらした影響について扱います。セラピーはその子に合わせて進められます。あなたが今、気になっていることを相談するのはもちろん、第10章で話すようなさまざまな問題に対処するためのとても健康的な機会なのです。

できるだけ早く、あなたの気持ちがこころの奥に隠されてしまうまえに、ちゃんと気持ちが感じられているうちに取り組めば、セラピーはとても役に立ちます。被害から時間が経つほど、セラピーはより困難なものになるでしょう。なぜなら、性暴力の記憶が薄れてしまい、それについてどう感じたかを思い出せなかったり、感情が

＊1　訳注　日本でも、性的虐待や性暴力を受けた子どもがセラピーを受けることができます。家族からの性的虐待であれば、児童相談所に相談しましょう。加害者がだれかにかかわらず、学校の先生（養護教諭や担任の先生、あなたが話しやすい先生ならだれでも）に話すと、スクールカウンセラーに会わせてくれたり、地域の教育センターでの面談を予約してくれたりします。まだ名前を言いたくないと思っているときは、各都道府県にある犯罪被害者支援センターに電話してみましょう。インターネットで、「性暴力　相談」などと検索すると、さまざまな民間団体がやっている相談窓口を調べることができます。これらはどれも基本的には無料です。まずは話を聴いてもらい、気持ちを落ち着かせてもらったり、必要な情報を教えてもらったりしましょう。眠れないとか苦痛が大きい場合は、心療内科や精神科で治療を受けることも役立ちます。うまく話せなくてもかまいませんし、不安な気持ちになるのも当然ですから、まずは自分の回復のためにできることをひとつずつやってみましょう。

閉ざされてしまっていて、自分の身に起きたことをだれかに話すのはこわいと感じたりすることがあるからです。今すぐにセラピーに取り組めば、自分が体験した性暴力やそのときの気持ちを思い出すのはもっと簡単かもしれません。

セラピーがどんなふうに、なぜ効くのかを科学的に証明するのはむずかしいことですが、おそらくセラピーに効果があるのは、ものごとを白日のもとにさらけだすからなのでしょう。自分の気持ちをうちあけて、だれかとわかちあうことは、回復の道のりに欠かせないものです。それは、膿《う》んでしまっているとても深い傷を開いて、膿《うみ》を出して、空気にさらして治すようなものなのです。

第9章　生き抜いてきた自分を誇ろう

このセンターで暮らす子どもたちは、毎日、学校や教会に通ったり、家族と関わったりしながら社会とのつながりを持っているので、一見すると〈ふつう〉とか〈健康的〉に見えることでしょう。こうした日々の生活をこなしていく子どもたちの力には目を見張るものがあります。子どもたちが日々の活動を続け、この〈あたりまえ〉の生活を保つためにしているあらゆること……そこにはたくさんの苦痛が伴っているのですが、子どもたちはそれを決して見せまいとするのです。

性暴力支援センターのセラピスト

あなたが性暴力を受けていた頃、トラウマや恐怖、侵入症状に対処しながら生き抜くのに、膨大な時間とエネルギーを費やしたことでしょう。それは容易なことではありません。生き抜くことに力を注いだうえに、さらに、歯を磨いて、毎朝着替えをして、家族の一員としてふるまって、学校に行ったり仕事をしたり、スポーツやクラブに参加したり、教会に通ったり、友だちづきあいをしたり、いろんなことにエネルギーを使わなければならなかったのですから。あなたは、ほかの同年代の子どもたちと比べて、生きるためにずっと多くのエネルギーを使ってきたのです。

ですから、まずは性暴力に対処する気力を持ち続けた自分自身を誉めてあげましょう。自分には、そんな元気ないって？　もう、ヘトヘトだよって。でも、あなたはなんとかやっているでしょう？　毎日、やるべきことをやっています。ね、自分のことを誉めてあげましょうよ。

とりあえず、ここでは誉める準備だけしておきましょうか。この章では、あなたが自分自身を誉めること、つまり性暴力を生き抜いた自分を賞賛し、誇りをもてるようになることについて書いています。なかには、充分にやれていないこともあるでしょう。実際のところ、自分やほかの人をすごく傷つけてしまったこともあったかもしれませんね。でも、忘れないでください。そうやってきたからこそ、あなたは生き抜くことができたってことを。

感情の対処方法

性暴力を受けた子どもたちはみんな、たくさんの対処法を編みだしています。性別や年齢にかかわらず、だれでもできごとへの対処方法を持っています。なかには、すごく独創的なものもあれば、とても危険なやりかたもあります。あなたが自分を癒やすために、どの方法を使うか、使わないか、それは自分で決められます。

ここに挙げた感情の対処方法のなかには、あなたがすでに使っているものや知らなかったものがあるでしょう。こんな方法を取っているのは自分しかいないって思っていたかもしれませんが、ちがうんです。だれもがけっこう同じような作戦を使っているんですよ。

①「〜さえすれば」作戦

性暴力を受けた子どもたちの多くが、「〜さえすれば」作戦を使っています。「性暴力さえとまれば、わたしは元気になれるのに」とか「仕事をみつけてここを出られさえすれば、すべてうまくいくのに」「わたしが大学生にさえなれば、状況はまったくちがうのに」「あの人がお酒さえ飲まなければ（あるいは、あの人が再婚さえすれば）、すべてはふつうに戻るのに」などと考えることです。

でも、性暴力が起きている状況から逃れられたからといって、その影響があっさり消えるわけではありません。たとえ、あなたがもう加害者のことを考えなくなっていたとしても、自分自身に対していだいている気持ちは急になくなったりしないのです。

「～さえすれば」作戦を使えば、とりあえずその日一日、一ヶ月、一年といった日々をしのぐことができたでしょう。でも、これから先の人生もずっとそんなふうに思いながら過ごせるわけではありません。「～さえすれば」作戦は、性暴力があったという事実から目をそらし、性暴力があなたの人生に及ぼしている影響を考えないようにするための方法にすぎません。

「～さえすれば」作戦が役立つのはこう考えるときだけです。「わたしは自分の身に起きたことに向き合いさえすれば、自分に対して前向きな気持ちが感じられるようになるし、自分の人生を歩み始めることができる」。

②「たいしたことない」作戦

この作戦は、自分に対してそんなにひどいことじゃなかったと言い聞かせるものです。「たいしたことじゃない。もっとひどい目にあっている子だっている。寝る場所すらない子や、食べるものがない子、素敵な服もない子だっているんだ。だから、自分はそうひどいってわけじゃないよ」。

ブッブー！　それはまちがいです。まちがえると、次のボーナス・ステージに進めませんよ。

よく聞いて。たしかに状況を大きな視点で見てみたり、たいしたことはないって考えたりすることは役に立つこともあります。でも、この状況では役に立ちません。

じっくり考えてみましょう。人はだれでも、自分に関わりのある人は基本的にいい人だと信じたいものです。とりわけ親や家族、尊敬する人であればなおさらのこと。こうした人たちは、みんなまともで、愛情深く、信頼に値する人だと思っていたいのです。そんなイメージを壊さないようにするために、人はどんなことでもするのです。

もし、そうした人があなたを傷つけることをしたら、自分にこう言い聞かせて合理化するでしょう。「あの人はそんなつもりじゃなかったのよ。きっと、酔っぱらっていたんだ」とか、「お父さんがあの人をクズみたいに扱うから、ただ愛情や関心がほしかっただけなんだろう」って。そんなふうに思い込もうとすることで、事態はどんどん悪くなってしまいます。

この作戦は、とりあえずあなたがその日一日をしのぐためには役立ったはずです。そう考えることで、毎朝起きて、やるべきことをやることができたのでしょうから。でも、そんなふうに考え続けると、あなたは自分がされたことに対する怒りやキレそうな思いを感じられなくなってしまいます。あなたがまだ自分の激しい怒りを感じる準備ができていないのなら、この作戦は、束の間、あなたを守ってくれるでしょうけれど。

でも、繰り返して言いますが、「そんなにひどくない」なんて考えはやめなければいけません。そして、現実に向き合うのです。準備ができたら、ぜひやってみましょう。

③「～だけ」作戦

現実から逃れるためのほかの作戦は、「～だけ」を使うものです。「一度だけだし、彼もすごく反省していたし」とか「そんなことをするのはサッカーのコーチだけで、お父さんはしない。もし、相手がお父さんだったら、もっとひどいことだよ」「触られただけで、レイプされたわけじゃないもの」。

いいですか。たった一度のことでも、世界はガラリと変わってしまうのです。それに、たとえ加害者がひとり きり、つまりおじや姉、ベビーシッター、家族の友だちだけだったとしても、そのできごとはあなたにこころの傷を残します。だから、自分に嘘をついて、自分の痛みや恐怖を小さくしようとしないでください。

「〜だけ」作戦を使うことで、あなたは最悪の事態を生き抜くことができたのかもしれません。でも、その作戦をやめて、立ち上がり、「サイテーだ！」と叫ぶときが来たんじゃないかしら。もう、「〜だけ」作戦を使う必要はありません。だって、あなたは身に起きた現実に向き合い始めているのだし、それを乗り越えるために必要な回復の道のりを歩み始めているんですから。

④否認作戦

性暴力を受けた人の多くが、起きたことを否認することで、なにごともなかったかのようにふるまいます。信頼していた人や愛していた人が、実は自分のことを深く傷つけたという事実に直面するよりも、なにも起きていないふりをしたほうが簡単だと思うからです。とくに男子のほうが、否認をよく使います。そもそも男子は被害者にならないと思い込んでいる人もたくさんいます。もし、男子が被害者になったとしたら、きっとこう言うでしょう。「ホントの性暴力なんかじゃないよ」「なんでもないってば」。

否認を使った作戦では、ほかにこんな言いかたもします。「ああ、そうさ。たしかにそういうことはあったよ。でも、大丈夫。ちっとも問題ないよ」。万事ＯＫだと自分に言い聞かせることで、本当に平気であるかのようにするのです。性暴力によるトラウマに直面するよりも、起きたことを考えないようにするほうが、ずっと簡単なのです。

わたしたちはだれでも人生のなかでうれしくないことや傷ついたことがあると、それを知らず知らず否認するものです。否認は恥ずかしいことではありません。でも、あなたは性暴力を受けた事実と、性暴力が人生に悪い影響をもたらしていることを否認できないところまできたのではないでしょうか。それらを認めることは、とても恐ろしく、すごく腹の立つことでしょう。そうした感情をひとりきりでなんとかしようとしなくていいんですよ。性暴力を受けた子どもたちの回復を手助けしようとするセラピストはたくさんいます。もし、とりあえず今、あなたが自分を保つために否認作戦が必要なら、それもいいでしょう。でも、性暴力に向きあうときがきたら、ひとりでやらないでくださいね。セラピストを探して、セラピストの助けを得ながら向きあっていきましょう。

⑤「忘れる」作戦

性暴力を受けたことを忘れてしまう人がいるなんて、信じられないかもしれません。でも、性暴力の記憶を完全に押しつぶしてしまう人もいるのです。忘れることは、ものすごく強力な作戦です。そうしたら、被害者は自分の人生に専念することができるし、性暴力によって生じた問題に対処していく必要なんてなくなります。少なくとも、もう性暴力なんて関係ないと考えることはできますからね。

性暴力は、それを認めようと認めまいと、つねに影響をもたらします。ほかの人と関わるときにその影響が現れる人もいますし、自分のからだを傷つけるような危険なこと（アルコール、ドラッグ、自傷行為）をしてしまったり、生きることに対する基本的な態度に現れたりする人もいます。忘れることは、被害者が日々をしのぐうえでは役立つかもしれませんが、それでもある程度は、からだは身に起きたことを覚えているものです。問題の根っこにあるものを自覚せずに、アルコールの問題や結婚の問題、あるいはほかの情緒的な問題を抱えるに至った人たちのなかには、子ども時代に性暴力を受けた人が少なくありません。

繰り返しになりますが、忘れることは、ある人にとっては生き抜くために必要なことかもしれません。でも、幸運にも、性暴力の事実を覚えているならば、回復のために歩み出すことができるはずです。わたしは本心から〈幸運にも〉と思っているんですよ。あなたの人生に起きたどんな恐ろしいできごとも、そのあとに次々起こった問題も、あなたが覚えていなければそれらを整理していくことすらできません。できごとを忘れずにいる被害者は回復しやすいんですよ。だって、自分の抱えている問題が明らかなわけですから。

⑥「切り離し」作戦

もっとも独創的な作戦のひとつが、「切り離し（スプリッティング・医学用語では解離）」と呼ばれるものです。もともと、スプリッティングとは「体外離脱」を意味することばです。

よくある対処法

①「～さえすれば」作戦
②「たいしたことない」作戦
③「～だけ」作戦
④否認作戦
⑤「忘れる」作戦
⑥「切り離し」作戦

性暴力の最中、からだはそこにあるのに、こころと魂だけがどこか外（多くが天井）に出てしまうのです。加害者がいなくなったり、ひとりになれたりすると、こころと魂は、再びからだに戻ってきます。

だれでも解離を体験することがあります。運転の途中、気がついたら別の場所にいて、どうやってそこへたどり着いたか覚えていないという人はたくさんいます。性暴力を受けた人のなかには、解離を起こしたという人が多くいます。性暴力のあいだ、文字通り、自分の意識がからだから抜け出し、別のところに行ってしまうのです。

わたしが9歳か10歳の頃のことです。わたしは父の運転する車に乗っていました。父がなんと言ったのか、わたしになにをしたのかは覚えていません。でも、わたしはたしかにからだから抜け出していました。つまり、わたしはまさに車の天井にいて、父とわたしの後頭部と助手席の裏側を見ていたんです。だから、後部座席から見えていたものしか記憶にありません。実際には、わたしは助手席に座っていたというのに!

リチェ、実父から性的虐待を受けた15歳の少女

壁紙に描かれた花や柄の数を数えていたという子どももいます。ずっと九九をしていた子どももいます。あるいは、完全に麻痺して、なにも感じない子どももいます。あなたにこうした体験があるかどうかにかかわらず、これはポジティブなものだと覚えておいてください。この対処法は、あなたが壊れてしまうのを防いでくれたのです。あなたの命を守ってくれたものなのです。

しかし、切り離しには不都合な面もあります。あまりにも遠くに離れすぎてしまうことです。ひとりの人間があまりにバラバラになってしまうと、からだと魂、こころが再び合わさることができなくなり、複数の人格を発展させてしまいかねません。

解離性同一性障害(DID)は、特殊な診断名です。性暴力や虐待のトラウマに対処するために異なる複数の人格が発展し、苦痛を避ける方法として複数の人格が無意識に交代していることが、経験のある精神科医によってはっきりと認められた場合にだけつく診断名です。DIDの人は、自分の持つ複数の人格(分身)に気づいていないことが多いです。さらに、他の人格はコントロールされているので、他の人格が言ったりやったりしたことを思い出すことができません。DIDの人は、自分が複数の人格を持っていると気づく前は、自分がおかしくなったと思ったり、自分を追いつめる人たちに囲まれているかのように感じたりします。

ママとわたしは、トラブルばかりでした。ママは「あんたは、あれもこれもしたじゃない！」と言うけれど、わたしは本当にそんなことをした覚えはないんです。だから認めずにいたら、ママはわたしのことを嘘つきだと責め続けました。あとになって、それをしたのはわたしの別人格だとわかりました。わたしがそのできごとを覚えていないのも、当然なことだったのです。

カーラ、継父から性的虐待を受けた15歳の少女

ＤＩＤは、簡単につくような診断名ではありません。柔軟な診断ではないからです。すぐに、あなたのことをＤＩＤだと診断したがる治療者には気をつけましょう。解離性同一性障害についてはたくさんの情報が必要です。

切り離し作戦は、親密な関係性を築こうとするときに用いられることもあります。もし、あなたがストレスを感じることを毎回忘れてしまうのであれば、友だちや結婚相手とうまくやっていくチャンスは減ってしまうでしょう。

たまに切り離しをする人もＤＩＤなのでしょうか。もちろんちがいます。切り離しをすると、長期間だれかと交際したり、愛情のある関係を築いたりできないのでしょうか。そんなことはありません！　ただ、あらゆる作戦にはネガティブな面もあることを知ってほしいだけなのです。役立つ対処方法はこれからも使いつつ、害になる方法はどんどん手放していきましょう。

からだの対処方法

あなたはこころや感情での対処だけでなく、苦痛をやわらげるために、からだでもさまざまな対処をしてきたことでしょう。からだの問題は、最終的には、こころの問題以上にあなたを傷つけてしまうことがあるので、こ

こに書かれていることをぜひ読んでほしいと思います。もし、アルコールやドラッグの使用、暴走行為、拒食をしているのであれば、どれもあなたのからだを傷つけます。「そんなにひどくないし」と自分で思っているのであれば、ますます危険な状態です。いいですか、繰り返しますが、どうかよく聞いてくださいね。どうしたらそれを変えていけるか、これからお話ししていきますね。

摂食障害

「拒食症（神経性無食欲症）」や「過食症」ということばを知っている人もいるかもしれません。あてはまらない人もいるでしょうけれど、説明させてください。

拒食とは、いわば、ゆるやかに飢えていくことです。からだが必要とする食事量や栄養を取れずに飢えていき、ついには亡くなってしまうこともあります。

過食は、胃に食べものを詰めこみ、そのあと嘔吐します。そんなことをしたことがない人からすると、気持ち悪いと感じるかもしれませんね。でも、摂食障害の人たちはものすごい量を食べるのです。一パイント（約0.5ℓ）のアイスクリームとピザ丸ごと一枚、クッキーを数袋といった大量の食べものを口にして、そのあとそれを全部、吐き出してしまうのです。食事に含まれていた栄養のほとんどをからだは吸収することができません。

拒食も過食も、コントロールということと関係しています。性暴力を受けている人は、自分の人生やからだをコントロールできない感じがしています。そんななか、唯一、自分がコントロールできるのが口の中いっぱいに頬張る食べものなのです。吐き出すのも同じことです。

強迫的な食事も、摂食障害の可能性があります。性暴力の被害者のなかには、心地よさを味わう手段として食べものを利用する人がいます。からだが感じているとてつもない苦痛をなんとかしなければならないとき、食べものというのは、わずかな時間であっても満足感をもたらします。性暴力を受けている子どものなかには、太っていれば被害にあわないのではないかと考える子もいます。外見の魅力がなくなれば、加害者は自分をほうっておいてくれるかもしれないと考えるのです。

あなたは、摂食障害で苦しむ必要はありません。摂食障害が専門のセラピストやカウンセラーもいます。でも、性暴力のことを治療しないまま、摂食障害を治そうとしてカウンセラーを探すのはまちがいです。食事の問題は、性暴力の結果です。肝心なことを扱わないいまま、問題を解決することはできませんからね。

ドラッグとアルコール

米国では10代の若者の多くが、ドラッグやアルコールを試した経験をもっています。反抗の証として、あるいは、ママやパパから自由になろうとして使うのでしょう。でも、それによってたくさんの若者が亡くなっているのも事実です。飲酒運転は米国の若者の死因のひとつです。

性暴力を受けてきた若者は、ちょっと試してみるという段階を飛ばして、すぐに感覚や意識のない状態へいきがちです。ドラッグとアルコールは、今、置かれている現実から離れることができ、自分の力強さを感じたり、苦痛を忘れさせてくれたりするものになります。しかし同時に、それらは死に至るものでもあるのです。

こんなふうに思う人もいるでしょう。「だれが助けてくれるっていうの？　もう死んだほうがマシ」って。でも、わたしはあなたの力になりたいと思っているし、あなたを助けてくれる人はきっといると信じています。ドラッグやアルコールで自分の命を縮めても、それは性暴力に対する怒りやムカつきを解決することにはなりません。あなたが自分のことを価値がないなんて思うならば、それこそ加害者の思うつぼになってしまいます。どうか、そんなことにはならないようにしてください。

ドラッグやアルコールの習慣を断ち切るつもりなら、助けを求めましょう。AA（アルコホリック・アノニマス）やNA（ナルコティクス・アノニマス）のグループに電話をかけること。電話帳でカウンセリングの欄を調べるのもよいでしょう。でも、摂食障害のところで話したように、ドラッグ依存やアルコール依存は、性暴力の結果として起きたことです。性暴力を受けていたということをうちあけなければ、この問題は解決できず、いつまでも問題を抱えてしまいます。

タバコ

米国の公衆衛生局長官だったエバレット・コープ氏は、タバコに含まれるニコチンという薬物はヘロインと同じぐらい強い依存性があるという研究をたくさん紹介しています。つまり、タバコを吸う人はタバコに依存していて、タバコなしではいられないのです（タバコをなんとかしないといけない状態の人を依存症といいます）。タバコを吸う習慣を断つことは、とてもむずかしいものです。タバコを吸う人の多くは、タバコがからだに悪いこともわかっています。たとえば、タバコを吸うことが肺がんの原因になりやすいことや、タバコの煙によってまわりの人もがんになりやすいことを知っています。それなのに、タバ

コをやめることができません。わたし自身、以前タバコを吸っていた時期もありましたが、タバコをやめられないのは、本当はどうでもいいと思っているからなのでしょう。自分なんてどうせ価値のない人間だと思っていると、あっという間に肺がんになってこの世からいなくなってしまいますよ。

でも、あなたが回復の道を歩み始めて、自分を価値のある存在だと思えるようになれば、自分をなぐさめるためにタバコを吸う必要はないし、まわりの人から距離をとるためにタバコを吸ってみせる必要もないし、大人っぽくみせる方法としてタバコを吸う必要もないとわかるでしょう。近年、社会では禁煙ブームが起きていますが、それでもタバコを吸う人は「別にいいじゃないか」と思っていて、薬物依存や飲酒運転につながる可能性が高いタバコを手放そうとはしません。「いいじゃないか」と思っているうちは、タバコをやめることはできません。準備ができたら、タバコをやめること。「タバコを吸ったって、自分を傷つけているわけじゃない」なんて、ごまかさないようにね。

自傷行為

わたしはバス停で立ったまま、手首を切ったんです。ただ血が見たかったから。「ああ、わたしは今、生きている」って感じるの。見ていた妹は、取り乱していたけれど。

デボラ、おじから性的虐待を受けた15歳の少女

男女を問わず、自分のからだを傷つける子どもがたくさんいます。自分のからだを切ったり、叩いたり、つねったり、焼いたり、ひっかいたり、噛んだりして。こうした自傷行為をしてしまうのには、さまざまな理由があります。

自分の存在を確認するため　性暴力を受けた子どもは、感情を感じにくいことがあります。生き抜くための唯一の方法が、自分の感情を閉ざしてしまうことだったのでしょう。感情をすべて閉じてしまうと、自分が今なお感じることができるかどうか、わからなくなるのです。そんなときに自傷をすると、たとえそれが痛みであっても、それを感じることができるのです。血を見ることで、自分は生きているんだと実感できるのです。

怒りのため　身に起きたことに対する怒りが強すぎると、だれかに暴力をふるうしかないと思ったり、自分に暴力をふるうしかないと思ったりするようになります。自分のからだで感じる痛みが、本当は加害者に向けられているのだと想像しながら、自分のからだを傷つけることもあります。なかには、性暴力そのものへの怒りを表わすために自傷をしたり、加害者や自分を守ってくれなかった親への怒りを目に見えるかたちで表わすために自傷をしたりする子どももいます。

母とわたしは、いつもケンカばっかり。母は祖父母に電話をかけて、わたしがどれほどひどい子であるかを話し、愚痴《ぐち》っていたの。超ムカつく！　自殺したい気分、だれかを殺してやりたい気分だった。だから、わたしは工作用のナイフで手首を切ったの。自分がどれだけいやな気持ちでいたのか、見せつけてやりたかったんだ。

スザンヌ、母親の恋人から性的虐待を受けた14歳の少女

罰を与えるため　性暴力を受けたときに、性的な快感を覚えてからだが反応してしまったために、自分のからだに罰を与えなければと思ったり、見抜けなかった自分に責任を感じたりしていることがあります。性暴力を受けたのは自分が悪いからだと思い、自分に罰を与えるために自傷する子どももいます。

僕がリストカットをするようになったのは、両親のケンカが僕のせいだと思ったから。僕さえいなければ、両親は幸せになれるにちがいないと考えたんです。

ジョイ、継父から性的虐待を受けた15歳の少年

醜くなるため　自分の魅力がなくなれば、加害者に傷つけられることがなくなり、解放されるかもしれないと考える子どももいます。わたしが出会ったニコルは、きれいな黄褐色の肌とグリーンに輝く大きな瞳、栗色の長い髪の女性でした。左側から見た彼女の顔は完璧な美しさでしたが、顔を正面に向けると右側の頬にむごいほどの傷跡がありました。ニコルはその傷について、こう語りました。

彼はいつも「君が美しすぎるから、僕は自分を抑えることができないよ」と言いました。だから、14歳のとき、わたしはかみそりで自分の顔を傷つけました。でも、彼はやめてくれませんでした……。それでわたしは、それからの人生をこの顔とともに生きなければならなくなったのです。

> 性暴力について、あなたにはなんの責任もありません。
> だから、被害を受けたからといって、自分を罰する必要なんかないのです。
> どうか、どうか、これ以上もうあなたを傷つけないでください。

助けを求めるため　助けを求めるために自傷する子どももいます。腕の切り傷や足の火傷痕に気づいた人に「どうしたの?」と声をかけてもらって、助けが得られるかもしれないと。

自傷行為は対処方法のひとつです。自分が生き延びるための方法でもあるからです。でも、それは自分を傷つけることにもなります。あなたは加害者に傷つけられるべき存在ではありませんし、自分の自傷行為で傷つくべき存在でもないのです。

自傷行為をやめるのは簡単なことではありません。自分だけではやめられないかもしれません。もし、あなたが治療を受けているのなら、お医者さんやカウンセラーと「次の面接まで自傷行為はしないようにする」と約束するのもいいかもしれません。翌週もまた、同じ約束をするのです。でも、治療を受けていなければ、自傷行為をとめるのはむずかしいでしょう。そうしたら、毎日、自分自身と約束するのでもいいでしょう。「今日一日、自傷行為はしない」と、自分と約束するのです。そして、翌朝も同じ約束をするのです。もし信頼できる友だちがいるなら、毎日、その友だちと約束するのもよいでしょう。[*1] とにかく、自傷をやめることが大切です。あなたは、自分やだれかから、傷つけられてもかまわない存在ではないのですから。

だれとでも寝たり、売春をする

だれとでも寝ることも自傷行為のひとつといえます。なぜなら、だれかれなしにセックスをすることは、自分のからだにはなんの価値もないと周囲に知らしめるようなことですし、あなたが自分のことをクズ扱いしているようなものだからです。そのうえ、不特定多数の相手と頻繁に性的関係をもつことは、さまざまな性感染症やＨＩＶ／エイズに感染する危険性もあります。いつ病気がうつるかわからないという、まるでロシアン・ルーレットのように。「わたしは自分のからだなんて、どうだっていい」と大声で言っているようなものですよ。

女の子の場合、注目を集めるためには「やらせるしかない」と考えているかもしれません。男の子なら、女の子と寝ることによって、自分がどれほど男らしいかを証明しなければならないと思っているかもしれませんね。

あるいは、男の子であろうと女の子であろうと、単に愛情や関心を求めているだけかもしれません。これまでの経験から、だれかの愛情を得るためには性的な関係になるしかないと考えている人もいるでしょう。でも、それはちがいます。あなたはセックス抜きでも、愛し、大切にしてくれ、育ててくれる人と関係を築くことができるのです。そのためにはどうしたらよいか、これから学んでいく必要がありますが、治療を受けるという健康的な選択ができたのなら（あなたも、もうその選択ができたでしょうか）、お医者さんやカウンセラーや、同じ立場の仲間たちが、あなたを助けてくれるでしょう。

愛とは、
傷つけるものではありません。
お金と引き換えに得られるものでもありません。
セックスとは別のものです。

売春の問題もあります。性別にかかわらず、売春をする人たちの多くは、子どもの頃に性被害を受けていたことを明らかにした研究もあります。

売春は、性暴力とは異なるものです。信じていた相手から性暴力を受けたとき、あなたは無力感をいだき、なすすべがないと感じたことでしょう。もし、たとえ自分が望んでいることではないとわかっていながら、欲しいものや必要なものを手に入れるために仕方がないと思っていたとしても、そのような状況にいた時点であなたは被害者な

＊1　訳注　「自傷行為はしない」と約束することで、かえってストレスが高まったり、約束を守れなかったあとに相手と会いにくくなったりする子どももいます。自傷行為をやめたいという気持ちをだれかに話すのは大切ですが、どうやってやめればよいかは子どもによって異なります。ぜひ、信頼できる大人を探して、自傷行為について相談してください。自傷行為をせずにはいられない気持ちについて正直に話し、あなたにとってよい方法を一緒に探してもらいましょう。

のです。つまり、性暴力についてあなたにはなんの責任もありません。でも、売春をするのは、あなたが選んだことです。その選択は、健康的なものではありません。

自分に力があることを感じるために売春をしたり、たくさんお金が欲しいという理由で売春を選んだ人もいるかもしれません。売春によってお金を得ることができても、同時に、望まない妊娠、中絶、ヒモや客からの暴力、刑務所行き、病気、エイズ、あるいは死までも手にしてしまうかもしれません。最終的には、あなたにはなにも残らないかもしれないのです。

たくさんの人と性的関係をもつのと同じように、売春をするということは、「わたしは自分を大切にしていない、わたしはなんの価値も、意味もない、つまらない人間なんだ」と言っているようなものです。こんな考えは、加害者に勝利をもたらすようなもの。だって、加害者が思っていた「こいつは安っぽくて、たいしたことのないやつだ」という考えが当たっているっていうようなものでしょう。そんなこと、絶対にないですからね！　あなたは価値のある人間です。そして重要な存在です。だから、あなたの望みや夢、求めるものはどれも大切です。性暴力や加害者に、あなたの価値が奪われませんように（セックスに関する詳しい情報は、第12章を読んでください）。

向こう見ずになる

暴走行為、大胆になること、警察にお世話になるようなことをしでかすこと、そしてどんなことであれ健康に悪いことをすることは、性暴力を受けた子どもたちによくみられることです。またしてもここで、〈自分なんか価値がないもんオバケ〉がやってきて、あなたは自分の人生なんかもう終わってるとか、どうせ傷つくだけだというふうに、ものごとを考えてしまうかもしれません。

この対処法は、男の子がよく使います。男子は、まず第一に〈男らしさ〉という麻薬にハマるのです。そこに、性被害が付け加わります。だから、性被害を受けた男の子は、ただ自分がどれほど〈男らしい〉かを証明するために、文字通り命を危険にさらすのです。

友だちの運転する車のまえに飛び込んだんだ。やつらはそれ以上、スピードを出さなかったよ。僕はただ、それが危ないかどうか確かめたかっただけなんだ……本当のところ、死ぬっていうのがどういうことなのか、知りたかった気持ちもあるんだ。

ランディ、実母から性的虐待を受けた13歳の少年

完璧になること

〈すごい子ども〉になることで、性暴力に対処しようとする子どももいます。学校では成績優秀、いろんな部活で活躍し、みんなに人気のベビーシッターのバイトもこなし、超責任感もあって、大人っぽい子ども。まるで、カメレオンのように、どんな場面にも合わせられるあなたは、はたからみたら素晴らしい人生を送っているかのように見えるでしょうね。そして、なんの問題もない〈絵に描いたような家族〉を守ろうとして、一生懸命になるのでしょう。問題行動なんて起こさないし、ドラッグやアルコールにも手を出さない。好きなことばは、「順《じゅん》風満帆《ぷうまんぱん》」。

自分の人生はゴミやクズだらけで、それらは全部、掃き出さなくちゃいけないとばかりに完璧をめざす子どももいます。こうした子どもたちは〈いい子でいること〉をめざすので、周囲からも気に入られ、そんな自分には価値があるんだと感じます。

でも、それはまちがっています。あなたは、完璧にものごとをこなしたり、いいことを言ったりするから価値や存在意義があるというわけではないのです。あなたの価値や存在意義は、生まれたときから備わっている贈り

もののようなもの。あなたがどんなことを言われようと、どれほど教養を身につけていようと、自分のことをどう感じていようと、ありのままのあなたに価値があるのです。

完璧主義者は妥協することができません。それが習慣になって、完璧でなければいられなくなってしまうのです。すると、偏頭痛、潰瘍《かいよう》、深刻な〈うつ〉になりかねません。また、自分が望む完璧さを追求するあまり、配偶者や親、友だちをないがしろにするひどい人になりかねません。しっかりやりたいと思うこと自体はよい目標です。でも、そのときに考えてほしいのです。「それによって、なにが犠牲になる？　自分の健康？　それとも人間関係？　人生そのもの？」。

完璧であろうとすると、人のために尽くさなければならず、ほんのわずかな失敗しか許されないと思ってしまいます。宿題をするにも、ほんのわずかなミスもあってはならないというふうに。完璧をめざすのではなくて、できるだけちゃんとやればいいのです。いつも5分間きっちり歯みがきをしなくても、2分だけですませてOKにするとかね。

完璧である必要はないのです。あなたには人間らしさがあり、人間はだれも不完全なのですから。失敗したからといって、世界が終わるわけではないし、あなたの人生がおしまいになるわけでもないし、鬼にさらわれるわけでもないのですよ。あなたは、いつでも価値があり、存在意義のある人間なのです。

自殺

自殺は、性暴力に対する最終的な対処法です。米国でも、年齢を問わずたくさんの人が、その環境から抜け出す唯一の方法が自殺だと考えています。あなたもそう思っているかもしれませんが、自殺は本当の対処行動ではありません。なぜなら、自殺は対処ではなく、すべての終わりなのですから。次ページのイラストに添えられた

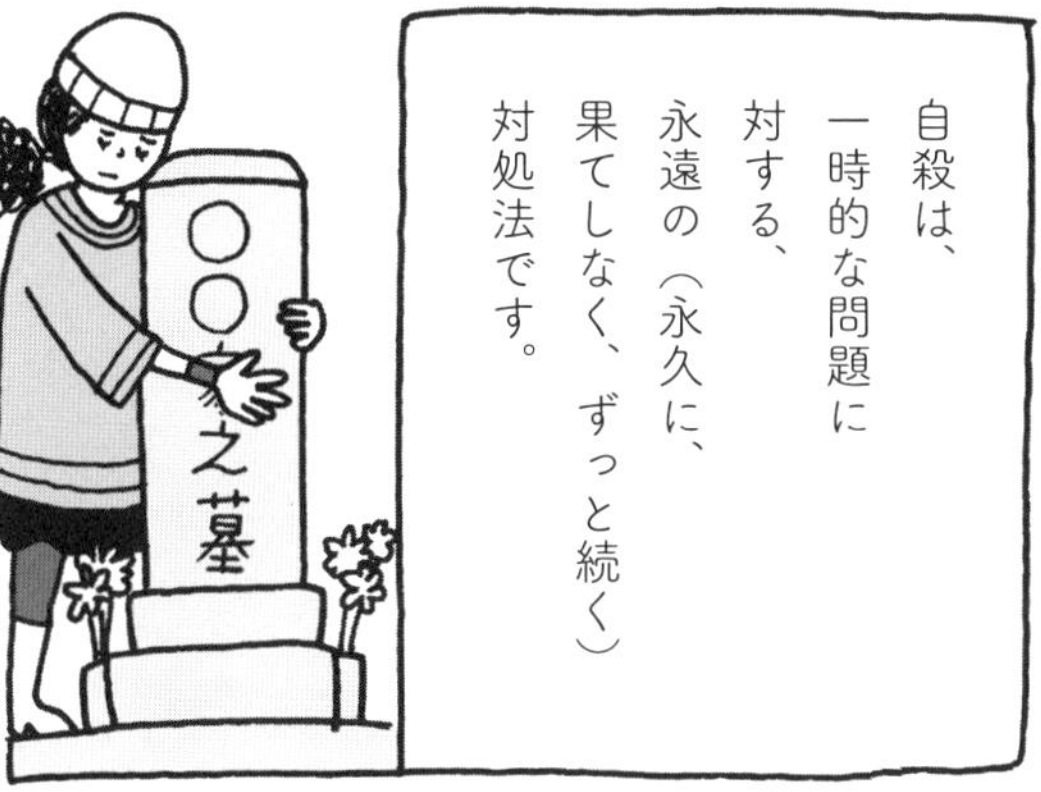
自殺は、
一時的な問題に
対する、
永遠の（永久に、ずっと続く）
果てしなく、
対処法です。

ことばをよく読んでみてください。

ちゃんと読みましたか。自殺は取り返しがつかないってことです。2、3年だけ人生をお休みしておくことではないし、状況がよくなったときに戻ってこられるものでもないのです。死んだあとに自分のお葬式に行ってみて、加害者が自分のしたことをこころから悔やむかどうかを確認するなんてこともできないんですからね。

自殺は、ずっと続くもの、永遠のものです。それに比べて、あなたが逃れたい問題は、一時的な、ほんのひとときのものなのです。今は、そうは思えないかもしれませんね。「ほかに方法がない」と思っているかもしれません。でも、方法はあります。あなたは性暴力をとめることができますし、そのためにだれかにうちあけることもできます（第4章を読んで、うちあける方法を学びましょう）。自殺は性暴力をとめる方法ではありません。自殺することは、加害者をみすみす勝ち逃げさせるようなもの。そんなの、いやでしょう？

自殺について考えてしまうのであれば、以下を読んでみてください。

▼性暴力を乗り越えてきたほかの子どもたちの励ましのメッセージを読みましょう（115ページ）。

▼地元の自殺防止ホットラインに電話をかけましょう。電話帳で〈相

談（カウンセリング）〉の欄を調べるか、見出しがある電話帳ならば〈自殺〉の索引で探しましょう。

▼生きようとする理由をすべて書き出してみましょう。今は、そんな理由は思いあたらないかもしれませんが、ちょっとならあるはずです。たとえば、身のまわりにあなたを必要としている人はいませんか（妹や弟はどうでしょう？　ベビーシッターで面倒をみている子どもは？　お友だちは？　週末に勉強を教えてあげている子どもはどうでしょう？）。来月は、どんないいことがあるかしら（ダンス、大切なデート、就職面接、旅行？）。さぁ、思い切り書いてみて。わたしには、あなたが生きなければならない理由をいくつか挙げることができますよ。あなたがわからないなら、ひとつ教えてあげましょう。それは、「絶対、加害者に勝利させたくない」という強い思いと意志です。これを乗り越えたら自分の人生がどんなふうになるか、好奇心をもって考えてみましょう。あなたは、いつか乗り越えるはずです。性暴力や性的虐待を乗り越えた先の人生が、あなたを待っていることでしょう。

▼自殺したい気持ちを、信頼できる友だちに話してみましょう。できるだけ、その友だちと一緒に過ごして、ひとりきりにならないように。「明日まで自分を傷つけない」と友だちと約束しましょう。

▼その次の日も、友だちや自分と同じ約束をしましょう。

▼112ページに戻って、憂うつ撃退法のリストを見ましょう。

どんなことをしても、自殺だけはしてはいけません。性暴力について、あなたにはなんの責任もありません。あなたは価値のない人間ではないし、悪くないし、あなたは汚れてもいません。あなたが自分に対していだいているネガティブな思いも、事実ではありません。今のあなたは信じられないかもしれないけれど、あなたは価値のある人間なのです。あなたは、今のままで充分価値のある人間です。あなたは自分の価値を認めるだけでよいのです。それがこの本で一番伝えたいことなのです。どうしても、自殺するしかないと思っているのならば、今すぐだれかに助けを求めること。きっとできるはず！　あきらめないで。

自分なりによくやってきた……

あなたがこれまでにしたこと、感じたことは、すべてまっとうな対処方法です。生き抜くためには、どれも必要だったことでしょう。だから、自分がしてきたことに罪の意識をもつ必要はありません。性暴力に対処するためにあなたがしてきたことがどんなことであれ、性暴力に対してあなたにはまったく責任がありません。とはいえ、こう思う人もいるでしょうね。「ええ、でも、あなたはわたしがしたことを全部知らないでしょう。聞いたら、わたしに責任がないなんて、絶対言えないわ」と。

そうではありません！　たとえ生き抜くためにあなたがしたことを知らなくても、わたしや性暴力に取り組む専門家はみんな、あなたには性暴力の責任がないと言い切ることができます。なぜなら、それこそが生き抜くということだったのですから。あなたには価値があります。あなたは存在意義のある人間です。あなたは、罰せられるべきではないし、非難されるべきでもないし、ましてや傷つけられるべきではないのです。

あなたは、性暴力のない人生を送ることができます。この先の人生の可能性を握っているのは、あなた自身です。ですから、今、なんとかしようとやっていることを整理して、あなたの未来を築いていきましょう。

第10章　未来への道を築くこと

性的虐待を受けたことは、あらゆることに影響しています。そのことを考えない日はないもの。

イヴォンヌ、おじから性的虐待を受けた16歳の少女

性暴力はどんな種類のものであれ、被害者の人生にとても大きな影響を及ぼします。それはまるでがん細胞のように、被害者の生活や考え、気持ち、そしてふるまいといったあらゆる面を侵食していくのです。性暴力による影響は、自然と消え去ったり、太陽が沈むように見えなくなっていったり、性暴力がとまった途端になくなったりするものではありません。性暴力は、被害者の人生そのものを圧倒して破壊するものです。

ただし、その影響は永遠に続くものではありません。これは朗報ですね。性暴力が人生に及ぼす影響をコントロールできるのは、あなたです。あなたは立ち直ることもできますし、回復することもできます。そして、未来への道を自分自身で築いていくことができるのです。

ここでは、あなたが今、取り組んでいるかもしれない問題について考えながら、未来への道を築く方法を一緒に考えていきましょう。この本では、あなたのこころの整理をするお手伝いしかできません。セラピー（個別であれグループであれ、なんであれ）こそが、回復のための取り組みをして、さまざまな対処をしていくうえでもっとも適した場であることを忘れないように。いくつかの重要なポイントを挙げていきます。

フラッシュバック

ある日、歩いていたあなたは加害者とそっくりな人を見かけるかもしれません。突然、あなたは震え始め、息ができなくなり、心臓がバクバクして、自分が粉々に砕け散ってしまいそうな感じになります。これがまさにフラッシュバックです。

フラッシュバックはなんの前触れもなく起こります。さまざまなことがフラッシュバックの引き金になります。

どんな種類であれ、青いトラックを見ると早足になってしまうの。

ニッキー、修理工から性被害を受けた15歳の少女

コーヒーの香りやタバコの匂いをかぐと、お義父さんが現れそうな気がする。

ブリアンナ、義父から性的虐待を受けた15歳の少女

彼氏が「おいで、かわいがってあげるから」って言うと、思わず「やめてよ！」って声を荒らげてしまうの。それって、義父が言ってたこと、そっくりそのままなんだもの。虫唾《むしず》が走るわ。

メリンダ、義父から性的虐待を受けた15歳の少女

フラッシュバックは、ちょっとした不安のようなものだったり、性暴力がふるわれた場面に引き戻すようなも

のだったりします。突然、加害者が着ていた服やそのときにいた部屋、窓が開いていたかどうかとか、部屋に置かれた家具の色などが、目の前に浮かぶかもしれません。

またあるときには、フラッシュバックは単に加害者のイメージだったり、圧倒的な恐怖感のようなものだったりします。被害者のなかには、黒い霧に包まれた加害者だけが見える人もいます。視覚的なフラッシュバックはなくて、気持ちだけがよみがえる人もいます。ガタガタ震え始め、突然、汗をどっとかき、思わず這《は》って家具のうしろに隠れようとしたりします。

そのときの味覚や匂いを思い出すことも、フラッシュバックではよくあることです。そのときのからだの感じを思い出す場合もあります。たとえば、背中の下で感じる絨毯《じゅうたん》の感触や、そのときに着ていた服の肌触りなどです。

フラッシュバックは、非常に強力なものなので、我に返るにはとても大きな意志の力が必要なこともあります。奇妙に思われるかもしれませんが、フラッシュバックが起こっているあいだも、会話や自動車の運転を続けたり、ラジオを聴き続けたりしている場合があります。時には、現在のことはすっかり忘れて、フラッシュバックしている過去に完全に入り込んでしまう場合もあります。フラッシュバックは、とても恐ろしいものです。なぜなら、フラッシュバックは苦痛というだけでなく、こんなふうにあっという間に身に降りかかってきて、自分ではコントロールできないものだからです。

実際には、フラッシュバックを避ける方法はありません。最善の対処法としては、今、身に起きているのはフラッシュバックだと理解し、やがて終わるはずだとわかっておくことです。パニックにならないようにしましょう。これはフラッシュバックなのだ、記憶なのだ、実際に性暴力が起きているわけではないのだ、だから傷つけられることはないのだということを思い出し続けましょう。あなたはすでに最悪の状況、つまり性暴力の直下を切り抜けているのです。記憶を切り抜けることもできるはずです。時間が経てばフラッシュバックは収まり、次第に頻繁には起こらなくなっていきます。

喪失感

子どもから大人までさまざまなサバイバーの人たちと話すなかで、共通のテーマが繰り返し語られるのを耳にしてきました。それは、たくさんのものを失ったということ、そして、だまされたという話です。まぎれもなく加害者は泥棒です。加害者は、わたしたちがもつべき権利をたくさん奪い取りました。

回復への道のりを歩むなかで、何度も何度もあなたは選択を迫られます。自己憐憫《れんびん》の落とし穴にはまってそこにとどまるか、それとも、その落とし穴にちょっと落ちたもののそこから這いあがるかどうかの選択です。ここでは、あなたの人生で失われたかもしれないものを一緒に見てみましょう。失われたものを思って悲しんでもかまいません。喪失を悼《いた》んでもけっこうです。でも、最後には、だれもが生き抜くために前進しなければならないのです。

自己価値の喪失

性暴力についてわたし自身がもっとも憎しみを覚えることのひとつが、自己価値を失うことです。自己価値はだれもが持っている権利で、「わたしは大丈夫、自分のことが好き」と語りかけてくれるものです。

性暴力を受けると、自分自身のよいところを見失うようになります。少しずつ「自分なんて大事じゃない」とか「自分には価値がない」と感じるようになります。自分の外見がいやになってくることもあるでしょう。自分のからだを憎むようになったり、自分が男の子であったり女の子であったりする事実そのものが大きらいになっていくかもしれません。

しばらくすると、たとえ学校の成績がよくても、自分のことをバカだと思うようになるかもしれません。自分はおかしいんだとか、みんなの人生は自分なんかよりずっといいはずだと思うこともあるでしょう。自分がいないほうが世の中はマシになる、なんてことまで考えるかもしれません。もしあなたがこんなことを考えているのだとしたら、115ページの励ましのことばを読むか、112ページの憂うつ撃退法のリストを読みましょう。

わたしたちは認められる必要がある

どんな人にも、その人らしさを形づくる特性があります。素晴らしい調整力、知性、人生に対する楽天的態度、しっかりとした意志、芸術的才能など、さまざまなものがあるでしょう。そのなかには、生まれたときから備わっているものもあります。親がやるべきことは、そうした子どもがもって生まれた特性を引き出し、最大限に発揮させることなのです。容易なことではありませんが、親ならしなければならないことです。実際には、むずかしいですけどね。

もしも、だれもその子の素質を発揮するような手助けをせず、子どもを励ましたり、誉めたりしなかったら、その子どもは自分に対してよい感情をいだきながら成長するのはとてもむずかしくなるでしょう。ましてや、だれかが自分の性的欲求を満たすためにその子どもを利用したなら、子どもが自分のことをよく思うことなんて、ほとんど不可能になるはずです。

そのうえに、さらにあなたが自分自身に対して言っているセリフが加わるのです。「あれは、自分のせいなんだ」「わたしがとめるべきだったのに」「僕があれを求めたんだ」「自分は本当にバカだ」「わたしがおかしいの。だって、こんなことふつうの人には起こりっこないもの」などなど。

これじゃあ、自己評価なんてどっかに行っちゃいます。さよなら、自尊心、ですね。

時間ですよ！
いいえ！いつ始めるかは自分で決めるんだから
嘆いたり、悲しんだり、自己憐憫を感じてもかまいません。
どれも、あたりまえの気持ちですから。
ある時点で（そして、いつがその時なのかは、あなたが決めなければなりませんが）、そこから動き始めることが、回復のためには必要です。

こんなこと、あってはならないのです。きっと、これまでもあなたのことをこころから心配してくれた人がいたはずです。家族の友人とか、学校の先生とか、もしかしたらベビーシッターを頼んできた家族かもしれません。こうした人たちは、〈公正な目撃者〉といえます。公正な目撃者とは、あるセラピストが使っている言いかたなのですが、あるがままのあなたを見て、加害者とはちがうことを言い、あなたの家族ともちがうことを伝えてくれる人のことです。公正な目撃者は、あなたが自分自身のことを新たな光のなかで見てみるのを手助けしてくれるかもしれない存在です。

今度、だれかがあなたの外見を誉めてくれたら、「目が悪いんじゃないの？」なんて皮肉で答える代わりに、「ありがとう」って言ってみましょう。なにかむずかしいことがあったとき、「できっこない」と言うのではなく、「やってみよう」と言ってみましょう。すごく変わろうなんて言っていませんよ。ちょっとずつ、ほんの小さな一歩を踏み出そうってことです。

ひとつの段階として、自分の価値を再発見する　自分の価値を見つけるのは時間がかかります。やるべきことを順番通りにやれば、自分の価値が見つかるというものではないからです。自分のよさや大切さを受け入れることは、回復における大きなステップです。まずは、一日だけでもやってみましょう。

自分は醜いという考えを捨てて、からだを毛ぎらいするのをやめるためには、自分のからだのイメージについて考えてみる必要があります。毎日、鏡を見たら、自分の顔のいいところをひとつ口にしてみましょう。髪を切ったり、新しいヘアスタイルに変えたりしてごらんなさい。あなたが落ち着いてながめられるからだの部分を見て、そのいいところを声に出して言ってみましょう（たとえば、「こいつはなかなかの肘《ひじ》だ」というように）。

また、日々の生活のなかで、自分がしたいこととしたくないことをもっとコントロールできると感じられるようになる必要もあるでしょう。自分がやりたくないなあと思うこと（本当は散歩をしたいときに映画に行かなきゃいけないなど）を選んで、「やめとくわ」と言ってみましょう。どう、簡単でしょう？　あら、そんなに簡単じゃなかった？　でも大事なことは、ちょっとずつやってみるってこと。ほんのちょっとずつやるんですよ。このチャレンジは、自己評価を一度にすっかり取り戻すためにやっているわけではありません。いいですか、これを何度も繰り返すことが大切なのです。少しずつだけど、正しい方向に向かっている一歩なのです。セラピーを受けている人は（わたしはあなたにセラピーを受けることを強くお勧めしますが）、セラピストやサポートグループは自己価値を高めるためにすごく大きな助けとなるはずです。

大事なことを言いますよ。あなたはとても価値ある人だということ。あなたには、根性も勇気も強さもある。たぶん、たいていの人よりもあるはずです。だから、それに目を向けてごらんなさい。加害者やこれまで会った人たちに言われたことを信じるのは、もうやめましょう。あなたはかけがえのない、素晴らしく、最高の人なんだってことを、信じてみましょう。

コントロールの喪失

実際のところ、子どもというのは、自分の人生をコントロールするすべを持ちあわせていません。子どもは、からだが必要とすること（食べもの、着るもの、住む場所など）や、こころが必要とすること（愛情、養育、自己価値など）、教育、世界についての考えなどを身につけるために、親や家族に依存しているのです。親がちゃんとしたしつけをしていれば、その子は少しずつ自分で人生をコントロールできるようになります。たとえば、自分の着たい服や寝る前に読む本、朝ごはんに食べるシリアルを、自分で選べるようになるのです。

でも、子どもが性暴力を受けると、自分でなにもコントロールできないと感じます。こうした子どもは、「いや」と言えない状況に置かれていますし、たとえ「いや」と言ったところでどうしようもないからです。こんな子たちは、自分でコントロールできる別のなにかを見つける必要があるのです。自分の持ちものを決まった順番に並べたり、着替えるのに自分なりのやりかたを決めたり。ほかにも、歯みがきのときに円を描くようにブラシを動かしたり、いつも必ず左足から靴をはくなんていう儀式をする子どももいます。

行動化によって、コントロール感を得ようとする子どももいます。行動化というのは、学校で問題を起こしたり、違法行為をしたりすることで、こうすることで親をコントロールしているように感じられるのです。そんな行動をとれば、親は仕事を放り出して子どもを迎えに行かなければならなくなったり、少なくとも親の気を引くことはできますからね。たとえよくないことであったとしても、です。

また、コントロール感を回復するために、食べものを用いる子どももいます。拒食や過食をする子どもたちです。「わたしが食べるものについては、だれにも口出しさせないわ。食べる量を決めるのは、わたしよ」と言って絶食したり、ガツガツ食べまくったあと罪悪感にかられて全部吐き出したりしてしまうのです。摂食障害は、食べものと関係があるのではなく、すべてパワーとコントロールに関係しているのです。

コントロールできていると感じていたいという欲求は、性暴力のサバイバーに共通する気持ちです。あらゆるもの、あらゆる人をコントロールしていたいという欲求があります。うまくコントロールできないと感じると、自分が脅かされたように感じて恐怖を覚えるのです。コントロールしている状態は、被害に対処するのに役立つ方法ですし、大人であれば長所にもなります。どういう意味かって？　つまり、すごい組織力があれば国を動かすことだって可能でしょ。

でも、司令塔にいることには否定的な側面もあるのです。かたくなになり、いつだって自分のやりかたでなければ気がすまなくなるからです。自分のまちがいも認められなくなるかもしれません。もし、子どもを持ったなら、そのかたくなさゆえに、うるさい親になってしまうかも。どこへ行くの？　なにをするの？　だれと行くの？　なんて、つねに相手を管理するような友だちは、きらわれてしまうかもしれません。まずは、コントロールしたいという自分の欲求を自覚して、その欲求をコントロールしていきましょう。

信用の喪失

初めて性暴力を受けたとき、あなたは混乱して、おそらくぞっとしたことでしょう。たぶん、なにかおかしい、なにかよくないんじゃないかと思いながらも、それがなんなのかがわからなかったはずです。加害者は、「このことは、すごくいいことなんだよ」と言いながら、「だれにも言ってはいけないよ」なんて、それがふたりだけのちょっとした秘密なのだとささやいたかもしれません。相手は、それを秘密にしておくために、なにかそれらしい理由を述べたかもしれません。あるいは、まったくそんなことは言わなかったけれど、こっそりしたやりとりだったので、「なんかよくないことかも」とあなたが感じ取ったのかもしれません。こんなふうに、あなたは「なにかおかしい」と直感していたのに、「大丈夫だよ」と言われたわけです。あなたが混乱したのも当然よね！

自分自身が信用できない

何年にもわたってあなたの身に起きたことであるにもかかわらず、周囲から「そんなわけないでしょう」と否定されてきたのなら、あなたはもう自分のことは信用できないとか、人や状況を認識して判断する自分の力は信用に値しないのだと感じているかもしれません。そんなふうに感じながら過ごすのはとても恐ろしいことです。もし、自分のこころのレーダーがあてにならないとしたら、自分の人生をどんなふうにナビゲートしていけばよいでしょう？　手がかりなしに人生を進むなんて、無茶ですよね。あっちこっちにぶつかって、タンコブだらけになっちゃうでしょう。

性暴力を受けている最中に受けたメッセージはすごく強力なものです。「なにも問題ないさ」とか「だれにも言ってはいけないぞ」なんて言われたら、それが頭に残ってしまうのも当然です。

今になって考えれば、そんなメッセージを信じてしまった自分はバカだと思うかもしれませんね。あの性暴力をとめられなかった自分を、恥ずかしく感じているかもしれません。でも、そんなことは全然ないのですよ！あなたは、自分が悪いなんて感じる必要はありません。だって、だれから見たって信じるべき人を信じただけなのですから。いいですか、あなたは子どもだったのです。子どもというものは、自分より大きくて力のある人や大人の言うことをよく聞いて、敬うようにと教えられて育ってきているのですからね。

あなたがしなければならないことは、まず、自分自身を信じることです。あなたの考えや、あのときにおかしいと感じたこと、自分の気持ちや判断を信じること。すぐにできることではありませんが、それも回復の大切な道のりです。ひとりだけで取り組むのはむずかしいものです。セラピストの助けを得ながら、自分自身に対する信頼の根っこを回復させていきましょう。

だれも信用できない　あなたの身近な人、たとえば、福祉や教育、日々の食べものや住まいに関して責任を負うべき立場の人があなたを傷つけたとしたら、いったいどうやって人を信用しろというのでしょう？　身近な人に性暴力をふるわれると、安全な世界はひっくり返ります。あなたの人生にとって重要な人が実は信用ならないとわかったとき、この世はとても恐ろしい場所になってしまいます。

あなたが今、人を信用できないとしても、自分はおかしい人なのだと思わないでください。そう思ってしまうのは当然だからです。性暴力を受けた人にとって、人を信用するのはとても大きな課題です。なぜなら、性暴力は信用をぶち壊すものだからです。性暴力をふるった相手は、被害者が信用していた人である場合がほとんどです。もし、相手が家族であれば、それが信用の問題だということがすぐわかるはずです。家族のだれかが自分を傷つけてくるなんて、これ以上、信用をズタズタにするできごとがほかにあるでしょうか。

再び人を信用することを学ぶには長い時間がかかります。時間がかかるのは、あなたがゆっくりしているからでもないし、克服できない問題だからというわけでもありません。信用することを学び直すのに時間がかかるのは、まさに人間そのものを信用しようとしているからです。人間というのは、いとも簡単にまちがいを犯すし、しょっちゅう失敗したりします。性暴力のような大きなできごとで信用が壊されてしまうと、その後に出会う人には、決してまちがいを犯してほしくないとか、どんなことがあっても怒らないでほしいと望むようになります。そして、いつでも自分の味方になってくれるような、まるでスーパーマンのような人であってほしいと願うのです。

残念だけど、それは無理です。ふだんの生活のなかで、人間というのはだれかを落ち込ませたり、約束を破ったり、傷つけたりして、信用を損なってしまうようないろいろなことをするものなのです。ここでポイントになるのは、そんな人間の過ちや弱さを全部ひっくるめて、人を信用する方法を学ぶっていうことです。ここで話しているのは、加害者のことではありませんよ。再び加害者を信用することは、これとはまったく別の話です。今、話しているのは、あなたの友だちや人生で出会う大人や先生、あなたに関わっている人たちに対する信用について、です。

人を信用することは簡単ではないし、すごく時間がかかります。しっかりカウンセリングを受けて、試行錯誤をしながら、本当に信用できる人を見つけていきましょう。きっと最後には、その人たちに信用というプレゼントを贈れるようになるはずです。

境界線の喪失

暴力的な状況で育った子どもが直面するもうひとつの問題は、境界線（バウンダリー）について学んでいないことです。境界線というのは、人のまわりや持ちもの、気持ち、行動の周囲に引かれている想像上の線のことです。ここまでは入ってきてもいいけれど、これ以上は入れませんよ、ということを人に知らせるものです。たとえば、もしわたしたちが話をしているときに、わたしがあなたに近づきすぎたら、それは境界線を踏みこえていることになります。もしもわたしが、しょっちゅうあなたの部屋に入って、あなたのものを勝手に使っていたら、それも境界線を侵害していることになります。あなたがしゃべっているのにわたしが割り込んで、あなたにいやな思いをさせたら、それも境界線を破ったことになります。ささいなことで境界線を侵害することもあれば、大きなことをしでかして境界線を破ることもあります。境界線を破るできごとのうち、もっとも大きなことのひとつが性暴力です。性暴力は究極の境界線の侵害なのです。

残念なことに、境界線とは生まれつき知っていることではありません。周囲の人が自分をどう扱うかを見ながら学んで育つものなのです。ですから、性暴力の被害者であれば、自分の境界線を大事にしたり、ほかの人の境

境界線いわく、
「ここまではOKだけど、
これ以上はムリよ」

界線を尊重したりするための方法や手がかりを持っていない可能性があります。

そのうえ、さらに重要なことは、あなたが自分の境界線の守りかたを知らないかもしれないということです。ほかの人があなたの境界線を破って入ってこないようにする方法を知らないかもしれないってこと。もしかしたら、あなたは自分の境界線を守る権利があるんだっていうことすら、知らないかもしれませんね。あなたには、自分の手を前につきだして、「ここまではいいけど、これ以上は近づかないで」と相手に伝える権利があるんですよ。

ほかの人に、「いやだ」と言うのは苦手ですか。どうやって「いやだ」と言えばよいのかわからなかったり、自分の気持ちを伝える方法がわからなかったりして、本当はしたくもないことをしていることがありませんか。はっきり言うのがこわかったり、だれかの気分を害してしまったらどうしようと思ってしまって、居心地の悪い状況を我慢していることはありませんか。

いいですか、信じられないかもしれませんが、あなたはほかの人に「いやだ」と言うことができるんですよ。してほしいことを伝えることもできるんですよ。たとえそれが、相手の望みとはちがっていたとしても。そして、だれかに境界線を侵害されて居心地が悪いときには、我慢する必要はまったくありません。残念なことに、あなたは自分の境界線がどこにあるか知らなかったり、どうやって安全に境界線を保てばよいのかわからなかったりするかもしれません。これも、セラピーで取り組むとよいでしょう。

家族の喪失

加害者が父親であったなら、自分には〈お父さん〉なんていなかったと感じるのも、もっともなことです。裏切られたように感じるでしょうし、その喪失を悲しむ気持ちにもなるでしょう。もし加害者ではないほうの親があなたのことを信じてくれなかったなら、両親から二重に裏切られたと感じるでしょう。あなたは、これから加害者である親と、あなたを守るべきであった人と関わっていくための新たな方法を探さなければなりません。

あなたは、性的虐待をした人を失うだけでなく、ほかの家族もまた失うことになるかもしれません。家族に性的虐待の事実をうちあけたら、きょうだいや親戚はあなたの味方になってくれるかもしれませんし、あるいは、あなたの味方になってくれないかもしれないのです！　休日に家族そろって食事ができるようになるまでには、長い時間がかかるかもしれません。もしかしたら、そんな日は二度と来ないかもしれません。

ですが、親や家族の行動によってあなたがなにを失ったかを整理し、新たな健康的なやりかたで、親や家族との関係性を築き直せるかどうかを考えることは、あなたの回復に必要なことです。もしそれができたら素晴らしいですね、おめでとう。無理だったら、残念だったねと伝えたいわ。自分自身の健全さを守るために、家族をあきらめなければならないのがどれほどつらいことか、わたしにはわかっていますからね。

子ども時代の喪失

性的虐待のことでわたしが一番いやだと思っているのは、子ども時代が奪われたこと。何年分もの記憶がそっくり思い出せないの。たとえば、4年生のときのことなんてまったくの白紙。担任の先生がだれだったかってことさえ思い出せないのよ。わたしの子ども時代はなくなり、消え去り、逃げていってしまったみたい。

リンのように、あなたも子ども時代の記憶の一部を失っているかもしれません。あるいは、子ども時代の恐ろしい瞬間はすべて思い出せるけれど、被害を受けていないときのことは思い出せない人もいるでしょう。いやな記憶と混じり合った、よい記憶も残っているという人もいるかもしれませんね。

どんな場合であっても、すべての子どもがもつべき権利、つまり安全な子ども時代を過ごすという権利を失ったことに気づくのは痛ましいことです。そして、どんな人であっても、それを取り戻すことは不可能なのです。

無邪気さの喪失

性暴力を受けると無邪気さも失われてしまいます。無邪気さというのは、子どもが「世界はいいところで安全な場所だ」と信じている気持ちのことです。

幼い子どもにとっての世界は、自分の家や学校、お庭をさします。つまり、そこだけが世界のすべてなのです。子どもの関心は、友だちと遊ぶことや学校に行くことで占められています。子どもにとって、世界はよいところです。性暴力を受けた子ども以外にとっては。

大人が、性暴力をふるいながら子どもにセックスの世界を教えると、子どもの世界は汚されて、無邪気さは消え去ってしまいます。こう言ったからといって、あなた自身が汚れているという意味ではありませんよ。あなたの世界が汚されるという意味です。

無邪気さというのは、知らないということ、ものごとに触れていないということ、害になるようなものが生活に放り込まれないということでもあります。先ほど話したように、だれかがあなたの世界を汚したわけですか

わたしの夢、
このなかに
あったはず
なんだけど……
遺失物

ら、これからそれを解毒《げどく》する方法を見つけなければなりません。

世界は自分を愛し守ってくれる人でいっぱいの安全な場所である、という子どもの見方を変えるのは、ほんの30秒もあれば可能です。いったんそれが起こると、世界は二度と同じものにはなりません。あらゆる街角に危険が潜んでいるように見え、いつだって悪いことが起こる予感がして、幸せなんて自分には関係ないと思うようになるのです。そんな世界観を変えるには、たくさんの取り組みが必要となるのです。

夢の喪失

だれもが、いつかこうなりたい、達成したい、名声を得たいといった目標や希望をもっています。でも、性暴力を受けていると、また被害にあわないようにしたり、回復のために立ち向かったりしていくために、あまりにも多くの時間を使わざるを得なくなります。すると、自分の人生には性暴力やその影響しかないかのように思えるようになります。回復のために費やしている時間やお金を合わせたらいったいどれくらいになるのか、それを考えるだけで腹が立つかもしれませんね。性暴力に対してあまりに多くのエネルギーを費やさなければならないので、よい機会やチャンスがあなたのそばを通り過ぎていくように感じるかもしれません。

回復することと性暴力に対処していくことは、まさに今、あなたが自分自身のためにできる、なにより重要なことです。夢をかなえようとすることよりも、回復や性暴力への対処をしなければならないなんて不満かもしれませんが、永遠に続くわけではありません。今だけです。あなたの夢や目標は、まだそこにあります。そして、それらの夢や目標は、かつてあなたが思い描いていたよりも大きく、いいものになっているかもしれません。なぜかといえば、あなたは自分に価値や存在意義があることに気づいていますし、自分が思い描いたことはなんでもできるんだということを学んだのですから。

気持ち

あなたは、自分の気持ちを感じていますか。気持ちってどんなものかわかりますか。どうしたら自分の気持ちがわかるのか、どうやって気持ちを表現すればいいか、知っていますか。落ち込んだ気持ちと悲しい気持ちのちがいがわかる？　怒りと罪悪感のちがいは？

これらの質問が全然わからないとか、答えられないものがあったとしても、驚かなくてかまいません。性暴力を受けると、気持ちというのはやっかいなものでしかなくなるのです。つまり、気持ちなんて危ないものだと思うようになるってことです。自分の気持ちを感じないようにすることでしか、生き延びるすべがないように感じるかもしれません。だれかに傷つけられても、もはや泣くこともなければ、助けを求めようともしなくなるのです。たしかなことは、あなたのこころのなかはぐちゃぐちゃになっているってことなのです。

麻痺《まひ》した感じ

気持ちは痛みをともないますが、わたしたちは感情をコントロールすることができます。生活のなかでなにかをコントロールするのは、あなたにとってとても重要なことかもしれません。感情を麻痺させて感じないようにすることは、あなたが生き抜くうえで唯一の方法かもしれません。それには、いろいろな理由があるでしょう。問題は、気持ちを感じないようにすればするほど、気持ちを取り戻すのがむずかしくなることです。それに、人生には気持ちを味わいたくなるような、いろいろなことが起こるものです。たとえば、恋に落ちたり、出産したり、子どもをかわいがったりするような。ですから、感情のないゾンビとして生きてもかまわないだなんて、そんな冗談を言うのはやめましょう。いつか、自分の気持ちを取り戻さなきゃいけないって、覚えておいてね。気持ちの問題に取り組むには、セラピーを受けるのが一番です。

〈バカみたい〉に感じること

混乱した気持ちが続くのはおかしなことではありません。加害者に対して、ものすごい怒りを感じる一方で、それでも相手が好きだという思いがあることだってあります。すごく落ち込んで死にたいような気持ちがしていたかと思えば、次の瞬間には超いい気分になったり。まるで、こころのなかにジェットコースターが走っているみたいにね。でも、それは性暴力に対処していることが影響しているのかもしれません。

矛盾する気持ちを感じるからといって、自分はバカなのだと思わないでください。あなたはおかしくなったわけではないし、ひとりぼっちでもありません。あなたが感じていることや考えていることは、性暴力を受けた人たちの多くが思っていることなのです。

深い悲しみを感じること

潮の満ち干きのように、深い悲しみがあなたに打ち寄せてくることがあるでしょう。悲しみの気持ちはどこからともなくやってきて、あなたを打ちのめすのです。あなたは、日々の大半を、泣きたい気持ちで、あるいは悲しみの毛布に包まれているような気分で過ごしているかもしれませんね。

悲しくなるようなことがたくさんあるでしょう。性暴力のことで泣いたっていいし、あなたの人生で失われたものを悼んでもかまいません。あなたが望んでいたようにならなかったことを考えて、悲しくなることもあるでしょう。あなたの身に起きたことを考えれば、深い悲しみが生じるのは、きわめてあたりまえのことなのです。

回復があなたのペースで進むのと同じように、深い悲しみを感じるのも、あなたなりのやり方やペースがあるのだということを覚えておきましょう。今は、ちっとも泣けないかもしれません。一滴の涙も出ないまま、傷が塞がるまでそっとしている必要があるのかもしれません。それでもかまわないのです。1、2年後にひたすら泣きたいときがきても、驚かないでくださいね。深い悲しみは、いつかはあなたのもとにやってきます。それがなにに対する悲しみなのかを理解して、悲しみの気持ちを受け入れましょう。

あなたが自分のために築き上げた世界で安全感を得られるようになるまで、あるいは、セラピストとの安全な関係を見出すまで、あるいは、あなたがだいぶ回復するまで、深い悲しみの気持ちを感じることはないでしょう。いいですか、あなたのこころの準備が整ったときに、悲しみの気持ちと向き合うのです。いつの日か向き合うことになるのは確かです。

警戒心

世界は危険かもしれないと思うようになると、その日を安全にやり過ごすために、感覚をとぎすませ、アンテナを張り巡らせるようになります（セラピストは、これを過剰警戒と呼んでいます）。つねに、加害者がどこにいるか、相手の機嫌はどうか、機嫌が変わるとどんなことが起こるかを考えておけば、身の安全を守るためにどうすればいいかがわかるからです。性暴力を受けている人は、こんなふうに、自分のまわりの状況に〈波長を合わせる〉という人が多いんですよ。

あらゆるものや人を意識しながら、世の中を渡っていこうとする人もいます。あなたは、人が嘘をついていたり、本当のことを言っていなかったりするときに、すぐに気づくでしょう？　ほかの人の痛みや傷つきにも、すごく敏感かもしれません。ほかの人の困りごとやご機嫌をうかがうのが、とてもうまい人もいますよね。あるセラピストは、これを「目に見えないレベルで生きる」と呼んでいます。目に見えない部分で起きていることを察する能力があって、目に見えないところですぐに危険を察知し、逃げられるようにしているのです。

この対処法はのちの人生でとても役に立つ可能性があります。超能力があるように感じる人もいます。自分の鋭いアンテナを活かして、カウンセリングや探偵業、ジャーナリズム、医療分野、人材プログラムなどの職業に役立てる人もいます。

一方で、この能力は、あなたをおかしくさせてしまう可能性もあります。あらゆる人や状況に波長を合わせるのは、すごく疲れることだからです。つねに危険な面を探そうと〈波長合わせ〉ばかりしていると、人やできごとの悪い部分だけに気が向いてしまいます。ですから、この能力をどうやってコントロールするか、場面に応じて使う方法を身につける必要があります。

怒りを感じること

泣きながら、裏庭の階段に腰かけていた夜が忘れられない。「包丁を手にして2階へ上がり、あいつらふたり……おふくろと親父をぶっ殺すのは、わけもないことさ」って、考えていたんだ。

ロバート、実父から性的虐待を受けた14歳の少年

怒りはとても恐ろしい感情です。とりわけ、怒りが身近なだれかに向けられているときには。たいていの子どもは、加害者に向かってこんなことを言うなんて、考えることすらできません。


骨の髄まであんたを憎んでいる。

銃があれば、ぶっ殺してやる。

あんたなんて、げすの虫けらよ。あんたとは、二度と口をきかないわ。

あれは、全部あんたの責任。わたしの責任じゃない。なのに、あんたはわたしのせいだと思わせた。それが憎い。

あんたのアソコを引っこ抜いてやる。

あんたなんて大っきらい。


加害者が親や家族であったなら、こんなことを口にするのはさらにむずかしくなるでしょう。結局、その人と一緒に暮らさなければならないのですから。食べるものも、着るものも、住むところだって、その人に頼らないといけないのです。それだけではなく、自分のことを愛し、大事にしてくれるはずの家族が、こんなことを自分

にしたということを信じたくないという気持ちもあるでしょう。だれだって自分の家族はちゃんとした人たちで、こころの底から家族のことを思っているのだと信じたいものです。加害者がしたひどいことを考えると、なにもかも信じられなくなってしまうでしょう。それはとても恐ろしいことです。

　もしも加害者が家族以外の人だとしても、こうしたセリフを相手に向かって叫ぶのは、同じようにむずかしいことです。「あの素晴らしい、立派な人のほうがまちがっていて、子どもでしかない自分のほうが正しいなんてことがありうるだろうか」なんて、自問するかもしれません。

　信仰をもっている人なら、これまで「父母を敬いなさい」と教えられてきたはずです。父親が支配的である家庭で育ち、その父親があなたを虐待した場合、あなたは言うとおりにせざるを得なかったことでしょう。なぜなら、子どもは父親の言うとおりにすべきだと教えられて育ってきたのですから。女の子なら、こうしたことにもものわかりがよく、逆らったりしてはならないと思って、「平気よ」とやり過ごすべきだと考えたかもしれませんね。男の子なら、力で逆らえないなら怒ることもできないと思い込んでいるかもしれません。でも、ほんの子どもでしかないあなたにとって、加害者はあなたの2倍くらい大きいんですよ。

　すでに話したように、腹立ちや激しい怒りの気持ちをこころの奥に押し込めてしまうのには、いろいろな理由があります。ただ怒るだけならすごく簡単な話ですし、そんなに恐ろしいことではありません。その怒りが、自分や友だちや自分の人生に向けられているときならば。でも、加害者に向ける怒りの気持ちは、それとはまったく別物なのです。

　自分が加害者に怒りを感じていることにすら気づいていない人もいるでしょう。あのできごとについては、もうこころの整理がついていて、「加害者は病気なのだから、怒りをぶつけるのではなく、支援の手を差し出すべきだ」と思っているかもしれません。でも待って、ちょっと考えてみて。あなたがなにに怒っているのか、ちゃんと考えてみましょう。あなたをカッとさせるものはなにかしら？　これまで過剰に反応しすぎることがあると気づいたことはありませんか。ちょっとしたことでキレてしまうようなことがなかったかな？

性暴力や性被害のことを話しているわけではありません。生活のなかのちょっとしたことについて話しているのです。たとえば、宿題をなくすとか、学校でやる劇の役に選ばれないとか、列に並んでいたのに割り込みされたとか、友だちがあなたに電話をするのを忘れたときのことを考えてごらんなさい。どれも命を脅かすような重大な問題でないにもかかわらず、ものすごく激しい怒りを感じる人はいませんか。そんなささいなことで、なんでそんなに腹が立つのかわからない人もいるかもしれませんね。

おそらくそれは、自分の身に起きたことに対して、あなたがものすごく激しい怒りを感じているせいなのでしょう。その激しい怒りは、向けどころがなく、健全なはけ口もないのです。怒りはあまりにも強すぎて、めちゃくちゃにしてしまうかもしれません。その怒りを外に出してしまったら、もうだれにも手がつけられなくなるかもしれません。そう考えると、あなたは自分の怒りの気持ちがこわくなってしまうのです。

さて、ここでよいお知らせがあります。あなたの身に起きたことについて、怒りを感じることはちっともかまわないってこと。あなたがされたことについて、むちゃくちゃムカついたとしても、それでいいのです。ただし、そうした怒りや激しい憤りは、破壊的な方法ではなく、暴力を用いない方法で加害者に直接向けるべきものです。

「もちろん、加害者には腹が立つさ」と言う人。ええ、よく言えましたね。それを聞けてうれしいわ。被害を受けた人のほとんどは、加害者に腹を立てます。問題は、その怒りをどうしたかということなのです。あなたは、安全な場面で加害者と話し合いましたか。自分の感じている怒りについてセラピストに話しましたか。その怒り

を自分自身に向けるのをやめましたか。自分の怒りを調整し、怒りの感情を克服するために、なにかしましたか。

怒りの感情に気づくことと、その気持ちをどうにかすることは別問題なのです。もし、あなたが被害のことをだれにもうちあけず、カウンセリングでも話し合えていないのなら、きっとここで行きづまってしまうはずです。前に進むための唯一の方法は、怒りの根源、つまり加害者についてきちんと考えるほかありません。健全な方法はそれしかないのです。

〈健全〉とか〈怒り〉ということばが同じ文章で使われているなんて、びっくりする人もいるかもしれませんね。多くの人は、怒りを非常に否定的な感情だと思い込んでいます。あるいは、どんなことに対しても、腹を立てる〈権利〉なんてないのだと教えられてきた人もいるでしょう。

でも、ちがうのです。怒りというのは、回復につながる大切な感情であり、だれもが感じる当然の感情なのです。怒りとうまくつきあうための健全な方法をいくつか紹介しましょう。

書き留める　安全な場所を見つけて、そこで文章を綴《つづ》ったり、加害者への手紙を書いてごらんなさい。たくさんの手紙を書くのです。実際に手紙を投函する必要はありません。ただ、あなたの考えや気持ちを書き留めればよいのです。

怒りで煮えくり返って、それを自分に向けたくなったとしても、そうしてはいけません。その気持ちを紙に書き出してみましょう。書くことが役に立たないなら、声を録音してもいいですよ。怒りが収まるまで録音ボタンを切らずに、ムカついていることをありったけ声に出すのです。それを加害者に聞かせる必要はまったくありませんし、そんなものがあるってことをだれかに知らせる必要もありません。ただ、書き出したり録音したりするだけです。

やってみると、驚くほどスッキリするはずですよ。

ロールプレイ　あなたがセラピーを受けているなら（セラピーの場面はとても健全な場所です）、セラピストやサポートグループはあなたが怒りを解き放つのを助けてくれるでしょう。また、ロールプレイをするのもよい方法です。ロールプレイとは、椅子やセラピストを加害者に見立てて、そこにありったけの怒りをぶつける方法です。叫んだり、飛び跳ねたり、汗だくになったり、どんなことをしてもかまいません。怒りをこころのうちに抱え込んでしまうと、その怒りがあなたを蝕《むしば》んでしまいます。ですから、こうして傷口を開いて、怒りを外に出してしまうわけです。

運動　多くの子どもは（大人もですが）、怒りがふつふつとわき始めたら、からだを動かすことが役立ちます。ジョギングをしたり、ウォーキングをしたり、自転車に乗ったり、スポーツをしたり、パンチング・バックを叩いたり、どんなことでもかまいません。カロリーと同時に、怒りも燃やしてしまいましょう。

対決　セラピーを受けているなら、加害者と対決することがあなたにとってもっともよいことかどうか、セラピストと一緒に話し合うときがくるかもしれません。両者が安全に話し合いの席につくことができるかを判断してくれる専門のセラピストがいれば、加害者との直接対決も可能です。勝手にひとりでやってはいけません。とくに、加害者が暴力的であるとわかっている場合は、なおさらです。

これを読んで、今、あなたはこんなふうに思ったかもしれませんね。「ええ、わかったわ。じゃあ、お母さんに言ってやるわよ。『あんたなんか大きらい』って。そしたらきっと、お母さんは泣き出して、『おまえしかいないのよ』なんて言われて、また引き戻されちゃうんだわ」。

いいえ、そうではありません！　また引き戻される必要はないのです。あなたがまた被害者にならないように、怒りの気持ちに助けてもらうのです。加害者が「自分がどうしてあんなことをしたかというと……」と言い訳を始めたら、子どもに性暴力をふるうのに言い訳なんてありえないってことを思い出してください。あなたの記憶があなたの味方になってくれるはずです。相手が、「おまえに捨てられたら自殺するしかない」とか「君の愛がなければ生きていけない」とか、たとえどんな脅し文句をふりかざしてこようと、どんな仕掛けをしてこようと、あなたはそれに乗る必要はまったくありません。かつてと同じ対応や反応を繰り返さないようにするのは、容易ではないかもしれません。でも、セラピストやサポート・グループはあなたに声をかけて助けてくれるでしょうし、あなたが強くいられるように励ましてくれるはずです。

こんなふうに思う人もいるかもしれませんね。「ご冗談を。もし、俺が怒りをぶちまけたら、相手を殺してしまいかねないぜ」って。怒りと暴力は、同じものではありません。もう一度、読んでくださいね。怒りと暴力は、同じものではありません。だから、怒りを暴力的なやりかたで示す必要はないのです。

とはいえ、そんなことはこれまで経験したことがないかもしれません。叩いたり、殴ったり、あるいは物を投げることでしか、怒りを表現する方法を見たことがない人もいるでしょうから。でも、叩いたり、ひっぱたいたり、蹴ったり、殺したりせずに、怒りを表わすことはできるんですよ。暴力を使わなくても、怒りを力強くしっかりと表現することはできるのです。

自分の怒りの気持ちに触れることはとても重要です。怒りの気持ちを無視してしまうと、あなたはその怒りをほかの人に向けてしまうかもしれません。弟や妹、親戚、ベビーシッターをしている子ども、友だち、ボーイフレンドやガールフレンド、あるいは将来出会う夫や妻やわが子に。

あなたの怒りによって危険にさらされる人はほかにもいます。それは、あなたです。さまざまな方法で怒りを自分自身に向けているかもしれません。そして、それは、すべてやめなければなりません。性暴力を引き起こしたのはあなたではありません。悪いことをしたのもあなたではありません。あなたが怒りを向けるべき相手は、あなたではないのです（もし、あなたが、自分自身を傷つけているなら、173ページの自傷の箇所を読んで、どうやってやめるかを知ってください）。

そのほかの問題

この章で書かれていることは、あなたが対処しなければならないことのすべてを網羅しているわけではありません。人生を送るなかで、さまざまな局面において新たな問題が生じるはずです。たとえば、卒業、進路選択、結婚、子どもの誕生、子どもの進学、職業上の成功や失敗、退職後の生活を決めることなど。人生のさまざまな局面を通過するたびに、新たな問題が生じたり、扱わずにいた古い問題の断片が現れたりすることでしょう。

性暴力を受けたときに、子どもが対処しなければならない一般的な問題をお話ししてきました。大人になったサバイバーが直面しなければならない問題について書かれた本を読むことも、とても役に立つでしょう。

もし、あなたが今、この本で書かれていないような大きな問題に直面していたとしても「どうしよう！」と思わないでくださいね。あなたはおかしいわけではないし、ちっとも変ではありません。単に、この本に書かれていないだけのことです。セラピストやサポートグループで、その問題について話してみましょう。きっと助けてくれますよ。

第11章　許すこと——許す？　許さない？

父のことを許したかって？　そんなこと、あるわけないでしょ！　この世には、決して許せないこともあるわ。

アンナ、実父から性的虐待を受けた25歳の女性

許すことなんてできない。だって、そうしたらあっちは、たいしたことじゃなかったんだ、なにも問題ないって思うでしょう。

ケイト、祖父から性的虐待を受けた17歳の少女

僕は許しました。姉がどんなに申し訳なく思っているかを聞くことができたので、姉のことを許したんです。姉が自分のしたことを本当に悪かったと感じているのがよくわかったから。

ジェフリー、姉から性被害を受けた20歳の男性

あなたは、〈許す〉なんてテーマには、まったく興味がないかもしれませんね。あなたは、これまでにほかの人から「許すべきだ」とか、「そうしないとあなたは癒やされない」なんて言われたことがあったかもしれません。アンナのように、世の中には決して許せないことだってある、と思っているかもしれません。でも、これまでに耳にした〈許す〉ということばはすべて忘れて、新たな気持ちでこの章を読んでください。ここでは、「～しなけ

ればならない」とか「〜すべき」なんてことは話しません。許すことであなたに起こる可能性のあることと併せて、許すとはどういうことであって、どういうことではないのだ、といったことを話していきたいと思います。

あなたは、おそらく、〈許し〉というのは自分のためにできることだと考えるなんて、今まで一度もしていないでしょう。これまで、許すことは、いつだって加害者のためのものだと思っていたはず。このまま読み進めてみれば、あなたはきっと許すということを新しい視点で見られるようになるでしょう。

〈許す〉ことは、こういうことではありません

許すことについて、たくさんのまちがった思い込みがあります。まず、〈許す〉ってことはこういうことではない、ということから見ていきましょう。

許すことは、最初にあなたが取り組むべきことではありません

許すことについて書かれたこの章が、本の終わりのほうにあることにお気づきですね。許すことは、回復や癒やしの初期の段階で、いや中期の段階でも、取り組むべき課題ではありません。許すことは、サバイバーが目を向ける、まさに最後にやるべき課題なのです。

もし、あなたが性暴力についてうちあけたすぐあとに許すべきだなんて言われたら、別の人に話をしましょう。許すことは、自分が傷ついたとわかったあとに、あなたを傷つけた相手と直面したあとに、その傷つきに対する怒りが収まったあとに、そして傷つけてきた相手が自分のしたことは悪いことだったとわかったあとに、なされることです。許すことは、そうした道をずっと歩んでいった先にあるものなのです。

許しとは、
・最初にすること
・簡単にできること
・すぐにすむこと
・忘れること
・正当化すること
・信用すること
・自分が弱くなること
・自分が安全ではなくなること
・計画表通りに進むもの
ではありません

許すこととは、一度に全部やりきるものではありません

許すことは、あるひとつの場面で、ある一回のやりとりで、加害者が責任を果たすための一回のセッションで、またはセラピストや宗教指導者が立ち会う一回の会合で、なされるようなことではありません。許すには時間がかかります。たくさんの段階を踏む道すじなのです。そして、時期が熟す前になされた許しは、〈偽りの許し〉で〈中途半端な寛大さ〉にすぎないのです。

許すことは、簡単ではありません

「もしあなたがこころから許したいと望んでいるなら許せるはずだ」と、まるで許しが意志の問題であるかのように言う人がよくいます。それはちがいます。許すことは、わたしたち人間が自然にできるようなものではなく、おそらくは、やろうと思ってもできない、ものすごくむずかしいことのひとつに挙げられるようなことなのです。自分の痛みに目を向け、怒りや憤怒の感情をつのらせ、自分を傷つけた人に仕返しをしようと企てるほうが、ずっと簡単です。これだけの思いを手放すことを選択するのは、本当にむずかしいはずです。意志さえあれば許せるはずだなんていうばかげた言いぐさは、なによりもわたしたち被害者のことを傷つけるものです。

許すとは、忘れることではありません

これは、許すことについてもっともよくある誤解かもしれません。多くの人が、悪いことをした人を許したなら、過去になされた悪いことも忘れなければならないと考えています。でも、ちがいます。あなたの記憶からそのできごとを拭い去って忘れるなんて、不可能です。そんなことできるはずありません。どんなにセラピーを受けても、どんなに時間が経っても、その被害の記憶の影はいつまでも残ります。被害の時のことを思い出しても傷つかずにすむように、その記憶にまつわる感情を手放すうまい方法は学べますが。

被害者をとことん苦しめるのは、性暴力の事実というよりも、むしろ被害という事実にまつわる憤怒、恐れ、脅迫、裏切り、喪失といった感情なのです。そうした感情を手放すこと、くよくよ悩むのをやめること、やたらと気にしないようにすること、過去をふり返らないこと、さまざまな感情にハマってしまわないようにすること。許すのは、こんなにもむずかしいことなのです。

許すとは、正当化することではありません

この章の最初に紹介したケイトのように、許すことによって、加害者にまちがったメッセージが伝わってしまうことを恐れる人は、もし自分が相手を許したら、相手はあのできごとは本当はそんなに悪いことではなく、「たいしたことではない」と考えてしまうのではないかと心配なのでしょう。でも、許すということは、あの性暴力は起こらなかったのだというふりをすることではありませんし、性暴力はあなたを傷つけなかったということでもないですし、加害者が自分のしたことに責任をとらなくてもよいということでもありません。

子どもが「加害者が罰せられるのを見たい」と言うと、「報復をしたいのね」とか「許していないんだな」なん

て言われます。こう言われることに対して、わたしがこれまでに聞いたなかでもっとも素晴らしいコメントは、知り合いからひどい暴力をふるわれていた14歳の少女のことばです。その少女は、「加害者のことは許したけれど、刑期を終えるまで刑務所に入っているべきだ」と思っていました。そして、まわりから「許したっていうのに相手に償いをさせたいって、どういうこと？」と聞かれたとき、こう答えました。「許したからといって、相手のしたことが正当化されるわけじゃない。あの人は自分の償いをするべきよ。もし、4歳の子どもがマッチで火遊びをしたなら、みんなその子を許すでしょう。その子は火遊びが悪いことだと知らなかったのだから。でも許すのと同時に、その子がマッチで遊ぶのは悪いことだと学べるように、お尻ペンペンしたり、部屋の隅っこに座らせたりして、その子のことを叱るでしょう。彼（加害者）だって同じように、自分がしたことが悪いことだって学ばなければならないと思うの」。

わたしに言わせれば、これはとっても素晴らしい考えかたです。刑務所に入るとか、カウンセリングを受けるとか、家から出すといった、なんらかのペナルティを加害者に課すことを望むのは、それ自体、悪いことでもないですし、そうしたからといって許すことの妨げになるわけでもありません。加害者は自分がふるった性暴力の結果を引き受けることから逃れたら、なにも学べません。加害者にきちんと自分の責任をとるように伝えることは、実は、相手に対するもっとも愛のある共感的な行為でもあるのです。

許すとは、加害者を再び信用することではありません

加害者を許すということは、すなわち相手を再び信用することだと思っている人がいるようです。全然ちがいます。この二つは、きっぱりと分けて考えるべき問題です。許すということは、壊れた関係性の破片をホウキで掃いて片付けて、新しい関係性を築く場所を作るようなものです。その新しい関係性のなかに、あらかじめ信用

が含まれているわけではないのです。

信用するというのは、人間関係を重ねてようやく得られるもので、はじめから自然にあるものではありません。信用というのは、人が努力して作るものであり、加害者はあなたの信用を勝ち取る努力をしなくてはならないのです。結果的に、あなたがまた加害者を信用できるようになるかどうかは、わかりませんが。

許すことは、あなたを弱くするものではないし、危険にさらすことでもありません

許すと、相手が優勢に立って、自分はまた弱い立場に置かれるんじゃないかと思う人もいます。そうではありません。許すということは、あなたを、つまり、許すという行為をしている人を力づけるものなのです。読みまちがえないでくださいね。あなたを力づけるんですよ。だれかほかの人に対して行使する力を与えるということではなく、あなた自身のなかに力を湧き立たせるのです。

許すとは、自分がどうするかを選ぶことです。つまり、自分の気持ちを解き放つかどうか、それを自分で選ぶことなのです。くよくよ悩むのをやめるか、前進し続けるかどうか、それを自分で選ぶことなのです。こうしたことは、とてもむずかしい選択になるはずです。もし、あなたがこうした大変な選択をしているとすれば、あなたはまちがいなくタフで、とても強くて、うんとパワフルだってことになるんですよ。

そして、許したせいで危険にさらされるかどうかについて。許したからって、あなたは、とんまになったり、常識的な判断ができなくなるということではないんですよ。いいですか。許すとは、信用することではありませんでしたね。だから、許したといっても、相手とふたりきりにはならないとか、性暴力がまた起こりうるような状況には陥らないようにするという選択をすることができるんです。それは、許していないということではありませんし、報復しているわけでもありません。ましてや、あなたのこころが狭いということでもないのです。単

に、賢い方法をとっているだけなのです。

では、許すというのはどういうことなのかを、考えてみましょう。

「許す」とはどういうことか

はっきりいって、許すとはこういうものではないと説明するほうが、許すとはなにかを説明するよりも簡単なんです。なぜなら、許すというのはすごく幅広いものだからです。でも、なんとか説明してみることにしましょう。許すとはどんなことかを、少しでも具体的に示してみたいと思います。

許すとは、行動することです

許すことは、感じること以上のものです。許すとは創造的な行為です。そして、あなたが、許すとはどんなことなのかを決めなければならないのです。クラリッサ・エステスが『狼と駈ける女たち――「野性の女」元型の神話と物語』という本（1998, pp. 511-512）のなかでこう書いています。

> 今のところは許すことができる、その時までは許せる、次の時までは許せる、許すけれどももうチャンスは与えない――もう一度、どういうことかを知る、もう一度だけチャンスを与える、いくつかのチャンスを与える、多くのチャンスを与える。もし～ならチャンスをと、さまざまです。

許すとは、プロセスです

許すという行為には、たくさんのステップがあります。すべてのステップを進む人もいるし、わずかなステップだけ進む人もいます。何度も何度も、同じステップを行ったり来たりする人もいます。許すのに、時間制限やスケジュールなんてありません。あなたは、自分のペースを保ちながら、どのステップを飛ばすか、どのステップはやり直すかを決めていくのです。許しのプロセスは、あなたの人生のなかでずっと続いていくものだと理解しましょう。つまり、なんらかの許しがつねに起こっている可能性があるのです。

許すために、もっとも大切なステップや土台には、次のものがあります。

- 自分が被害者であったことを理解する。
- 自分の怒りや憤怒の気持ちを知り、それらの気持ちについてよく考える。
- ものごとは変えられる、そして自分は二度と性暴力を受けないと望む権利があることを知る。
- 正義を追求する権利があることを知る。

こうしたプロセスを経なければ、あなたは〈偽りの許し〉をしたり、〈中途半端な寛大さ〉を示すだけで終わってしまい、それは、加害者にとっても、あなたにとっても利益になりません。

許しのプロセスのもうひとつの側面は、ものごとをハッキリと見られるようになることです。許しに向かって進んでいくことは、古いメガネをはずし、新しく検査して作ったメガネをかけるのに似ています。こうすることで、あなたはものごとをもっとハッキリと見られるようになります。新しいメガネを通して、性暴力をありのままに、ゆがみなく見ることができるのです。それに、加害者のことも、ゆがみなくありのままに見られるようになります。それによって、性暴力があったということ、やったのはだれなのかということ、そしてこの二つは変えられない事実なのだとわかるようになるのです。

でも、同時に、あなたが変えられることも見えるようになるはずです。つまり、性暴力について考えるのに、どれほど長い時間を費やすのかということや、自分のいだいている怒りを回復に役立てるのか、それとも自分を消耗させるものにするのか、辛辣《しんらつ》になって復讐心に燃えるのか、それとも痛みから前進し始めるのかということなどです。新しいメガネは、あなたの人生にある可能性をできるだけ大きく見せ、人生への負の影響を縮小して見せてくれます。

さあ、しっかり聞いてくださいね。わたしは、あなたが受けた影響（傷つきや痛み）を小さく見積もりなさいとか、否定しなさいとか、ごまかしなさいとか、過小評価しなさいと言っているわけではありませんよ。もっと扱いやすいかたちにしなさいと言っているのです。こうすることで、激しい怒りや恨み、つらみ、仕返しを望む気持ちといったつまずきの石を道の脇にどけて、あなたは許しとともに前進することができると伝えたいのです。

許すとは、自分のためにすることです

許すとは、加害者のためにするものではないということをよくわかっておくことが大切です。許すのは、あなた自身のためにすることです。加害者は、許されることなんて望んでいない場合もあるので、このことを覚えておくのは大切です。加害者は自分が悪いことをした

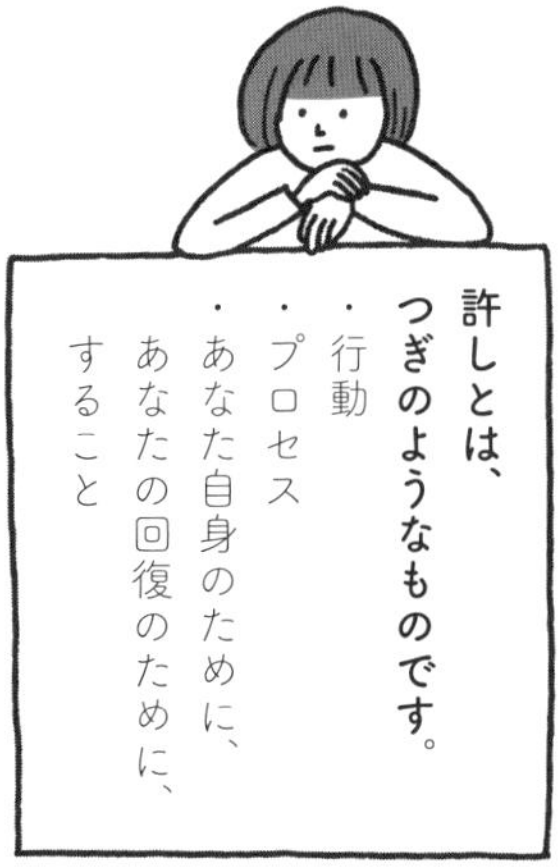
許しとは、
つぎのようなものです。
・行動
・プロセス
・あなた自身のために、
あなたの回復のために、
すること

とは認めないばかりか、許される必要なんてないと思っていたりします。加害者がどう思っていようと、もしあなたが過去から自由になるために許そうと思っているなら、それでいいのです。

前に言ったように、許すということは回復への道のりの、ずいぶんあとのほうに登場する問題です。飛びついてはいけません。焦ってやってもいけません。加害者があなたの許しを受け入れようと受け入れなかろうと、あなたが自分自身の回復への道のりを進むために、許すことを選択するときがいつ来てもいいように準備しておきましょう。

和解

許しと和解は同じ意味であると思っている人や、どちらかをすればもう一方もしたことになるのだと考えている人は少なくありません。でも、ちがいます。許すというのは、つらさや復讐心を手放し、あなたを傷つけた相手に恨みを向けるのをやめることをいいます。一方、和解とは、調和や交流、つながりを取り戻すことを意味します。そして、和解は、許しが生じたあとにのみ起こるものです。

正直に言うと、和解は必ずしも可能とは限りませんし、また、つねに最善の選択というわけでもありません。なぜなら、加害者は良心の呵責《かしゃく》をいだくことなく、ただ単に、ものすごく悔やんでいるだけのことがあるからです。和解が成立するためには、良心の呵責《かしゃく》と悔恨の両方が必要です。

悔恨とは、加害者が自分のした加害にようやく向き合えたときに、しばしば感じられるものです。自分がしたことに対して申し訳なく思うことは、とてもスッキリする体験（カタルシス）であるため、加害者はとてもすがすがしい気持ちになれます。だからといって、必ずしも加害者が変わるわけではありません。一方、良心の呵責は変化を伴うものです。良心の呵責ということばは、非常にむずかしいことばに聞こえるかもしれません。でも、良心の呵責とは（『メリアン・ウェブスター辞典』の説明によると）、自分が悪いことをしたことについて深く悔いることや、自分自身が悪い存在であるのをやめて自分の行動を変えようと打ち込むことをいいます。

一言でいうなら、悔恨とは気持ちであり、良心の呵責とは行為なのです。悔恨とは、こんなふうなことばで語られます。「ああ、自分がしていたことはなんて悪いことだったのだろう。相手を傷つけてしまったことは本当に申し訳なく思っている」。良心の呵責とは、自分がもう二度と過去にやったような方法でだれかを傷つけたりすることなく、その人の人生を真面目に大きく変化させていくという目に見えるものです。わたしは、悔恨が本物ではないとか、必要ではないと言っているのではありません。悔恨は、加害者が健全に変わっていくうえで通る、最初のステップである場合もよくあります。わたしが言っているのは、悔恨は、あくまでも最初のステップにすぎないということです。良心の呵責は、和解という大変な作業のためのたくさんのステップのことなのです。

さらに、良心の呵責は、被害者の目に見えるかたちでなければなりません。加害者は、自分が変わるために精一杯カウンセリングに取り組み、その変化が、結婚生活や仕事上の人間関係、社会的なつながりにおいてはっきり見えるものであるべきです。でも、もしも被害者に対する態度に変化がはっきり見えないなら、和解など成立しないでしょう。

残念なことに、加害者は、被害者にとって目に見えるかたちで変われないこともあります。被害者にも権利や期待というものがあるのだと思えない加害者もいるからです。

継父は、わたしのことを支配できると思い込んでいます。そんなわけないじゃない。わたしはもう、継父と一緒には暮らさないし、今後一切、関わらないつもりです。でも、継父は、「俺はまだおまえの父親なんだ。おまえは父親である俺の言うことを聞くべきだ」と言っています。

マリッサ、継父から性的虐待を受けた15歳の少女

加害者が変化しているということを、被害者が受け入れられない場合もあります。

母は、自分のボーイフレンドはもう前とはちがうんだって言い続けています。ソーシャルワーカーが指示したことは、すべてやったのだって。でも、私はあいつと話したくないし、一緒にいたくないし、会いたくないし、絶対にあいつとは一緒に暮らしたくないんです。

ステイシー、母親のボーイフレンドから性的虐待を受けた15歳の少女

また、被害者が癒やされるまでに必要な充分な時間が経っていない場合もあります。

僕の兄は、こんな感じさ。「ああ、そうさ。おまえをやったのは俺だよ。でも、一緒に暮らして、うまくやっていこうぜ」。いや、悪いけど、僕にとってはそんなに簡単なことじゃないんだ。

ブライアン、兄から性被害を受けた16歳の少年

和解は、それぞれの立場によって見えかたが異なるもの

和解とは、加害者と被害者が再び一緒の家で暮らすことを選択するとか、毎日会わないにしても、たまの訪問はOKにするというようなことだと思われるかもしれません。あるいは、和解とは、加害者と被害者が一切の関わりを絶ち、別々に生きていくのに同意することのように思うかもしれません。ここでのキーワードは、〈同意

する〉ということばです。どちらの側も、和解とはどのようなものなのかについて、同意していなければなりません。どんな和解をするかを決めるのは被害者であり、加害者はその決定を尊重しなければなりません。その境界線をだれが決めるのかにかかわらず、どんなときにも同意が必要です。

和解とはこういうものだと、きっちり決まっているものではないということをお忘れなく。許すことと同様に、和解もまた〈進行中の作業〉なのです。今はこんなふうだけれど、あなたが成長・回復するにつれ、また、加害者があなたの信頼を勝ち取ることができる（あるいはぶち壊す）につれ、まったくちがうものになる可能性もあるのです。許しや和解が、あなたの人生においてどんなものになるのかという輪郭を描いてみましょう。でも消しゴムは手元に置いておきましょうね。許しや和解の輪郭は、どんどん変わっていくものですからね。

では、最後にもうひとり、許しが必要となるかもしれない人のことについて、お話ししましょう。

自分自身を許すこと

ちょっと待ってね。落ち着いて。そう、わたしは、これまで繰り返し、「あなたに責任はない。あなたはなにも悪くなかった」って言ってきましたよね。だから、あなたはこう問い返してもいいんですよ。「自分自身のことを許さなければならないって、いったいぜんたい、どういう意味？　わたしはなにも悪いことはしていない。そう言ってたじゃない？」。

ええ、ちゃんと覚えていますよ。あなたは百パーセント正しくて、なにも悪いことはしていないって。でも、あなたはこころの底から、それを信じられている？　いろんなことで自分を責め立てていないかしら？

ほら、ほら、正直になりましょう。あなたは、あの性暴力のことをどう思っていますか。恥ずかしい？　自分の責任？　自分がとめるべきだった？　もしそんなふうに思っているなら、どうか自分を許してあげましょう。

本当のことを信じていいんだって言ってあげましょう。つまり、性暴力はあなたの落ち度ではなかったし、性暴力をとめることはあなたの力だけではできないことだったんだって、自分に言ってあげるのです。

自分の気持ちを麻痺させるために使ってきたドラッグやアルコールについて、どう思っている？ 不特定多数の相手と寝てセックスをしていたことについては？ 自分のことをバカだとか、安っぽい人間だと思ってない？ そう思っているなら、自分を許してあげましょう。ほかの人はだれも対処する必要のないことに対処してきたのだということを、（必要なら何度でも）思い起こしましょう。

あなたが自分を今なお鞭《むち》打っている問題がなんであれ、あなた自身を傷つけることは、もうやめましょう。あなた自身のことを許すのです。あなたがこれまでにしてきたことは、本当はしたくなかったことなんじゃないでしょうか。これから先、もっとよい対処法を探すのだと決意しましょう。そして、進んでいくのです。

自分を許すことは、自由になるということです。あなたが、言い続けてきた数々の嘘から自由になり、恥や責任といった気持ちから自由になり、あなたがしてきたかもしれない過ちから自由になるのです。

クラリッサ・エステスがこう言っているように、あなたは、自由に、自分の人生を進んでいけるのです。今までのあなたの人生はこうじゃなかったですよね。「〈以後幸せに〉とはならないかもしれません。けれども新しい〈昔、むかし〉が今日からあなたを待っているのは確かなのです」（前掲書。p. 512）。だから、あなた自身を許し、あなたの人生を歩んでいきましょう。

第12章　セックス――セックスってなんだろう？

わたしは、自分のことを大事にしてくれる人を求めているの。でも、結局いつもセックスをしておしまい。人は、セックス抜きで、ただ愛するってことはできないの？

ジョージア、兄から性被害を受けた14歳の少女

セックス。これは、まちがった意味で使われがちなことばです。セックスということばは、まちがった意味で使われるばかりか、誤解されたり、ゆがめられたりしがちです。幼稚園児にもなれば、本当の意味はわかっていなくても、秘密めいたことばであることを知っています。広告でもセックスのイメージやアピールがふんだんに用いられています。被害者は、セックスとは自分を傷つけるもの、あるいは自分が欲しいものを得るための手段だと学んでしまっています。

この本では、すべての章を通して、性暴力から性的に回復していくことについて書いています。なぜなら、ひとつの章だけで性的な回復について話すことなんて無理だからです。からだのいろいろな部分のこと、生理や妊娠など、あなたが知りたいことはいろいろあるでしょう。それに、セックスのやりかたなんてことも。でも、わたしはそうしたすべてをここで書くことはできません。

あなたは加害者から受けたセックスについての否定的なメッセージすべてを取り上げることもできません。それだけでなく、わたしたちの社会では、映画や雑誌、音楽やテレビのなかでセックスの否定的なイメージがあふ

れていますが、それらすべてを説明することも不可能です。

この章でめざしているのは、あなたにこれまでとはちがう見方でセックスについて考えてもらうことです。では、一緒に、〈セクシュアリティ〉ということばから始めてみましょう。

セクシュアリティとは

セクシュアリティを理解すること。これは、性暴力があなたの性的アイデンティティに及ぼした影響に立ち向かっていくうえで、最初にしなければならないことです。もちろん、すぐに理解できる人なんていませんし、簡単な内容でもありません。でも、セクシュアリティを理解することは、ボーイフレンドやガールフレンドや未来のパートナーのためではなく、まさに、あなた自身にとって大切で価値があります。なぜなら、あなた自身とあなたのセックスに対する考えかたは、どちらもとても大事なものだからです。

まず、セクシュアリティはこういうものではない、ということから考えてみましょう。セクシュアリティとは、セックスをすることとはほとんど関係がありません。セックスアピール、つまり、からだのラインが出るようなジーンズをはいたり、歩くときにお尻をふったりすることでもありません。セクシュアリティは、性器に関することではないし、性器でなにをするとかしないかということでもないのです。セクシュアリティは行動ではありません。

セクシュアリティとは気持ちなのです。自分自身や世のなかや性についてどう感じているか、身のまわりの人たちやものごとにどう応じているか、ということなのです。セクシュアリティには、知的な面、身体的な面、スピリチュアルな面、情緒的な面など、あなた自身に関するあらゆるものが含まれています。セクシュアリティは生まれつき備わっているものです。お金で買えるものでもないし、盗んだり、借りたりできるものではありません。あなたは、すでにセクシュアリティを手にしているわけですが、セクシュアリティをもっとしっかり自分のものにして、セクシュアリティをよりよく用いる方法を学ぶためには、サポートが必要かもしれません。

この章では、セクシュアリティについて学んでほしいことが四つあります。

1. **知的な側面**：セックスとはなにかを知ると、性暴力についても理解できるでしょう。だから、セックスについて見直す必要があります。
2. **身体的な側面**：性的な願望や欲望はどれも自然なもので、恥ずかしいと思う必要はありません。からだが性的に反応して気持ちよくなることも、身体的なセクシュアリティの重要な部分です。
3. **スピリチュアルな側面**：セックスは、ふたりでする、もっとも親密でプライベートなことです。お互いに深く分かちあえたり、つながることができる機会にもなります。こうした体験ができるのは、ふたりともセックスを価値あるものと考えているときだけです。あなたはセックスにどんな価値を置いていますか。自分自身にどんな価値を置いていますか。あなたは「いやだ」と言う権利を大切にしていますか。
4. **情緒的な側面**：性的なアイデンティティについてよい感情を持つことは、自分のアイデンティティについてよい感情を持つうえで大切なことです。

セクシュアリティの知的な側面

わたしたちが異性をどう見るか（異性は安全な存在か、危険な存在かといった捉えかた）、どんなステレオタイプを

見過ごされがちですが
脳はセクシュアリティ
の重要な一部です

持っているか（性被害を受けるのは女子だけで、男子は加害者側にちがいないといった思い込み）、セックスについての信念（セックスはよいものとか、悪いものだという考え）、そして、セックスをパワーであるとか、人を操るための方法だという捉えかた（武器としてのセックス）はすべて、からだのある部位によってコントロールされています。それは脳です。脳が性的な器官だなんて、思いもよらなかったかもしれませんね。でも、脳はセクシュアリティの重要な一部なのです。ふだん、見過ごされがちですけどね。

性的なファンタジーを想像したり、ポルノグラフィーの画像を思い浮かべたりするのが脳だと言っているわけではありませんよ。セックスについて考えを見直したり、作り直したり、書き換えたりするような脳の能力について話しているんですよ。

セックスを定義する新たな方法

人間関係や家族、子育てに関する本をたくさん書いているケヴィン・リーマン博士の本のなかに、『セックスはキッチンで始まる』という面白いタイトルのものがあります。結婚した夫婦のための本なのですが、セックスとは性行為をする以上に、もっともっとたくさんのことが含まれているのだという前提で書かれています。セックスは、愛と献身、誠実さ、思いやり、礼儀、尊敬に関するべきことで、寝室に行くずっと前から生活のなかでセックスはすでに始まっているのです。

リーマン医師は、セックスとは、日々の生活のなかで、あらゆる方法でお互いを大事にし合う関係のうえに成り立つものだと考えています。それがなければ、セックスは、本来の中身を伴わないものになってしまいます。

セックスは、虐待と同じではありません。
セックスは、性行為をするということ以上の意味をもっています。
セックスは、人間関係のすべてではありません。
セックスは、人間関係のほんの一部なのです。

ここでちょっと、あなたが思うセックスの定義、つまりセックスとはなにか、なにがセックスではないかということについて考えてもらいましょう。「あるべきセックス」と「こんなはずじゃなかったセックス」というリストを作ってみました。リストを読んで、「こんなはずじゃなかったセックス」の欄に書かれたものについて、あなたにとってのセックスがあてはまるかどうかを考えてみてください。

あるべきセックス	こんなはずじゃなかったセックス
よいもの	悪いもの
楽しいこと	汚いこと
喜びに満ちたもの	恥じるべきこと
気持ちいいこと	苦痛なこと
安全なもの	危険なもの
プライベートで個人的なこと	秘密にすべきことでコソコソするもの

いつでも「やめて」と言えること	自分の思い通りにはならないこと
贈りもの	武器
お互いの同意があること	報酬や従わせるためのご褒美
相手と〈ともに〉すること	相手の〈ために〉すること
〈したい〉こと	〈しなければならない〉こと
情緒的でスピリチュアルな〈うえに〉身体的なこと	ただ単に身体的なこと

どう？　すごくおもしろいリストでしょう。あなたはこれまで、セックスが喜びに満ちたものだなんて考えたことある？　楽しいこと？　お互いの、ですって？　セックスは〈しなければならない〉こととか、する必要のあることという考えかたについて、どう思う？　セックスは、〈したい〉からすることなんですよ。ふたりの人間が、お互いに「いいよ」と言ったあとで、〈ともに〉するのが、セックスなのです。

あなたの経験では、セックスは、まさにあなたが生きるうえでの武器や通貨の役割を果たしていたにちがいありません。「あるべきセックス」のリストをもう一度見て、ポジティブな見方で、セックスについてイメージしてみましょう。もちろん、もし、あなたがまだ被害にあっているならば、こんなふうにイメージするのはとてもむずかしいはずです。なにより、性暴力が起きているあいだは、性的な回復なんて不可能です。だれかにうちあける方法と被害をとめるためにすべきことが書かれた章をもう一度読んでみて。きっと、回復のために進んでいけるはずですよ。

古い考えを変える方法

残念ながら、ただ考えたり読んだりするだけでは、セックスについての態度や考えを根本から変えることはできません。今まで持っていた古い考えをやめて新しい考えにしていくには、時間もかかりますし、練習も必要ですし、かなり意識して変えなければならないからです。セックスについての態度や考えを変えるためには、このどれもが必要です。でもきっと、時間をかけて取り組む価値があるはずです。

そのために役立つ方法をいくつか挙げてみましょう（Maltz, 1991, pp. 104-107）。

1．〈暴力的な性〉の考えかたを強めるような音楽や本、映画、テレビ番組、雑誌、そして人を避けましょう。ポルノ映画や本、雑誌などには、明らかに暴力的な性が描かれているものがあります。そんなに露骨ではないものもあります。あなたが観ているテレビ番組や映画、読んでいる本について、「これは女性について、どんなふうに言っているんだろう？ あらゆる人に敬意をもった内容だろうか。描かれているのは、お互いが望んだうえでの性行為なのか、それとも性暴力なのか。セックスが武器として用いられていたり、相手を支配する手段として使われていないか」と、意識的に考えることから始めてみましょう。もし、暴力的な性が描かれているなら、別の種類の娯楽を見つけましょう。

あなたが聴いている歌はどうでしょう？ 女性が前向きに描かれていますか。ふたりが愛し合い、礼儀正しく、尊敬し合った態度で関わることをよしとする内容でしょうか。もしちがうなら、別の歌を聴いてみましょう。たくさんの友だちが楽しんでいるものならば、自分だけちがうものを選ぶのはむずかしいかもしれません。でも、ほかにも楽しめるものはあるんですよ。それに、〈武器としてのセックス〉を売りにするような商売に対して

古い考えを変える方法
①〈暴力的な性〉のメッセージをふくむメディアを避けましょう。
②ことば遣いを変えてみましょう。
③肯定的な方法で、セックスのことを考えてみましょう。
④肯定的な方法で、セックスについて話しましょう。
⑤肯定的な方法で、セックスについて学びましょう。
聞いてくれ！

「ノー」をつきつけていくことは、あなたのためだけでなく、ほかの人のためにもなるはずです。

2．ことば遣《づか》いを変えてみましょう。からだを蔑《さげす》むようなことば（たとえば、チンコ、ムスコ、巨乳、デカパイ、オマンコ、ケツの穴など）を使っているなら、やめてみましょう。代わりに、医学的用語（ペニス、胸、膣、肛門）を使いましょう。ささいなことだと感じるかもしれませんが、どれだけ日常生活で〈暴力的な性〉のことばを使ってしまっていたかに気づいて、びっくりするはずです。

3．暴力的ではないセックスやあるべきセックスをイメージして、じっくり考えてみましょう。もし、すぐに人を支配するようなシーンを思い浮かべてしまうなら、あなたには取り組む課題があるということです。セックスは相手と〈ともに〉するものであって、相手の〈ために〉するものではありませんでしたよね。もし、相手を傷つけたり、辱《はずかし》めたり、支配するやりかたでのセックスを思い浮かべてしまうのであれば、それは明らかに暴力的な考えかたです。克服しなければならない否定的なイメージがたくさんありますね。簡単にできなくても、がんばって続けていきましょう。

4．健康的な方法で、健全な環境で、健康的な人たちとセックスについて話してみましょう。保健や性教育の授業があるなら、健康的なことばでセックスについて話すのに格好の場です。グループセラピーを受けているなら、新しいことばを用いながらセックスについて新たな態度を作っていくとてもよい機会になるはずです。

5．健康的なセックスに関する情報や、先ほどのリストで挙げた「あるべきセックス」についての情報を積極的に集めましょう。今の時代、事実をきちんと知らずにいることは、単にまちがっているというだけでなく、危険なことでもあるのです。正しい情報の載っている本を読んで、詳しく教えてくれる大人に聞きましょう。友だちに聞いても、あなたと同じぐらいの知識しかないでしょうからね。それらから得た情報を活用して、古い否定的な考えを拭い去りましょう。

セクシュアリティの身体的側面

とても大切なことを話しますから、よく聞いてくださいね。セクシュアリティの身体的な側面とは、セックスの行為そのもののことではありません。セクシュアリティの身体的な側面とは、触れることや匂い、味覚、そして自分自身の性的欲求にどう反応するかということです。

触れること

人はだれでも、他者に寄り添い、触れあいたいという生物学的欲求をもっています。そう、それは人として自然に求めることなのです。研究では、日頃から愛情をもって触れてもらえなかった子どもは、〈非器質性発育不全〉として知られる症候群となることが示されています。つまり、子どもは衣食住だけ満たされても、優しい健康的なタッチがなければ発育しないのです。健康的なタッチがなければ、子どもは、文字通り死んでしまうことだってあるのです。このことは、人が生まれつき健康的に触れられることを必要としているという強力な証拠です。ですが、ここでいうタッチとは性的なタッチのことではありません。そうではなく、抱きしめたり、手をつないだり、犬や猫を撫でたり、幼い子どもを抱きしめたりすることなのです。こうした行為はどれも、だれかと触れあいたいという欲求を満たすものですが、本来は性的なものではありません。ですから、だれかと触れあいたいという欲求を感じたら、性的ではない方法を探しましょう。

感性

身体的なセクシュアリティには、感性もあります。感性とは、からだでどんなふうに感じるかに気づくことです。たとえば、シルクはとてもなめらかですべすべしていて、ウールはモコモコしていて、スウェットはやわらかくて、ゴムは締めつける感じがしますね。マッサージは、筋肉をリラックスさせて、ほぐします。背中をやさしく撫でられると、眠りに誘われます。

人の嗅覚や味覚も感性の一部です。匂いは、いい気分といやな気分のどちらも強力に引き出します。たとえば、クッキーが焼ける匂いは休日を思い出させ、草刈りの匂いは週末を思い出させ、スズランの香りはおばあちゃんを思い出させるかもしれません。こうした匂いはどれも、いい気分やいやな気分を引き出すリマインダー（思い出させるきっかけ）となるものであり、その家の休日の過ごしかたがどんなふうか、週末といえばなにか、おばあちゃんのことが好きなのかどうかに関わっています。味覚も同様に、いい体験といやな体験の両方を思い出させるものです。

性的欲求

身体的セクシュアリティには、だれもが持っている自然な欲求、つまり性的接触をしたいという衝動も含まれます。こうした衝動があってもなくても、どちらであってもまったくおかしなことではありません。多くの人は、ある程度の性的欲求があります。これらの衝動を自分でどうコントロールするかが、人間と動物のちがいであり、加害をするかしないかのちがいなのです。

性暴力の被害者にとって重大な疑問のひとつは、次のものでしょう。「今、わたしが体験しているのは、性的なタッチを通してでしか満たされないような性的欲求なのかな？　それとも、性的なタッチでしか満たされないと思い込まされてきた別の欲求なのかな？」

ちょっとわかりにくかったかしら。では、もう少しわかりやすく言いかえてみますね。

わたしたちはだれでも（あなたを含めて）、健康的な触れあいを求めているのでしたね。では、セックスをしたいという衝動があるとき、それは本当にセックス（性交や性的接触）をしたいということなのでしょうか。それとも、セックスでしか得られないとあなたが思い込んでいる別のなにかを求めているのでしょうか。ここにはちがいがあります。性的欲求と勘ちがいされやすい、ほかの欲求について考えてみましょう。

だれかと触れあいたい　だれでも、だれかと触れあいたいと思っています。思い出してね。人と触れあわないと、死んでしまうことすらありましたよね。でも、性的なタッチは、だれかと触れあうための唯一の方法ではありません。手をつなぐこと、抱きしめられること、並んで座ること、肩を抱くことは、どれも健康的な触れあいのよい方法ですし、こころの準備ができていないのに性的なタッチに引きずり込まれるなんてこともありません。

自分が特別な存在だと感じたい

加害者は、性暴力をふるうにもかかわらず、被害者に「君は特別で大切な存在だ」と思い込ませようとします。あなたの人生から、この一見〈よいもの〉に見えるものを取り去ることは、とてもむずかしいにちがいありません。だれだって、自分がだれかにとって特別な存在であると感じたいですからね。

自分が特別で価値があると感じるためには、ほかの方法を探すことができるんですよ。まずは、仲間と過ごす居場所を見つけましょう。学校の信頼できる大人や友だちの親も、（性暴力的ではない健康的な方法で）あなたを特別な存在だと認めてくれるかもしれません。実際に確かめてみてください。そのとき、被害を受けたり、信頼を失ったりするようなことがないように。

自分のアイデンティティを確かめたい

自分のアイデンティティは、相手に性的快楽を与える能力にしかないと思ってしまっている子どもがいます。こうした子どもたちは、とても幼い頃から、どうすれば加害者を満足させられるかを学び、〈うまくやる〉ことでほめてもらったり、ご褒美をもらったりしてきたのかもしれません。こうした子どもたちには、もし満足させる相手がいなくなったり、性暴力がふるわれなくなったりすると、自分のアイデンティティがなくなったかのように感じるのです。そのため、だれとでも寝てセックスをするかもしれません。性的な方法以外で人と関わる方法がわからなかったりするのです。

ほかの問題と同じように、こうしたパターンを克服するには、自分の考えかたやふるまいかたを「これでいいのかな」と見直し、新たに学び直さなければなりません。つまり、セックスとはなにかを学び、自分の大切さや価値を示す性的アイデンティティを築き直すのです。グループセラピーやカウンセリングは、こうした課題に取り組むためのよい機会になります。

からだを解放したい　性暴力を受けた子どもは、性的な気持ちでいっぱいになったように感じることがよくあります。こうした子どもたちは、ふだんから、いかに「セックスをせずにはいられないか」を話し、セックスをしなければ「おかしくなってしまう」と言います。でもね、セックスをしなくても、あなたはおかしくなったりしません。それに、みなさんのような10代の子どもたちが、しょっちゅうセックスについて考えること自体は、いたってふつうのことです。

あなたが不健康だといえるほどセックスのことばかり考えているのかどうかを判断するよい方法は、「自分が考えているのはセックスのことだけ？　ひとりになってセックスのことを考えるために、友だちを避けたりしていない？　セックスのことばかりで、ほかの活動がおろそかになっていない？」と、自分に問いかけてみることです。

もし、答えが「はい」なら、あなたは脳の能力をセックスの問題ばかりに使いすぎている可能性があります。セックスの頻度からでは、〈ふつうかどうか〉はわからないですね。それよりも、「人との関係をつなぐのはセックスだけか。セックスによって相手を利用していないか。なにかを避けるためにセックスをしていないか」を自問自答するほうがよいでしょう。もし、答えが「はい」なら、新たに学んで築き直し、自分の思考パターンを変えることに意識的になるまで、性的行為をやめておくのもいいかもしれません。それまでは、性的な高まりをやわらげるためにマスターベーション（マスターベーションについて、詳しくは248ページを読んでください）をすることもできます。

性的な態度や反応、価値の変化は、学びと築き直しによってもたらされます。

セクシュアリティのスピリチュアルな側面

スピリチュアルと聞くと、宗教を思い浮かべる人もいるかもしれませんね。ですが、セクシュアリティのスピリチュアルな側面と宗教は、なんの関係もありません。ここでいうスピリチュアルということばは、魂や自己、自分自身のもっとも深いプライベートな部分と関わることです。さらに、あなたがセックスや「いや」と断る権利に置いている価値と同様に、もっとも個人的な部分に置いている価値とも関連しているんです。

そう、だから、あなたは自分で「ここまではOK、それ以上はいや」と決め、ルールをつくり、態度を決めて、いつセックスをするのかも自分で決めなければならないのです。人生においてセックスはどんな意味があるのか、どんなことはセックスではないのか、それを決めるのもあなた自身です。そして、自分のセクシュアリティについて、だれと、どのような状況で分かちあうかを決めなければなりません。あなたの場合はどうですか？

性的でない方法でも親密になることができる

親密さということばを聞いてセックスを思い浮かべる人は多いでしょう。でも、だれかと親密になることは、必ずしもその人と性的に関わるということを意味しません。ですから、あなたがだれかと性的に親密になるまえに、ほかの種類の親密さについてよく理解しておきましょう。お互いのもっとも深い部分を分かちあうためにセックスをするならば、セックスをするまえに、ふたりに信頼と安全がなければなりません。残念なことですが、安易に身体的な親密さを求め、傷ついて終わる人は少なくありません。

関係性のなかでスピリチュアルな自己を傷つけないために、次のステップを見てみましょう。このステップは、健康的で、深く関わり合った人間関係のなかで生まれる親密さのレベルを表わしています。自分自身をどんなふうに大切にすればよいかを考えるうえでの手がかりにもなるでしょう。

ステップ1．知的な親密性――自分の信念や価値観を相手と共有すること。交際相手と一緒に、観た映画や雑誌で読んだ記事、最近の政治スキャンダルなどを話し合うことで、ふたりは知的に親密になっていきます。お互いの考えや哲学、価値観について伝えあいます。こうしたやりとりは、親密性を高めるための最初のステップになります。これは、もっとも安全なステップです。

ステップ2．創造的な親密性――あなたにとってはむずかしいかもしれませんが、相手が大切にしている活動を一緒にやってみること。たとえば、あなたのガールフレンドはプロさながらのテニス選手なのに、あなたはこれまで一度もラケットを握ったこともないとします。こういうときに、彼女にテニスを教えてほしいと頼んだり、一緒にテニスの試合を観戦してあれこれ聞いたりすることは、創造的な親密性を高めます。「ヘタクソ」とか「なにも知らないのね」と思われたりするかもしれませんが、彼女があなたにとって大切な人で、その彼女がどれだけテニスが好きかを知っているならば、思い切ってやってみましょう。大変かもしれないし、そうでないかもしれません。下手にわかっているふりをしないことがポイントです。

ステップ3．心理的な親密性――これまでに見せてきた表面的な仮面を取り去り、ありのままの姿を分かちあうこと。これは、とても大変なことですね。自分の思いや気持ち、恐れや不安をだれかにうちあけると、深く傷つけられるかもしれません。拒否されるかもしれません。このステップが最初にやるべきステップではなくて、3番目にあるのはそのためなのです。心理的な親密性のための土台や信頼を築くには、時間がかかるものだからです。

ステップ4．身体的な親密性——このステップが、何番目のステップであるか見てください。そう、4番目です。つまり親密性を高める最後のステップですね。身体的な親密性は、もっともプライベートなやりかたで自分をオープンにするものなので、一番大変です。そのうえ、ふたりのあいだで身体的な親密性（愛撫すること、抱き合ってキスをすること、セックスをすること）が起こるとその関係性は変化しますし、必ずしもよい方向に変わるとは限りません。ですから、「わたしは、ふたりの関係を変えたいだろうか。今の関係性に身体的な親密性を加える準備ができているかな？」と、自分自身に尋ねなければなりません。もし、その答えがノーであるなら、身体的な関わりをもつのはやめること。自分自身や自分の欲求を大切にし、それに従いましょう。妥協してはいけません。あなたがわかるのは、あなたの〈自己〉だけなのです。だから、自分自身をこころから大切にしてくださいね。

あなたは、自分のからだ、セクシュアリティ、感情、行動のすべてを管理しているのです。それを理解すると、性暴力によって、縛りつけられてきた結び目がほどけ、あなたは自由になれるでしょう。そして、自分が生きていく基準や、あなたが人に期待する基準など、自分自身の基準を作っていくことができます。また、自分が性的な行為を望んでいるのかどうかを決める機会にもなります。性的な行為をしないことも、ひとつの選択肢として〈ある〉のです。

性的な行為をしなくたっていい

性行為、性的接触、性的な会話、あるいはセックス、これらはしなくてはならないことではありません。性的なやりとりを一切なにもせずに過ごすことだってできるんですよ。落ち着いて聞いてくださいね。わたしは、〈生涯ずっと〉なんて言っていませんよ。休憩してみたら、と言っているんです。しばらく性的なやりとりから離れて落ち着いてみると、性的な問題があなたにとってどんなことかがわかるでしょう。

セックスを控えることは、〈禁欲〉と呼ばれています。禁欲することは、すごく健康的な選択です！　禁欲は、望まない妊娠を確実に防ぐ唯一の避妊法です。また、性感染症も確実に予防できます。あなたの性的アイデンティティが傷つけられることを防ぐ確実な方法でもあります。

誘われたり、迫られたりすると、断りにくい？　ちょっかいを出されたときに、うまいこと切り返すなんて考えられない？　では、自分の立場を守るための方法として、ほかの子たちが見つけたことを書いたリストをお見せしましょう。そこに書かれていることは、セックスに関するあなたの決断とは異なるかもしれません。はっきり言って、どうするかはあなた自身でしか決められないことです。でも、この先、どんなわからず屋に出会うかわからないので、うまい受け応えの例を挙げておきますね。

「わたしはいつも、大事な決定はホルモンじゃなくて、頭でするようにしているの」
「自分を大事にしているなら、あえてそんなことはしないはずさ」
「真の男性は、女性を大切にするものです」
「わたしは、結婚するまでとっておくの」

「僕は、人任せにはしたくないんだ」

「危険すぎるよ」

「わたしのからだじゃなくて、わたしのことを愛してほしいの」

「真の男は、動物のようにふるまわないものよ」

「子どもだって、待てるでしょう」

「ほかにもまだ考えるべきことがあったかしら？　妊娠、罪悪感、傷つき、病気……ほかには？」

「エイズは、一生治療が必要な病気だよ」

「もしこころからわたしを愛しているなら、あなたはわたしの『いや』の返事も受け入れられるはずよ」

「わたしはまだ、赤ちゃんを産む準備ができていないの」

「別にセックスをしなくてもいいんじゃない？」

性的な境界線（バウンダリー）を築かなければならない

もし、あなたが身体的な親密性を高める準備ができていて、相手も、そしてふたりの関係性も、その準備ができているとします。もしそうなら、身体的な親密性とはどんなことなのか、もっと詳しく知っておいたほうがいいですね。

これまであなたは、セックスによってなにがほしいのか、あるいはなにがいらないかなんて、まったく考えていなかったかもしれません。セックスというのは、相手になにかを奪われるものだと思っていたかもしれませんね。でも、それはちがいます。だれでも、自分にとって一番大切なことは、自分で決めなければなりません。自分自身や自分のからだは大切なものだと思っていいし、そうしたあなたの価値を相手にも尊重してもらうことを望んでいいのです。

交際相手は、あなたにフラッシュバックやつらい思いを感じさせるようなことをしますか（たとえば、キスの仕方やつけているコロンなどが気になることはありませんか）。もしそんなことがあるならば、遠慮なく相手に言いましょう。どんなことであっても、「それはやめて」と伝えましょう。理由は言ってもいいし、言わずにただ「やめて」とだけ言うのでもかまいません。肝心なのは、もし、ふたりの関係がよいものならば、相手はあなたの望むことを尊重するはずだということです。もし、あなたの意見を聞いてくれない相手なら、別れて別の相手を探しましょう。

オーラル・セックスは好きじゃない？　もしきらいなら、する必要はありません。彼があなたを好きじゃなくなっちゃうんじゃないか、フラれるんじゃないかなんて心配はしないように。交際相手といえども、あなたがどんなセックスを好むかなんて決められないのです。それを決められるのは、ただひとり、そう、あなただけなのです。

あなたの彼女は、わかりにくいサインを出したりしますか。たとえば、「いいよ」というようなそぶりをみせるのに、急に、からだがこわばって「いや」と言ったりとか。もし、そうなら、そのことについて相手と話し合ってみましょう。重要なのは、だれでも性的なやりとりの、どの時点でも、「いや」と言う権利があるということです（どのタイミングでも、ということを強調しておきますね）。でも、「いや」と言うのは、身体的にも、気持ちの面でも本当に大変なことなのです。だから相手と話し合いましょう。そして、お互いにはっきりと意思表示をすることにしましょう。ちょっととまって、お互いがどうするかを確認するポイントを決めましょう。

大切なのは、身体的な親密性とは、ペニスと膣のふれあいだけではないということです。身体的な親密性とは、気持ちや声や脳をもったふたりの人間が、お互いにもっとも親密な方法で分かちあうということです。セックスのことだけを言っているのではありません。だれかのからだと触れ合うこと（抱きしめる、キスをする、抱き合う）は、どれも、もっとも奥深いところの自分を分かちあうことなのです。あなたの価値に見合うだけの尊重といたわりを示してくれる相手かどうかだけは、確認してくださいね。

セクシュアリティの情緒的な側面

セクシュアリティの情緒的な側面とは、自分自身を見る鏡のようなものです。つまり、自分のことをどんなふうに見ているか、どんな人だと思い込んでいるかといったことです。性的アイデンティティと自己アイデンティティは相互に深いつながりがあり、影響し合っています。ですから、性的アイデンティティが傷つけられれば、自己アイデンティティのあらゆる面も影響を受けることになるのです。

僕はコーチにされたことがすごく恥ずかしくて、まるで僕自身が恥ずかしい存在みたいに感じるようになったんだ。僕はまわりから、〈イケてるやつ〉とか〈優秀な生徒〉とか、〈よい仲間〉だと思われているから、そうじゃない自分を知られたくなかった。もし本当の僕を知られたら、なんて気持ち悪いやつだって思われるだろうから。

ハリー、コーチから性被害を受けた16歳の少年

ハリーのように、自分自身を恥ずかしい存在のように感じて、偽りの自分を演じなければならないと思う人もいるでしょう。本当のあなたは、とっても素敵で、優秀な生徒だし、仲間としてもいい人なんです。でも、性暴力によってあなたがまるで恥ずかしい存在であるかのように教え込まれたために、自分はすっかり恥ずかしい人

間になってしまったと感じるようになったのかもしれません。

自分はなんの価値もない存在で、被害を受けたのも当然だというふうに感じている人もいるかもしれません。だから、このままずっと被害にあい続けても仕方がないんだって。父親から何年にもわたって性的虐待を受けたメーガンという女の子も、そんなふうに思い込んでいました。自分にできることなんてなにもないと。性的虐待だけではなく、あらゆることを自分で決められなくなっていました。たとえば、自分が観たい映画も決められないし、お姉さんにもなにひとつ反論できなくて、ボーイフレンドとのセックスを断ることもできませんでした。

セックスというのは汚くて悪いものだ、だから、自分自身も汚くて悪い存在なのだと思い込んでいるのかもしれません。まさにイボンヌは、おじからそんなふうに教え込まれました。おじはイボンヌをレイプするたびに、「あの子がこんなひどいことをしたもんだから、男はアソコをゴシゴシ洗っておかないとな」と芝居じみたセリフを言いながら、自分のからだを洗ってみせたのでした。

あなたのこころに消しゴムを用意しましょう。そして、自分がどんな存在かという情報を、とりわけ性的な存在だという情報を消してしまいなさい。そこに、あなたについての新しい情報を書き込むのです。

自分のからだを好きになることを学ぶ

セクシュアリティとは、自己イメージから生まれるものであり、自分自身をどう思うかということなのです。あなたは、自分のことをどんなふうに思っていますか。自分のからだが好きですか。自分の性的な衝動や気持ちを受け入れていますか。あなたは、自分のものの見かたや歩きかた、自分のファッションを気に入っていますか。自分自身のことが好きですか。

自分のことを好きになるのは、自分のからだを好きになること、そして、この皮膚のなかに自分が存在してい

ることを心地よいと感じることから始まります。前にも言いましたが、もう一度よく考えてほしいのです。性暴力は、あなたがからだに対していだいていたよい感情を奪い去ってしまいます。ですから、あなたはもう一度、自分のからだを好きになる方法を学ぶことをあえて選びとらなければならないのです。

それに取り組むのに最適な場所は、鏡の前です。もしあれば、全身が映る大きな鏡がお勧めです。さあ、この素晴らしい、唯一無二の人間をよく見てみましょう。「わたしは醜い、価値がない、サイテー」なんて考えないように。この本をここまで読んでくれたのだから、そんな考えかたを手放し始めてくれているといいのだけど。

今までに雑誌や映画が伝えてきた〈美しいとはこういうもの〉というイメージは、忘れてしまいましょう。その代わりに、鏡をのぞき、あなたの姿がどんなに美しいかを発見してみるのです。胸が小さいとか、ペニスが小さいとか、お尻が大きいとか、体毛が濃いとか、背中にニキビがあるとか、そんなことは気にする必要はありません。鏡は、あなたの美しい姿を映し出していますよ。それを見つけてください。

さあ、からだのいろんな部分をじっくり見てみて。まず、顔。鏡のなかをのぞき込んで、時間をかけて、よーく見てみましょう。肌のシミは見なくていいから、瞳に注目してみましょう。あなたの瞳はどんな色で、どんなふうに輝いているかしら。次に、笑顔を作ってみましょう。歯の矯正も気にしなくていいからね。笑うと、あなたの目はどんなふうになるかしら。目も笑っているかな？　顔はどんなふうになる？　輝いてる？　リラックスしているように見えるかな？

次に、手を見てみましょう。よーく見てね。あなたの手はなにが得意？　楽器を演奏すること？　絵を描くこと？　だれかをなだめること？　組み立て？　創作？　文を書くこと？　料理？　両手を合わせてこすってみましょう（ハンドクリームをつけてもいいですよ）。手の強さを感じて、温かさを感じて、あなたの手がこれまでにしてきたいろんなよいこと、これからできそうなよいことを考えてみましょう。

じゃあ、今度は腕を見るわよ。あなたの腕はなにが得意？　だれかを抱きしめることが得意かな。赤ちゃんや小さな子どもを抱っこしたことはある？　こまっている人のために力を貸してあげられるかな？　手で腕をなでおろして、腕の筋肉や腱《けん》を感じてみましょう。あなたの腕がこれまでにしてきたいろんなよいこと、これからできそうなよいことを考えてみましょう。

どうやるかわかった？　自分のからだのどの部分でも、注目していくことができますよ（もちろん性器もです。手鏡を近づけて見ることができます）。大切なのは、自分のからだと仲よくなることです。奇妙に聞こえるかもしれませんが、これまで自分のからだを、弱々しくて傷つきやすいものだと思ったり、仲間じゃなくて敵みたいだと感じたりしている人もいることでしょう。性暴力を受けたときに、自分のからだが性的な刺激に反応して気持ちよく感じたことがあるならば、自分のからだに裏切られたような思いがしたかもしれません。でも、実際には、だれのからだも性的な刺激に反応するようにできていて、あなたのからだもただその通りに反応しただけなんですよ。自分が一番気楽にやれるところから始めて、また自分のからだを好きになることを学んでいきましょう。

自分の性的反応を好ましいと思うことを学ぶ

次のステップは、自分の性的な反応を受け入れて歓迎することです。いったん自分のからだと仲よくなれると、自分の性的欲求や感情を別ものにしておくことはできません。つまり、あなたは自分の性的欲求や感情の

〈所有者〉にならなきゃいけないのです。

性暴力を受けてからだが性的に反応するたびに、頭のなかで「からだがおかしいんだ。勝手に反応してるんだもの」と思ったかもしれません。そして、からだが性暴力に反応するたびに、自分のからだを裏切りものだと思うようになったことでしょう。これからは、自分のからだと仲よくなって、自分の性的な感情も受け入れていく必要があります。性的な反応や感情はまったくあたりまえのもので、おかしいものではなく、ちっとも悪くはないんですよ。

もちろん、わたしがこう言ったからって、あなたの考えは変わるわけではないでしょう。だからもう一度、自分の意思で学び直してごらんなさい。性的な反応が起きたときは、それについての否定的な思考をいったんとめて、肯定的に考え直してみるのです。「これでいいんだ」とか「問題ない」って言うだけでいいんです。そこから始めればいいんですよ。

からだの性的な反応をさらに受け入れていくためのもうひとつの方法は、自分で性的な反応を創りだすことです。そう、これからお話しするのはマスターベーションのことです。

マスターベーション　マスターベーションにはいろいろな誤解があります。ひどい言われかたもしています。マスターベーションをすると、手に毛が生えてくるとか、ペニスが取れてしまうとか、目が見えなくなるとか、にきびが増えるとか、まちがった情報もたくさんあります。

でも、マスターベーションは、だれがやってもいいごくふつうの行為です。マスターベーションとは、自分で性器を刺激するだけのことです。性的刺激のために、男子はペニスをこすり、女子はクリトリスを触ります。

マスターベーションをすることで、自分のセクシュアリティへの理解が深まり、性的刺激にからだがどう反応するかがわかります。ひとりきりの場所で自分のからだを探索して、自分のからだがどんなふうに心地よくなったり、安全な感じがしたりするかをわかっておくことは、これまでに教え込まれた性的反応の否定的な側面を乗り越えていく助けとなるでしょう。

たとえば、もし性的な接触をしたときに解離したりフラッシュバックを起こしたりするなら、マスターベーションをすることで、性的な刺激をしているあいだ、解離せずに今ここにとどまる練習ができます。もし、性暴力をふるわれているように感じたり、からだの性的な反応がコントロールできないと感じたりしたなら、いつでも自分で性的に刺激するのをとめることができます。そうやって、自分でコントロールできるんだと確認することができるのです。また、マスターベーションによってリラックスしたり、強いからだの快感を味わったりすることもできます。

もし、マスターベーションで快感が得られなかったり、マスターベーションはいけないものであるという宗教的な信念を持っていたりするなら、しないでおきましょう。でも、健康的で正常で性的に活発な人の多くはマスターベーションをしているのだということも覚えておいてくださいね。

同性愛について心配すること

自分は同性愛者なのかもしれないと心配する子どももいます。とくに、同性の相手から性被害を受けた子どもは、こうした心配にとらわれがちです。すでに話したように、わたしたちのからだは性的な刺激に反応するようにできています。どんな相手であるかは、まったく関係ありません。性暴力によって性的な反応（たとえば勃起したり、快感を得たりする）があったり、加害者が同性であったりしたならば、子どもはとても混乱して、自分が同性愛者ではないかと考えるようになることがあります。でも、わかってほしいのは、同性の相手から性暴力を受けたことは、あなたが同性愛者かどうかとは関係ないし、性暴力によって性的な反応が起きたとしても、あなたが同性愛者だということではないってことです。

また、実際に同性愛者であり、自分でもそれを自覚して、それを受け入れようとしている子どもたちもいます。こうした子どもたちは、自分が同性愛者だから性被害にあったのだと考えてしまいがちです。でもそんなことはありません！　性暴力が起きたのは、加害者が自分の行動をコントロールできなかったためです。被害者がどんな子どもだったかとか、被害者がどんなふうにふるまったかなんてことは、性暴力が起きたこととはまったく関係ありません。同性愛は、性暴力とは切り離して考えるべきものですし、それとこれは別の話なのです。

10代のうちは、だれでもたくさんの心配ごとや混乱した気持ちがあるものです。性暴力を受けていない子どもでも、自分の性的指向について悩むことが多いのです。ですから、あなたが感じている不安は、多くの10代の子どもの悩みとしてはごく一般的なものなのです。でも、もし、こうした気持ちや不安で悩んでいるのなら、性暴力に詳しいセラピストなどに相談してみましょう。

性的自己を癒やす

セックスとの出会いが恐ろしいものだったとしても、この先もずっと、セックスを汚いもの、不快なもの、悪いもの、傷つけるもの、あるいはあなたが感じているような否定的なものだと思い続ける必要はありません。よいセラピストと一緒に、自分に起きたことについて話し合うことで、健康的な大人の性的関係をもてるようになれるのです。

そうなるためには、かつて、あなたはだれかの逸脱した欲求の被害者であったけれど、この先も被害者であり続ける必要はない、ということをしっかり認識することが大切です。あなたをいじめたり、だましたり、からかったり、脅してセックスを強要してきたりした人は、あなたの時間を費やす価値のない存在です。もしあなたがいじめたり、だましたり、からかったり、脅したりしているのなら、あなたはいつまでも加害者にコントロールされているということです。今や、あなたは被害者ではなく、加害者になっているということですよ。もし、そんなことが起きているなら、だれかに援助を求めましょう。あなたは暴力のサイクルにハマってしまっているのです。だから、そこから脱しなければなりません。

これだけは知っておいてほしいこと

今の世の中では、セックスは避けては通れない問題だとあなたは思っていませんか。車や洋服やジュースなど、いろんなものを売るためにセックスは利用されています。自分だけがついていけていないだけで、みんながセックスをしていると思っているかもしれません。

必ずしも、そうではありません。

結婚前にセックスをすることの問題や、無防備なセックスの危険性には、みんなが気づきつつあります。望まない妊娠や、治療しなければ死に至るかもしれない感染症にかかる可能性があるからです。まるでロシアン・ルーレットをやっているようなものです。自分の身に、いつ、どんなことが起こるか、わからないのですから。また、セックスについて古い考えかたをしていると、セックスの素晴らしさや、喜び、特別な感じというのを、ないがしろにしてしまうということにも、みんな気づき出しています。古い考えをする人は、セックスをまるで〈商品〉や〈武器〉、なにかの〈見返り〉のようなものだと思っています。

でも、セックスとはそのようなものでは決してありません。セックスとは〈贈りもの〉のようなものです。わたしたちがお互いに交換しあう、贈りものなのです。互いに傷つけたり、互いを支配したりするものではありません。

あるべきセックスには、愛情や関与、分かちあい、信頼、尊重、誇り、礼儀といったものが含まれます。こうした状況においては、セックスは武器ではありませんし、〈しなければならないもの〉でもありません。セックスは〈望んでするもの〉であり、お互いにとっての〈喜び〉なのです。

あるべきセックスでは、どんなふうにしたら楽しめるか、こわくなるのはどういう行為か、心地よくなるのはどんな行為かを、お互いに話し合うことができます。あるべきセックスは、〈安全〉なものであり、〈信頼〉にもとづいていて、お互いが〈同意〉しているものです。

もし、(暴力的な関係というのではなくても)交際相手があなたの性的欲求に関心を示さなかったり、あなたがセックスによって傷つけられたり、こわくて圧倒されるように感じたりする関係であるならば、相手と別れることも考えてみましょう。

思い出してください。あなたは生き延びるためにセックスをする必要なんてないし、ちょっとした禁欲をしてみること(セックスをしないこと)は、あなたにとって健康的なことなんですよ。あなたのこころ、魂、そしてとりわけからだにとって、セックスをしないことは健康的な選択です。

女の子たちへ。あなたが〈セックスに応じさえすれば〉相手はあなたを好きになってくれるなんて誤解はしないでくださいね。それは犠牲者的な発想です。自分自身や自分のからだを大切にしている女性の考えかたではありませんよ。どんな男性であれ、あなたにセックスを強要するような人を相手にするのは時間のムダです。

男の子たちへ。女性のおっぱいを追いかけることで、自分は男なんだと証明する必要はありませんよ。自分が受けた性暴力についてじっくり考えて、セックスについて〈しなければならない〉ではなくて、自分が〈望んでいる〉と感じられるようになるまで、セックスを拒否して、セックスをしないでおくことができますからね。

みなさんに、こころからのお願いです。まだ、だれともセックスをしたことがなくても、決してあわてないで。急ぐ必要なんてありません。初めてのあるべきセックスは、愛する人と安全な状況でしましょう。あなたには、それだけの価値があるのですから。

もっと学びたい人へ

性的虐待やインセストについて書かれた本を読むときに注意してほしいことがあります。本が書かれた時期によっては、内容がまちがっていることがあるからです。たとえば、きょうだい（兄弟姉妹）での性的接触は、必ずしも悪いことではないと書かれているような本もあります。でも、今では、一方の人を巻き込んで利用するような性的な接触は、どんなものであれ有害であることがわかっています。とくに、性的虐待やインセストについて書かれた専門書以外の本の情報には注意してください。最新の情報ではない可能性があります。

本は、本屋や図書館で探すことができます。なければ本屋で注文するか、出版社に直接注文しましょう。

第Ⅳ部　知っておきたいこと

だれがなんと言おうと、かまわないわ。加害者についてなんて、知りたくないわ

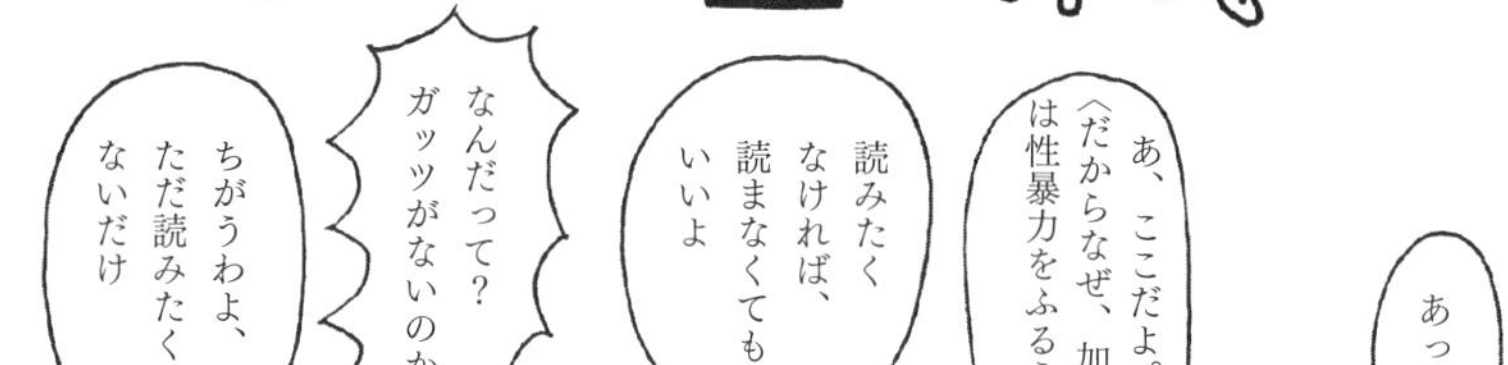
あった？
あ、ここだよ。〈だからなぜ、加害者は性暴力をふるうの？〉
読みたくなければ、読まなくてもいいよ
なんだって？ガッツがないのか
ちがうわよ、ただ読みたくないだけ

第13章　加害者について知っておくべきこと

僕が悪かったわけじゃないってことは、わかっているさ。僕が被害にあわなければ、ほかのだれかが被害にあっただろうってこともね。性暴力をふるうことを選択したのは、加害者にほかならないってことも。僕が理解できないのは、なんでそんなことをしたのかってことだよ！

ロス、コーチから性被害を受けた14歳の少年

性暴力について、子どもがいだく大きな疑問のひとつが、〈どうして?〉ということです。どうして性暴力が起きたんだろうとか、どうして自分が被害にあったんだろうという疑問です。

簡単に答えられる問題ではありませんね。どうして子どもに性暴力をふるうのか、それを説明する理論や理由はたくさんありますが、それらはあくまで理論や理由にすぎません。それらは、加害者の動機や、被害者の〈どうして?〉に対する答えの一部を知る助けにはなりますが、だからといって、それで加害者の行為が許されるわけでも、またその責任がなくなるわけでもありません。

性暴力の責任は、いかなるときも加害者にあります。
この章を読むあいだ、そのことを忘れないでくださいね。

執着している加害者、退行している加害者、性的依存者

加害者[*1]に関するさまざまな意見や理論のなかでわかりやすいのが、ニコラス・グロス（1982年）によるものです。彼は、加害者を、執着型と退行型の2種類に分けました。警察関係の人たちは、この二つのグループを、〈選択型〉と〈状況依存型〉と呼んでいます。

執着型（選択型）は、いつも子どもを異様に好むのです。実際、子どもが好きなのです。このタイプの加害者は、幼い頃から子どもに性的魅力を感じています。こうしたタイプの加害者は、子どもに性的なことをするためや子どもと一緒に過ごすために、さまざまな方法を探します。こうした人たちは、同世代の人と親しくなることがむずかしく、深い恋愛関係を築いたり、結婚したりできないことがほとんどです。大人と一緒に過ごすよりも、子どもと一緒にいるほうがずっとわくわくするのです。

ですが、こうした執着型の加害者が、離婚した子連れの女性と結婚することがあります。一見すると、加害者がふつうの大人同士の関係を築いたように見えますが、実際の結婚のねらいは、子どもに簡単に近づけることにあります。この手の加害者は、子どもと性的な接触をもつことへの欲望をコントロールできるようになるために、特別な治療を受ける必要があります。

退行型（状況依存型）は、突然の喪失や変化を体験すると、身近にいる子ども（たとえば家庭内にいる子どもなど）に暴力をふるいます。こうした加害者は、同世代の人に対する魅力も持ちあわせていますし、結婚したり、子ど

＊1　訳注　ここでいう加害者は、成人の性犯罪者をさします。子どもや青少年の場合は、こうした固定的なタイプはないと考えられています。また、現在までに性犯罪者に関する研究はさらに進んでいます。

もをもうけたりもします。ですが、退行型の加害者は、人生でなにかが起こると、そのストレスに対処するための誤った方法として、子どもに向かうのです。たとえば、解雇されたり、離婚しそうになっている、愛する人が亡くなった、期待していた昇格がなかった、といったことが引き金になるのです。

この手の加害者は、そうした喪失によってもたらされた、あらゆる苦痛、傷つき、怒りに、なんとか対処しようとします。そして、子どもに手を出すことによって、自分は愛されているという感覚や、自分は特別だという感覚を得て（子どもというものは素直に愛情を示すものですからね、とくに知っている相手には）、自分にはパワーや能力があるのだと感じ（幼い子どもたちは、両親の存在を絶対的なものだと思う傾向があります）、コントロール感を持つのです（子どもたちは、口応えをしてはならない、とりわけ両親に逆らってはいけないと教えられています）。加害者は、自分よりも弱くて傷つきやすい存在を利用して、自尊心を高めて、自分の苦痛をやわらげようとするのです。その一方で、被害を受けた子どもは、自尊心を失い、苦痛に満ちた世界に放り込まれてしまうのです。

退行型の加害者のほうが、執着型の加害者に比べると、幾分治療効果が出やすいといえます。このタイプの加害者が、性加害そのものと、それが子どもの人生にもたらした悪影響に対する責任を受け入れる可能性は充分あります。

加害者の三つ目のタイプは、〈性的依存者〉です。このタイプの加害者は、セックスのことや、いかにして斬新で、逸脱した、時に禁止された性体験をするかということばかり始終考えています。わたしたちの社会では、大人が子どもとセックスをすることは、禁止された性体験のひとつです。このタイプの加害者は、うまくやってのける興奮や〈スリル〉を求めて加害をします。この手の加害者は、ほかの依存症と同様、つねにまたやってしまう危険性を抱えています。

だからなぜ、加害者は性暴力をふるうの？

性加害者のなかには、子ども時代に虐待を受けていた人が少なくありません。身体的な虐待を受けていた人もいるし、性的虐待を受けていた人もいるし、ありとあらゆる虐待を受けていた加害者もいます。加害者の治療にあたるセラピストは、加害者の子ども時代が決して素晴らしいものではなかった場合が多いことを知っています。そうした幼いときの体験から、加害者は成長し大人になってからも、人とどのように関わればよいのか、どのように愛情や気持ちを表現したらよいのか、怒りや失望にどうやって対処すればよいのかといった、重要なことがわからないのです。

自分が大事な存在だと感じようとする加害者もいる

加害者は、自分が愛されない存在だとか、価値がない人間だと感じることがあり、その気分をなんとか変えようとして極端なことをすることがあります。子どもは愛情や尊敬の気持ちを、とても素直に示してくれるので、加害者は自分が特別で重要な存在なのだと感じるために、子どもに向かうのです。以下は、実の娘に性的虐待をしたフィリップという男性の話です。

フィリップの子ども時代は過酷なものでした。母親は未婚で彼を身ごもり、その時代、親族にとってそれは恥ずべきことでした。そのため、フィリップの母親と父親は結婚させられました。ふたりは若くて、お金もなかったので、フィリップの祖父母の家に移り住まなければなりませんでした。生活は楽ではありませんでした。

フィリップが生まれたとき、祖母やほかの親戚たちは、フィリップを一族の恥さらしとみなしました。両親が結婚前にセックスをして、結婚してから9ヶ月ではなく6ヶ月で生まれたのは、まったくフィリップのせいではありませんでした。それなのに、一族はフィリップのせいだと考えたのです。だれもが、フィリップは一族に恥と屈辱をもたらした生き証人だと考えたのです。

フィリップが6歳のとき、父親が出て行きました。フィリップは、男性の役割モデルがなくなっただけでなく、父親が出て行ったのは自分のせいだと思い込むようになりました。きっと父親は、自分のことを恥じて、自分のそばにいることが耐えられなくなったのだろうと考えたのです。

フィリップの学業成績は優秀で、運動神経も素晴らしく、家計を助け、大学への進学資金を稼ぐために複数の仕事をかけもちしました。でも、親族はただの一度も、「フィリップのおかげで助かるよ」とも「フィリップのことを誇らしく思うよ」とも言いませんでした。試合を見に来てくれる家族もだれひとりいませんでした。また、フィリップを守り、立派な男とはどういうものかがわかるように、支えてくれた男性の親族もいませんでした。フィリップはいつもただの〈あの子〉でしかなく、母親の〈過ち〉の生き証人でしかなかったのです。

フィリップに娘が生まれたとき、彼は思いました。「とうとう、自分をありのままに愛し、どんな自分であっても素晴らしいと思ってくれる人を見つけたぞ」と。ある意味で、フィリップは正しいことを言っています。娘というのは、自分の父親を素晴らしいと思い、際限なく愛するものだからです。しかし、フィリップは、自分の自尊心を得るために一線を越えてしまいました。健全な方法で娘を愛する代わりに、娘と性的な関係を持ったのです。フィリップは、夜、娘を布団に入れるときに愛撫をしました。娘が10歳になるまでお風呂に入れ、「これは父親としての自分の仕事だ」と主張しました。妻が夜にでかけると、フィリップは娘を自分のベッドに連れ込みました。娘が成長すると、彼は絶えず、娘のからだについて性的なコメントをしました。

加害者のなかには、とても自信のない人もいます。子どもと〈親密になる〉と、こうした加害者は、自分が重要な存在であるように感じるのです。
　こうした加害者は、子どもが自分に対して素直に愛情や関心を示すと、自分が特別な存在で、愛されているように感じるものなのです。

フィリップは娘の欲求や権利を無視して、自分自身の欲求、つまり自分は重要な存在で、愛される人間で、特別なのだと感じたいという欲求を優先したのです。

フィリップは、何年にもわたって、断続的にカウンセリングを受けました。告訴されたわけでも、治療プログラムを受けるよう命じられたわけでもありませんでした。フィリップが受けたカウンセリングは、自分で探したものでした。それは、フィリップの誇りです。フィリップは、自分がしたことはまちがっていたと進んで言うでしょう。彼は、虐待について自分の責任を充分に認めています。このこともまた、彼は誇らしく思っています。

でも、フィリップは未だに境界線の問題を抱えています。とくに、すでに結婚し別世帯をもつ娘との境界線の場合には。娘の願い（「わたしの人生に立ち入らないで」）や、娘の回復（「許したからといって、お父さんと関わる必要はないわ」）、娘の要求（「ほかの家族にわたしのことを話さないで」）を尊重することができないときがあるのです。フィリップは、娘が自分を彼女の人生に立ち入らせないのは、「娘が成長していない」からだと思い込んでいるのです。

おそらく、フィリップと娘は、もう親しく関わることはないでしょう。それは娘にとっては最高のことでしょうが、フィリップには、生涯をかけて受け入れていかなければならない課題です。

パワーと支配を求める加害者もいる

スティーブンは、これまでに述べたタイプとは異なる加害者です。彼は、3人の子どもに性暴力をふるいました。10歳の娘、孫、そして妻が子守りを頼まれた2歳の女児です。彼はやせ細っており、顔には何本もの深い皺《しわ》が刻まれています。彼はこんな子ども時代を過ごしました。

スティーブンの父親は、彼がごく幼い頃に家を出て行きました。母親は生活のために働かねばなりませんでしたが、家にはなにもかもが不足していました。

スティーブンが6歳のとき、母親が12歳のいとことセックスしているのを目撃して、とてもこわくなり、混乱しました。その後、母親はスティーブンをセックスに巻き込もうとし始めました。スティーブンは必死で母親を避けようとしました。

スティーブンが10歳のとき、母親は、スティーブンのことをまるで〈動物〉のように扱う男と再婚しました。男にひどく叩かれたあと、スティーブンは男を殺しかけました。12歳のときのことです。

スティーブンは、人生でなによりも大切なものはパワーだと信じるようになりました。もし、パワーがあれば、好きなように命令だってできます。だれにも、(継父がしたように)叩かれやしません。あるいは、(母親がしたように)したくないことをさせられることもありません。パワーさえあれば、コントロールを失うこともなく、周囲の人に命令を下すことができるのです。パワーさえあれば、だれもが自分の言うことに従い、「飛べ」と言ったら空をも飛ぶことでしょう。

スティーブンにとっては、パワーとコントロールがすべてだったのです。彼が3人の幼女たちに性加害をしたとき、彼の関心は愛でもセックスでもありませんでした。ただ、パワーとコントロールを望んでいたのです。

この世で成功するためには、相手を言いなりにするしかないと信じるようになった人は、自分が命令を下して支配できる人を探すことに必死になります。支配し、命令を下し、服従するように脅かすには、子どもはまさにうってつけの存在と言えるでしょう。

パワーを求めて子どもに性加害をする人は、子どもに対して暴力的になり、服従させるために殴ったり、暴力を用いて脅したりするのです。

加害者のなかには、自分にパワーがあると感じたくて、子どもに性加害をする人がいます。こうしたタイプの加害者は、性的快楽を求めるのではなく、他人を支配する満足を求めているのです。

愛情とセックスを混同する加害者もいる

加害者のなかには、愛情とセックスの区別がつかない人もいます。こうしたタイプの人たちは、性的ではないキスや抱擁や軽いタッチを通じて愛情が表現できるということを知らずに育っています。もし、だれかが(優しいタッチや抱擁、キスなどによって)愛情を示したら、「相手はセックスをしたいにちがいない」と思い込んでしまうのです。こうした思い込みを持つ人が相手だと、子どもだけでなく、だれであっても、愛情を示すのはなかなかむずかしいことになります。なぜって、愛情を示すと、いつだって加害者が性的に反応する危険性があるからです。

アンドレが5歳のとき、両親は彼の面倒がみられなくなりました。それで、彼は里親に預けられました。アンドレはまったく馴染めませんでした。アンドレは里親宅の子どもたちとうまくやれず、里母ともモメてばかりいました。だれも、彼に抱擁やおやすみのキスをしてくれませんでした。里親家族は、身体接触が多い家族ではなかったためでもあります。

15歳になるまでに、アンドレは一回、少年院に入り、その後十年間、少年院や刑務所を出たり入ったりする生活が続きました。

「俺は、自分のためにだれかがいてくれると感じたことなんてない。家族の一員だと感じたこともない」と、アンドレは言います。「怒りはすぐに感じられるけれど、愛情はむずかしい」とも。

アンドレはデートをしたり、セックスを試し始めたとき、「愛を見つけた」と思いました。彼はセックスをしているときこそが、お互いの愛情を示し合っているときだと考えたのです。彼は、ただセックスをすることと、だれかを愛することは、まったく別物であることがわからなかったのです。

彼はまた、親が子どもに向けるような愛情、つまり、セックスとは関係なく、抱きしめたり、キスしたり、守ったり、育てたりするような愛情を、学んだこともなかったのでした。

だから、アンドレが継子である娘に性加害を始めたとき、彼自身は真剣に「これは愛情を示しているのだ」と考えていたのです。彼がしたのは、実際にはレイプであり、愛情とは別物であると理解できるようになるためには長い年月がかかりました。

人というのは、どんなふうに優しさを示すか、どうやって愛情を表わすかを学んで育ちます。どんな人にも愛情は不可欠です。つまり、健全なタッチや愛情を示されることなしに、生きることはできないのです。ですが、そのためには手本が示されなければなりません。もし、両親や、子どもにとって大切な人が、抱きしめしたり、「よくできたね」と言って背中を撫でたり、夜には（性的に虐待することなく）布団に寝かしつけたり、この世は安全な場所であると感じられるようにしてくれれば、その子どもは愛情や優しさを示す方法を自然に身につけていくものです。ですが、もし、これとは逆に、子どもが愛されることを学ばずに育ったのであれば、ほかの人をどのように愛せばよいのか、見当もつかないかもしれません。

加害者のなかには、愛情とセックスを混同している人もいます。そのため、子どもが愛情や優しさを見せると、こうしたタイプの加害者は、子どもが性的接触を望んでいるのだと誤解します。

激しい怒りから性暴力に至る加害者もいる

またほかにも、単に子どもを傷つけたり、こわがらせたりしようとする加害者もいます。子どもが怯えたり、苦痛を感じたりしているのを見るのが好きなのです。このタイプの加害者は暴力的で、身体的虐待をする傾向があり、子どもをひどく怯えさせます。

カレンは、兄とおじ、そしていとこから性暴力を受けました。カレンは自分が受けた被害のことをだれにも話せませんでした。そして、時が経つにつれ、自分の身に起きたことに対する激しい怒りがどんどんたまっていきました。18歳になった頃には、彼女はまるで今にも爆発しそうな、怒りの火山のようでした。

不幸なことに、彼女が子守りをしていた10歳の男の子に、怒りの矛先が向けられました。彼女はあらゆる機会をみつけては、その子を傷つけました。男の子のことをつねったり、首をつかんだり、平手打ちをしたり、背後から腕をひねりあげたりしたのです。ついには、彼女は罰と称して、性暴力をふるうようになりました。

カレンは、男の子のペニスをゴムひもで縛ったり、「言うことを聞かなければ、肛門に物をつっこむからね」と脅したりしました。ついには、男の子の腕を何度もひねりあげ、腕の骨を折るという事態に至りました。

男の子を診察した医師は、この骨折が〈階段から落ちた〉ものではなく、虐待によるものではないかと疑い、詳細に検査をしました。医師は、男の子のペニスや肛門の状態を診察し、起こったのは、身体的暴力だけではないことをつきとめました。医師は通報し、カレンは性加害で有罪となりました。

今回は最初の加害であったため、カレンは保護観察となり、カウンセリング受講命令が出ました。治療グループには、19人の男子がいて、女子はカレンひとりでした。ですが、ほかのメンバーと異なっていたのは性別だけでした。ほかのメンバーと同じように、カレンもまた最初は被害者だったのです。でも、サバイバーにはならずに、カレンも治療グループの男子たちも、加害者になってしまったのでした。

ほとんどの加害者は、暴力的ではありません。ですが、近年、暴行をともなう加害者がどんどん増えているようです。こうした加害者には、非常に強い怒りや無力感があり、ほんのちょっとしたことですぐに爆発し、それによって深刻なダメージを与えるのです。不幸なことに、こうした加害者の多くは、かつて被害者でした。しかし、サバイバーになって、被害を受けたという事実に対処する方法を身につける代わりに、被害者が加害者となってしまったのです。そして、こうしたケースでは暴力的な加害者になることも多いのです。

もし、あなたが子どもを傷つけようと考えているのなら、立ちどまってください。この章を読み終えていなくてもかまいません。すぐに第8章に戻って、どうやってセラピストを見つければよいのかを読みましょう。だれかに自分自身が受けた性被害についてうちあけ、被害者から加害者になるのではなく、被害者からサバイバーになる選択をしてください。

一般的に言って、子どもに性暴力をふるうことによって怒りを発散している加害者は、一見するだけでは怒っているようには見えません。こうした人たちは、暴力的ではない方法で怒りを表わします。次に紹介するエドはまさにそのよい例です。彼は決して暴力的にはならず、自分の娘に身体的な暴力をふるうこともありませんでしたが、それでもやはり、自分の怒りを発散していました。

これまでずっと、エドはけなされてきました。それが家族たちの気晴らしになっていたのです。父親、母親、祖母、たくさんのいとこたち全員が、エドを打ちのめし、エドがいかにおろかで、無能で、醜く、救いようがないやつであるかを言い立てました。

エドが結婚したとき、彼はひとりでは生きていけないようなタイプの女性を選びました。そして、自分が家族からされたように、妻のことを蔑《さげす》み始めたのです。妻のナディンがしたことすべてのあら探しをしました。たとえば、料理や洗濯、子育てに至るまで。ナディンの行動すべてを批判し、蔑み、侮辱し、否定しました。そんなふるまいは、娘の前でもしょっちゅうでした。

このような苦痛な関係性から逃れようと、ナディンはだんだん家を空ける時間が長くなりました。すると、エドは妻に対する自分の力が失われたように感じ、その結果、ますます怒りが強くなっていきました。

この頃、ナディンが夜に外出しているときはいつも、自分のベッドに娘を連れ込み、娘を虐待するようになりました。エドの理由はこうでした。「知らしめてやる、あいつなんて必要ないってことを。友だちのところでもどこでも行けばいいさ。あいつがいなくても、へっちゃらさ」。エドは自分を傷つけたあらゆる人や状況への強い怒り爆発させていると、妻と〈対等にやれている〉気持ちになれたのです。

自分自身が受けた被害に対する激しい怒りを子どもに向ける加害者もいます。このタイプの加害者は暴力的になることもありますが、そうでないときもあります。どちらにしても、子どもは、どうすれば自分を守れるのかわからず、この手の加害者の格好のターゲットになってしまいます。そして、被害と加害の連鎖は続いてしまうのです。

カルトにハマッている加害者

最後は、地獄からの使者ともいえるカルトの加害者についてです。この手の加害者は、子どもをこわがらせて服従させ、沈黙させるために、子どもを拷問したり、子どもの目の前でほかの生き物を痛めつけたりします。悪魔の信奉者のようなカルト集団との結びつきがある、儀式的な虐待に関わっている場合もあります。

この手の加害者に関して知っておくべき最重要ポイントは、こういう人たちはきわめて危険であり、容易には変わらないということです。カルトな加害者への治療には、かなり特別な専門性が必要ですが、あなたをカルトから救出してくれる人たちもいます。

「すぐに逃げなくちゃ！」

カルトの加害者は、もっとも危険なタイプといえます。

彼らの動機には、パワーを得たい、傷つけたい、怒りや憤怒の気持ちを発散したい、恐怖を与えて操作したいといった、さまざまな願望が混ざりあっています。

この手の加害者の数は少ないということだけが救いでしょうか。

ですが、本当のことを言うと、カルトから抜け出すのは簡単なことではありません。カルトから子どもを救出するのは危険性を伴うため、この分野の専門家たちも非常に警戒しています。

カルトによる性被害を報告する際にどうしたらよいか、いくつか基本的なことをお伝えします。

1. その性暴力を告発するつもりであることを、あちこちで口にしてはいけません。信用できるひとりかふたりだけに話すこと。
2. 信頼できる大人に被害について話して、通報してもらうように頼みましょう。そして、警察や児童保護局のワーカーから事情聴取を受ける際には、その人に一緒にいてもらうように頼みましょう。
3. 虐待を通報したあとは、自分の安全に気をつけること。ひとりで出歩いてはいけません。必ず、だれか友だちと一緒に行動しましょう。バス停にほかの人も並んでいるときなら大丈夫ですが、ひとりで待つのは危険です。車から降りるときは、あやしい人が近くにいないか確認しましょう。本能の直感を信じること。なにかおかしいと感じたら、すぐに逃げましょう。こうした基本的な安全策をとることは、あなたが無事でいるためにとても大切なことです。よく頭を働かせて、自分を守っていきましょう。

加害者のなかには、そう簡単には変わらない人たちもいます。すでにお話ししたように、カルトや悪魔的な加害者は、変化することはほとんど見込めません。正真正銘の執着型加害者もまた、なかなか変化できません。
ですが、適切な動機や治療教育、そしてサポートがあれば、変われる加害者がたくさんいるのも事実です。

第14章　友だちとして知っておくべきこと

友だちが性的虐待を受けているとうちあけてくれたとき、わたしはどうすればいいのかわかりませんでした。ちょっとことばにつまりながら、「きっと大丈夫よ」と答えました。今では、なんてバカなことを言っちゃったんだろうって思っています。それからわたしは、本を探したんです。でも本に書かれていたのは、すごくむずかしいことばかり。なにをすればよいいか、全然わかりませんでした。

アリソン、性的虐待を受けた友だちをもつ14歳の少女

もし、性被害を受けた友だちがいるならば、あなたも安全のためにシートベルトをつけなくちゃいけません。だって、この先は、山あり谷ありで大変な道のりになるでしょうからね。こわがらせようとしているわけではありませんよ。でも、友だちと一緒に問題を抱えていくのは簡単なことじゃないってことを知っておいてほしいのです。

すでに、「そうなの、大変なんだよ」と感じている人もいるかもしれませんね。友だちが「あの人にやられたんだ」と言っても、にわかには本当だと信じられないかもしれません。内心では、「まさか！　わたしはあの人を知ってるけど、そんなことをする人じゃないわ」と思ったかもしれませんね。

性暴力という現実を受けとめるのはむずかしいことです。テレビで見たり、雑誌で読んだりするのと、友だちの身に起きたことを知るのとでは、全然、話がちがいますからね。

だけど、まずはあなたの疑問は脇に置いて、友だちがあなたにうちあけてくれたことは、おそらく本当に起きたことなのだということを、また性暴力は現実の生活のなかでまさに起きていることなのだということを、理解してください。友だちの話を聴いて、友だちを信じてください。それが今すぐにできる、友だちへの最大の贈りものです。

性暴力を受けた友だちに伝えてあげたい三つのこと

まずは、「あなたの話を信じるよ」と伝えましょう。性被害を受けたとうちあけてくれた友だちに伝えるべき、もっとも大切で最善のことばです。性被害をうちあけることは、ものすごく勇気がいるものです。きっと、友だちはあなた自身とあなたとの友情を信じてくれたのでしょう。うちあけられたほうは、あまりの事実にびっくりして、「まさか、信じられない」と口をすべらせてしまうことのないように。そのセリフは、友だちにとっては、〈あなたの言うことは信じられない〉と言ったかのように聞こえてしまう可能性があります。

二つ目に大切なことは、「あなたのせいじゃないよ」と伝えること。不思議に思うかもしれませんが、性暴力を受けた子どもの多くが、自分のせいで被害を受けたと思い込んでいます。自分が性暴力をまねいたと思ってしまっているのです。それで、自分ですべての責任をかぶろうとしたり、被害を受けても仕方がないのだと考えてしまったりするのです。

こうした考えは、すべてまちがっています。被害者には、性暴力の責任はまったくありません。被害者はただもう、まさに被害者でしかないのです。性暴力を受け、加害者に利用され、プライバシーの権利とか「いや」と断る権利、人から敬意を払われる権利といった、だれにとっても大切な権利を奪われた当事者なのです。あなたの友だちも、性暴力をふるわれることなんて、求めてもいなかったし、望んでもいなかったのです。性暴力を「してほしい」なんて思っていませんでした。性暴力が起こったのは、加害者が自分の感情や行動をコントロールできなかったせいなのです。加害者が、自分の欲求を、あなたの友だちの欲求よりも大事なのだと決めつけたために、性暴力をふるったのです。ひどい話ですね！

だから、あなたは友だちにこう伝えてあげましょう。「あなたが悪いんじゃないってことは、わかってるよね？」って。友だちは、これまでそんなふうに言ってもらえたことがないかもしれません。それで、あなたに反論したり、自分のせいなのだと言い張ったり、「あなたはなにも知らないくせに」なんて言ったりするかもしれません。でも、くじけずにがんばって。被害者には決して性暴力の責任はないのです。どんなときも性暴力は加害者の責任です。それが事実なのです。

あなたが安全に友だちに伝えられる最後のことばは、「あなたはひとりじゃない。性暴力はたくさん起きているんだよ。あなたがおかしいわけじゃないよ」ということ。このことばは、友だちにとってとても重要なものになるかもしれません。ぜひ、性暴力がどれだけ起きているか、データを示してあげてください。米国では、女性の3人にひとりが家族以外の人から性暴力を受けていて、4人にひとりは家族から性的虐待を受けています。そして、男性の7人にひとり、いや、おそらくは5人にひとりの男性が、だれかから性暴力を受けています。どれも18歳になる前のできごとです。これくらい、性暴力を受けたことのある女の子や男の子はたくさんいるということです。そして、この被害者のだれもが、性暴力に対する責任はないのです！

こうしたデータを伝えると、もしかしたら友だちは、あなたが「たくさん起きていることなんだから、たいした問題じゃない」と言おうとしていると誤解するかもしれません。だから、あなたの言おうとしていることが正しく伝わっているか、確認しましょう。ここで友だちに伝えたいのは、「あなたは変じゃない。あなたは、まったく正常な人だ」ってこと。友だちは正常で、友だちの身に起きたことが、異常なのです。多くの子どもたちが体験しているからといって、その痛みやトラウマ、恐怖感がなくなるわけではないのですから。こうした気持ちは、友だちにはとても切実に感じられているはずです。ですから、ただ、「性暴力という問題に取り組まなければならない子どもたちがたくさんいるのだ」という現実を伝えられればよいのです。あなたの友だちは、ひとりぼっちではないのです。

性暴力を受けたことをうちあけてくれた友だちに伝えてあげたい三つのこと

1.「あなたを信じているよ」
2.「あなたのせいじゃないよ」
3.「あなたはひとりじゃないよ」

言ってはいけないこと

性暴力を受けたことをうちあけてくれた友だちに、安全に伝えられる三つのメッセージについてお話ししました。では、今度は、言ってはいけないことを挙げてみましょう。

1.「まさか、信じられない」

このことばは、友だちに、「あなたは嘘つきだ、そんなとっぴな話はだれも信じない」と言っているようなものです。これは、口にしやすいセリフのなかでも、最悪のものです。

2.「どうして、あの人があなたにそんなことをしたの？　あなたがなにかしたんじゃないの？」

このことばは、友だちに、「性暴力の責任は、あなたにある」と言っているようなものです。ちがいますよ！性暴力の責任を負うべきなのは、唯一、加害者だけだということを忘れないようにしましょう。友だちの外見が素敵だとか、友だちが性的にうわついているとか、そんなことは関係ありません。それは、性暴力とはなんの関係もないことです。これは性暴力なんだということを、いつも頭に入れておきましょう。それは、遊びでもなければ、ゲームでもなく、お互いの同意のうえでしたことでもありません。そうではなくて、これは性暴力なのです。性暴力をするかしないかを決められるのは、加害者以外だれもいないのです。

3.「もう忘れなよ。今さらできることなんて、なにもないんだから。起きたことは、起きたこと。もう終わったことなのだから、先に進まなくちゃ」

残念なことに、人は性暴力からあっさり立ち直って先に進むことなんてできません。被害を受けた人は、激しい怒りや強い悲しみ、恐怖の気持ちといった、いろいろな気持ちと向き合いながら、それらを整理していかなければならないのです。性被害を受けた人は、気持ちを整理するだけではきっぱりとけりをつけることなんてできないし、問題が消え去るとも思えないのです。人生に及ぼされたダメージを癒やすためには、多くの時間とエネルギーを費やす必要があるのです。

友だちは、自分でも、「たいしたことじゃない、わたしは大丈夫」と思い込もうとしているかもしれません。こうしたことはよくあることです。その友だちは、性暴力が自分に与えた影響に向き合う準備がまだできていないのかもしれないし、人生をうまく切り抜けているかのようにふるまっているのかもしれません。でも、いつかこ

性被害にあったことを
うちあけてくれた友だちに、
言ってはいけないこと

①「まさか、信じられない」
②「どうして、あの人がそんなことをしたの？」
③「もう忘れなよ。先に進まなくちゃ」
④「あなたの気持ちはわかるよ」
⑤「かわいそうに」
⑥「あなたにそんなことをしたやつは許せない」
⑦「誤解してるんじゃないの？」

ころをかき乱すものに向き合うことになるでしょう。大切なことは、友だちが自分のペースで向き合えるようにしてあげることです。

4.「あなたの気持ちはわかるよ」

もしあなたが性被害を受けたことがないのなら、友だちの気持ちを理解する手がかりはなにももっていないはずです。実際、そうですよね？　あなたは友だちに共感を示して、助けになりたいと思ったのでしょうけれど、実際にはそう簡単にはできません。だから、こうしたことばも口にしないほうがいいでしょうね。

5.「かわいそうに」

実は、性暴力を受けた人が今一番されたくないのは、同情されることなのです。言う側は、そんなつもりではなくても、聞くほうは憐れみを受けていると感じたり、見下されたようにすら感じたりすることがあるのです。

それとは少し異なるニュアンスで、「そんなことがあなたの身に起きて、すごく残念だよ」というようなことばは伝えられるかもしれませんね。これは、「かわいそうに」と少しちがう感じです。でも、友だちが動揺しても驚かないように。とにかく、〈かわいそう〉ということばは使わないに限ります。

6.「あなたにそんなことをしたやつは許せない」「あなたにそんなこ

とをするなんて、なんてひどい人なの」

こうしたことばも、あまりよいものではありません。どんなにひどい目にあったとしても、被害者は、だれかほかの人が加害者のことを責め始めたら、その加害者のことをかばおうとします。自分をひどく傷つける人であっても、子どもというのは相手に忠誠心のようなものを感じるものです。ちょっと理解できないと思うかもしれませんね。でも、そういうことはよくあるのです。あなたが加害者のことを悪く言い始めると、友だちはこんなふうに言い返すかもしれません。「あの人はホントはそんなに悪い人じゃないんだ。わざと傷つけようとしたわけじゃない」とか「それでもわたしのお父さんよ。だから、お父さんのことを悪く言わないで」とかね。

ですから、あなたは、加害者のことを悪く言わないようにしましょう。とくに、加害者が友だちの家族だった場合、加害者と一緒に友だち自身もあなたに責められているように感じてしまう可能性があるからです。

7.「誤解してるんじゃないの?」

このことばは、被害者に向けて最初に言ってしまいがちです。ですから、このセリフが口先まで出かかったとしても、おかしなことではありません。でも、決して口にしないように。被害を受けた友だちも、自分の身に起きたできごとをどう受けとめるかについて、こころのなかでずっと疑問をいだいていたかもしれません。これまで何年間も、友だちは「自分があのできごとの意味をわかっていないだけじゃないか」とか「自分の誤解にすぎないんじゃないか」と思い続けていたかもしれません。そうした思いを乗り越えて、ようやくあなたに勇気をもってうちあけたのです。あなたが「誤解してるんじゃないの?」と言ってしまうと、友だちはまた、以前の悩みに逆戻りしてしまうのです。

ほかにも、友だちに言わないほうがいいことやしないほうがいいことがありますが、重要なものはここに挙げた通りです。では、次に、あなた自身のことや、友だちの話を聞いてあなたが感じることについて、お話ししていきましょう。

友だちの告白に対処すること

友だちが性暴力を受けたことがあるとか、今も被害にあっているという話を聞いて、あなたはとても混乱したことでしょう。いろいろな感情がわいて、すっかり混乱してしまうかもしれませんし、感情を全部シャットダウンさせて、なにも感じないようにしようとするかもしれません。

友だちの告白に対処するために、あなたがしたほうがいいことと、してはいけないことがあります。話を聞いて、どんなふうに感じたとしても、あなたの気持ちに正しいとかまちがっているということはありません。「〜しなければならない」とか「〜しなきゃ」「〜する義務がある」なんてことは置いておいて、今、あなたにどんなことが起こっているか、それについて考えてみましょう。

信じられない

友だちが性暴力を受けたことがあるとか、今も被害にあっているという話を10代の子どもが聞いたら、唖然《あぜん》とするばかりでしょう。そんな話を聞いても、信じるのはとってもむずかしいはず（もちろん、前のページを読んだあなたは、たとえそう思ったとしても「信じられない」と口にしてはならないことがわかっていますよね）。

あなたは、加害者だと言われた人のことを知っているかもしれません。その人のことを「すごくいい人」だと思っている場合もあるでしょう。あなたは、友だちの顔を見ながら、こう思うかもしれませんね。「こんなことが身近で起こるわけがないわ。どこかで聞きかじった話じゃないの?」って。

あなたが友だちの言っていることを信じられないと思うのも無理はありません。ただ、そう思ったとしても、それを口にしてはいけません。急にうちあけられた衝撃的な話について、落ち着いて考えられるようになるには時間がかかります。もし、友だちが自分から被害について話そうとしたら、なんでも聴きましょう。でも、あれこれ質問してはいけません。友だちの視点に立って、その状況を理解しようと努めましょう。そして、精一杯、友だちの話を信じましょう。

子どもたちは性被害を受けたと嘘をつくことがあると言う人たちも少なくありません。わたし自身、性被害を受けたと嘘をつく子どもが、実際ごくまれにいることは知っていますが、ほとんどの場合、そんなことはありません。性被害が明らかになれば、被害者とその家族は大混乱に陥り、窮地に追い込まれます。それを考えれば、わざわざ嘘をついて自らをトラブルに巻き込む子どもなんて、そうそういるはずはないことがわかるでしょう。子どもはトラブルから抜け出すために嘘をつくことがあっても、トラブルに巻き込まれるために嘘をつくなんてことはしないはずです。だから、あなたは、友だちの話を一生懸命信じてあげてください。あなたの感じている衝撃や信じられない気持ちは、いつかなくなるはずです。

> 友だちの話が信じられなかったとしてもかまいません。そう思うのも当然です。
> でも、友だちに「信じられない」とは言わないで。
> オープンな気持ちで話を聴き、あなたなりに、できるだけ友だちを支えてあげましょう。

すごく腹が立つ

僕は、彼女の兄貴にものすごく腹が立ったよ……。力ずくでやったことが許せなかった。彼女がなにかしたわけじゃないのに。彼女は、あざ笑われたことを忘れられずにいるんだ……。そのことが、まだ、ひっかかってるんだよ。彼女はすごく傷ついているからね……。あいつを殺してやりたいくらいだ。

アレックス、恋人が兄から性被害を受けた16歳の少年

性暴力について怒りを感じるのは、ごくあたりまえのことです。だから、あなたが友だちの話を聞いて腹が立ったとしても、全然おかしなことではありません。

アレックスのように、交際相手から「無理矢理されたの」とうちあけられたなら、その怒りはさらに激しいものになるでしょう。被害者を愛しているから、あるいは交際相手の名誉のために、自分が敵討ちをしなければと感じるかもしれません。アレックスのように、暴力で痛めつけたいと思うかもしれないし、加害者を殴り倒す空想をするかもしれません。

落ち着きましょう。怒りは、しっかり管理しておかなければなりません。怒りの感情を、無視したり、抑え込みましょう、と言っているのではありませんよ。ただ、自分が責任をとれる方法で、怒りの感情を処理しなければならないということです。あなたが腹を立てていることを友だちに伝えても、それは友だちにとってなんの役にも立ちません。むしろ、友だちをさらに苦しめてしまうでしょう。

どんな手段であれ、あなたが暴力をふるえば、友だちはさらに追いつめられてしまいます。だから、自分の怒りをコントロールするか、その気持ちを話せるほかの人を探さなければなりません。それではここで、さらに考

えなければならないことをお話ししましょう。

だれかに相談しなきゃ

あなたは友だちから聞いた話について、自分でなんとかするには荷が重すぎると感じているかもしれません。話を聞いて、「だれかに言わなくちゃいけないことだ」と思った人もいるでしょう。ショックが続いて、どうにかしようとしたり、事態を整理して理解するために、だれかに言わなければと考えているかもしれませんね。友だちの身に起きたことについてすごく腹が立った気持ちを、だれかに聞いてほしいと思っている場合もあるでしょう。性暴力のことを知った以上、「自分がなんとかしなくっちゃ」という考えでいっぱいになっているかもしれませんね。こういう気持ちになっても落ち込む必要はありません。必要があるなら、友だちが被害を受けているということをだれかほかの人に相談すればよいのです。

ただし、だれにでも話してよいということではありません。だれに助けを求めるべきか、相手をよく選ばなくてはなりません。しっかりしていて信頼できる人、そして噂話をしない人を選ぶのです。週末のパーティで会う予定の人は避けたほうがいいでしょ

こっちはこっちで大変なのよ、人のことをなだめている余裕なんてないんだから

怒りをコントロールしましょう。あなたが暴力をふるって刑務所に入るようなことになってしまえば、友だちを助けるどころではありませんよ。

あなたが感情にふりまわされると、友だちはあなたの気持ちをなだめなければと思ってしまいます。それでは、友だちの助けにはなりませんからね。

うね。放課後に一緒にたむろしている仲間も避けたほうがいいでしょう。

お父さんかお母さんに話すのは、よい選択かもしれません。学校の先生、スクールカウンセラー、教会やお寺の人、そのほかにも信頼して尊敬している大人のなかに、よい人がいるかもしれません。話す相手は慎重に選びましょう。友だちのためなのですから。

その相手は、友だちが性暴力を受けたと知ったあなたの気持ちを整理するのを助けてくれるでしょう。そして、児童保護局に通報するのを助けてくれるかもしれません。

「えっ、通報？　通報ってなに？」と思ったあなたへ。

あなたはこう言うかもしれませんね。「このことって、公にしなきゃいけないの？」って。ええ、そうなんです、家庭内の性的虐待の場合は、児童保護局に通報しなければならないのです。もしそうしなければ、あなたの友だちは虐待され続けるか、少なくとも傷を抱えたままになってしまいます。さあ、大きく深呼吸をして、〈通報〉について考えてみましょう。

> 相談する相手を探すときは、良識をもって、適切な判断をしましょう。信頼できて、秘密を守ってくれる人を選びましょう。

知らせること

もし友だちが、あなた以外のだれにも被害についてうちあけていないのであれば、あなたは性被害を受けた人との友だち関係を維持するうえで、一番注意を要する状況に陥ったことになります。つまり、その事実を知らせるべきか、知らせないべきかという選択を迫られるのです。

友だちはあなたに、「だれにも言わないで」と約束させたかもしれません。「だれにも、一言も漏らしちゃダメだからね」と。結論は、それでもあなたは虐待を知らせなければならないってことです。すごく単純なことではあるけれど、とてもむずかしいことです。

知らせる理由

知らせるほうがよい理由はたくさんあります。なかでも、大事な三つのポイントを挙げましょう。まずは、その友だちの安全のため、そして法律上の決まり、最後に、ほかにもいるかもしれない被害者のためです。

友だちの安全のため　友だちを虐待した人がすでに亡くなっていたり、遠くに引っ越してしまっていたりするならば、その友だちには差し迫った危険はないでしょう。虐待を受けたということで友だちがすごく悩んでいたり、被害にあったのは自分に過失があったからだと悩んでいるからこそ、友だちはあなたに過去の虐待をうちあけたのでしょう。あなたは友だちを安心させてあげて、「あなたのせいじゃないよ」と言ってあげることができます。でも、長い目でみると、友だちが性的虐待によって受けたさまざまな影響を整理するには、性暴力被害者の支援に長《た》けた専門家に話すのが一番なのです。

でも、もし性暴力をふるっているのが友だちの兄であり、週末のたびに両親は家を空け、兄に家のことを任せているのであれば、友だちはすごく危険にさらされています。両親がそばにいて〈邪魔する〉ことがないので、兄の性暴力はどんどんエスカレートする可能性があります。友だちの安全を守るためには、あなたが友だちの性被害についてだれかに話し、サポートを得なければならないでしょう。あなたがだれかに話すことで被害を食いとめ、友だちの安全を守ることができるのです。

法律に決められていること　米国では、多くの州で性的虐待を通報しなければならないという法律が定められています。[*1] 非常に明確な法律があり、学校の先生、警察官、病院の医師や看護師、ソーシャルワーカーといった仕事の人たちは、子どもの虐待が疑われたときは、必ず通報しなければならないことになっている州もあります。また、この法律をより一般の人にもあてはめて、子どもが虐待を受けているかもしれないと疑った人はだれでも通報しなければならないと定めている州もあります。

ほかにもいるかもしれない被害者のため　子どもに性暴力をふるう人は、その子だけにふるうわけではありません。実は、被害者が知らないところで、きょうだいも被害を受けている場合が少なくありません。「自分さえ性暴力に耐えて黙っていれば、ほかのきょうだいは安全でいられる」と思っている人もいるでしょう。でも、そうではないのです。きょうだいもまた、だれにも言えずに苦しんでいる可能性は充分にあるのです。

性的虐待はまた、世代を超えて連鎖していくことがあります。妹に性暴力をふるっていた兄が、その後、わが子に性的虐待をする父親になっていくことがあるのです。甥に性暴力をふるっていたおばは、その後、孫に性的虐待をふるう祖母になることもあるのです。コーチやスカウトリーダー、教師、聖職者、医者、ベビーシッターなどは、何百人もの子どもと関わる機会があり、どの子どもも被害にあう危険性があります。だれも立ち上がる勇気がないために、どれほどたくさんの子どもが苦しんでいるのかを考えてごらんなさい。

法律で定められているから、あるいは友だちが危険な目にあっているからといって、虐待を通報するのにためらいを感じる人もいるでしょう。もし、あなたが通報に納得できないのであれば、だれかが立ち上がり、「もう充分よ！　こんなこと続けさせやしないわ」と言わない限り、子どもたちはずっと危険にさらされ続けるのだという事実に思いをめぐらしましょう。だから、知らせるのです。あなたの友だちのために、そして、危険にさらされているすべての子どもたちのために、知らせるのです。

友だちの反応

さて、知らせる必要性については理解できましたか。知らせることについてじっくり考えて、それが友だちを助けるための唯一の方法なのだとわかりましたね。あなた自身か、あるいは話を聞いてくれた大人が、児童保護局に通報することになります。友だちに「通報するつもりだ」と言っておくほうが、フェア（公正）だと思うでしょう。でも、それを聞いた友だちは、「それはいい考えね！」とは言わないかもしれません。むしろ、友だちは、「そんなこと絶対にしないで！」と激怒する可能性が高いでしょう。

あなたの友だちはこれまで、自分の身に起きていることをだれかに話すのは死ぬより最悪なことだと思って、ずっと口をつぐんで耐えてきたのです。そのことをわかってあげてください。だから、通報することを提案しても、喜んでとびつくことはおそらくないでしょう。友だちは、「だれも信じてくれない」とか「そんなことが起こったのは、おまえのせいだ」と思われるにちがいないと、不安に思っているからです。それに、通報すると、

＊1　訳注　日本でも、虐待の疑いを感じた人はだれでも、役所か児童相談所に通報しなければならないと法律に定められています（児童虐待防止法）。本当に虐待が起きているのかを、あなたが確認する必要はありません。友だちから話を聞いたり、心配に思うことがあったら、友だちの安全のために通報することはとても大切なことです。まずは、親や学校の先生、スクールカウンセラーなど、信用できる大人に相談してください。

友だちや近所の人たちみんなに事実が知られてしまうかもしれないと思って、恥ずかしい気持ちや自責感でいっぱいになるのです。加害者に「もし、だれかに言ったら、おまえやおまえの大切な人を傷つけてやる」と脅されている人もいるかもしれません。あなたの友だちは、まずあなたにうちあけるというだけでも、すでにものすごく大変なことをしているのです。さらに、ほかの人にも言うなんて、とんでもないと思っているはずです。

友だちが落ち着くには少し時間が必要です。時間が経てば、友だちも虐待をとめるには通報するしかないってことがわかるはずです。友だちは、「絶対に言うなよ」とあなたを脅したり、「約束よ」と誓わせたり、あるいは、もうあなたとは遊ばなくなったりするかもしれません。でも、あなたはどうか自分の立場を貫いて、虐待を通報してほしいのです。

もし、あなたがすでにだれか大人に話しているのであれば、友だちにそのことを伝えるかどうか、悩むかもしれませんね。「あの人はあなたを守ってくれるはず」と、友だちに言いましょう。話を聞いた大人は、しかるべき機関に虐待を通報してくれるでしょう。友だちがソーシャルワーカーや警察官から事情を訊かれるときには、つきそってくれたり、さまざまなサポートをしてくれるはずです。

通報することにまだ納得できずにいる友だちは、「もうなにもしないでよね」とあなたに誓わせようとするかもしれません。虐待のことを通報しようとしているあなたが罪悪感をいだくような言いかたをするかもしれません。ありとあらゆることを言って、あなたを脅しにかかるかもしれません。たとえば、「そんなことしたら絶交だ」とか「だれかに言ったら死んでやる」とか、あるいは「そんなの嘘ですって答えるもの」などなど。

ここでゆらいではいけません。友だちに、「あなたのことをすごく大事に思っているから、なにもしないでおくことはできないんだ」と伝えましょう。そうはいっても簡単なことではありませんよね。

友だちが心配するのももっともです。性的虐待を通報すると、被害者の生活も加害者の生活も、そして家族の生活も一変してしまいます。実際、状況がよい方向に変化する前に、以前より事態が悪化することもめずらしくありません。

でも、話をうちあけられたあなたがなにもしなかったら、だれがやるというのでしょう？　だれかが断固とした態度をとり、「友だちはわたしのことをすごく怒っているけれど、わたしは正しいことをしているんだ」と決意しなければ、性的虐待は永遠に続いてしまうのです。だれかが立ち上がらなければ、何世代にもわたって子どもたちは、被害から逃れられない人生を送るしかないのですから。

通報する

通報するのは、とてもシンプルな手続きです。警察に電話をかけて「性的虐待を受けている友だちがいるんです」と言うか、自分の住んでいる地域の児童福祉関係の部局に電話をかけるだけです。次に児童虐待を担当するワーカーや受付担当の人と話すことになります。そうしたら、あなたは被害を受けている友だちの名前と、その子の住所か学校名を伝えます。もしわかっているのなら、（友だちを虐待している）加害者の住所と名前も伝えます。知らなくてもかまいません。覚えておいてほしいのは、虐待が起きた都道府県や市町村の機関に通報しなければならないということです。

もし、友だちが遠く離れた市に住んでいるおじから虐待されていて、虐待がそこで起きているならば、あなたはその市の機関に通報しなければなりません。よくわからなければ、あなたが住んでいる地域の機関に通報してもかまいません。話を聞いた職員は、そこから別の市に引き継いでくれるか、あなたがどこに連絡すればいいのか教えてくれます。

通報が受け付けられたら、警察やソーシャルワーカー、あるいはその両方の人が、友だちに直接、話を聞きに行きます。そして司法の手続きが始まるのです。

正直に言うと、性的虐待を通報した際、必ずしも最高の対処をしてもらえるわけではありません。でも、できるだけよい対応をしようとがんばっている人はいるし、被害者のことをすごく考えてくれる人もいます。あなたと友だちが、よい支援者と出会えますように。

自分自身のケアをする

わたしはこの章の最初に、あなたは大変な目にあうだろうと言いましたね。性的に虐待された子と友だちでいることは、コントロールを失ったジェットコースターに乗っているようなものですから。あなたが「もう降りたい」と思う瞬間もあるでしょう。

どうしてこんなに大変なことになるかというと、友だちは上がったり下がったりと波のある状態だからです。ある日には幸せそうで、自信があって、落ち着いた様子だったのに、翌日にはなにもできなくなっていたり。ほかの人がいるときには本当にしっかりしているのに、ふたりきりになると「自殺したいの」とつぶやいたり。

友だちとの関係が、以前とは変わってきていると感じているかもしれませんね。他愛のない話はしなくなり、話題といえば虐待のことばかり。あなたは、まるで溺れた友だちを助ける救命具のよう。もう、その救命具もボ

ロボロになってきています。

あるいは、友だちはあなたを完全に避けるようになったかもしれませんね。パーティへの誘いは来なくなり、一緒にブラブラすることもなくなり、交流は一切なし。廊下で会っても、知らんぷりで、目の前にあなたがいないかのようにふるまう。もっと悪い場合には、友だちがあなたの噂話や作り話を広めることもあるでしょう。もし、以前はすごく仲よしだったなら、こうしたことはとてもつらいですね。でも、友だちは自分なりの精一杯の方法で対処しているところなのだとわかってあげてください。あなたが友だちの身代わりになって試練を肩代わりしたり、あらゆる怒りを向けられる対象になったりするのは、正しいことでもフェア（公正）なことでもありません。でも、そういうことが起こるかもしれないので、覚悟しておいてください（もうすでに、あなたは「友だちが言わないでいてくれたらよかったのに」と思っているんじゃないかしら?）。

あなたは、自分自身をケアする必要があります。もし、もう行動をコントロールできないとか、抑えられないほどまでに怒りが強まっているのであれば、休憩をとりましょう。しばらくのあいだ、ほかの友だちと過ごすのです。冷静になりましょう。そして、これは非常に大切なことですが、友だちとの関係が悪くなっていることをほかの子との話題にしないようにしましょう。「どうして、あの子と一緒にいなくなったの?」と訊かれることがあったら、詳しく説明する必要はありません。「しばらくお互いに休憩することにしたんだ」とだけ言えば充分です。友だちとのあいだに生じた問題について、あなたは友だちのプライバシーを守る責任があります。被害について口にしてもよいのは、被害を受けた本人だけの権利なのです。

被害を秘密にしておくというルールの唯一の例外は、あなたが話をしようと決めた信頼できる大人だけです。友だちがいやがっても、大人に言わなければならない場合があります。だとしても、あなたは相手のプライバシーを侵害したわけではないし、相手の評判を落とそうとしたわけでもないのです。事実、あなたがしていることは、相手の生命を救うことなのです。人に話す際は慎重に。友だちのプライバシーは守ること、でも、友だちの安全を犠牲にしてはいけません。

あなたの友だちの変化を見守る

友だちが変わっていくのを目の当たりにするのは、とてもつらいことですね。友だちは、服装が派手になったり、行動が変わっていったりするかもしれません。ドラッグやアルコールを使うようになったり、〈だれとでもセックスする〉ようになったりするかもしれません。おそらく、友だちはスポーツやクラブ活動を辞めてしまったり、成績が落ちていったりするでしょう。いろいろなことがどんどん変わっていってしまうかもしれません。友だちがひどい状態になっていくのを見るのは、とてもつらいことでしょう。

覚えておいてほしいのは、そんな友だちの変化に対して、あなたにはできることもあるし、できないこともあるってこと。友だちと話そうとしてみることはできるかもしれないし、あなたが相手のことを本当に気にしていて、見た目や行動が変わってしまったことを案じていると伝えることもできるかもしれません。でも、言う前にはこころの準備をしましょう。相手は怒るかもしれないし、「余計なお世話」なんて言われるかもしれません。あるいは、なにも言わずにあなたから離れていくかもしれません。こうしたことで、あなたが傷つく可能性があります。

覚えておいてほしいのは、友だちはすごく混乱し、こわがって、傷ついているってこと。あなたが友だちの怒りや恨み、裏切りをぶつけられたら、いやな気持ちになるのはよくわかります。でも、友だちが本当に必死にもがいているのは事実なのです。友だちがもがいているあいだ、あなたは友だちと一緒に居続けることができるかもしれないし、できないかもしれません。自分ができることだけすれば充分です。

もしも、事態があまりに荒れてひどくなっているなら、友だちと距離を置くのは悪いことではありません。そのときは、「あなたが被害を受けたことが理由で友だちでいるのがいやになったんじゃなくて、あなたからの一方的な言われかたに耐えられなくなったからだよ」と、友だちにはっきり伝えましょう。「これは、だれにとってもどうしたらいいのかわからなくなることだと思う。すごく煮詰まってきたから、ちょっと距離を置いて休憩したいんだ。あなたのことは今でも心配だし、もし、あなたが望むならいつでもそばにいるよ」と伝えるのでもいいでしょう。こう伝えることで、ふたりはまだ友だちだけれど、今は休憩が必要で、少し休んだらまた戻ってくるということを相手に伝えることができます。

友だちが変化し、急激に落ち込み、自信をなくしていく様子を見るのは、とてもつらいことです。そして、「自分はなにもしてあげられない」と思うと、もっとつらくなるでしょう。でも、あなたは何歳？ 13歳？ 17歳？ 19歳？ あなたはカウンセリングや精神医学や、心理学の学位をもっているかしら？ あなたは性被害のトラウマをもつ人の支援にあたった経験があるかしら？ もちろんないでしょう。あなたは、すごく傷ついた人のよき友だちでいようとして、最善を尽くしている10代の子どもにすぎないのです。だから、そんなに抱え込まなくていいんですよ。もしあなたの友だちが家出をしたとしても、それはあなたのせいではありません。もし、友だちが警察沙汰を起こしても、それ

もあなたのせいではありません。もし友だちが自殺を試みても、あなたのせいではありません。こうしたことのどれひとつとして、あなたのせいではないのです。ただ友だちでいること、それがあなたにできる最良のことなのです。

性的虐待を受けた子どもの友だちからの回答

Q　性被害を受けたと友だちにうちあけられたら、どうしたらいいでしょうか？

A　秘密にしておくべきじゃないって思います。だれか大人に言ったほうがいいよ。

Q　被害を受けた子に、「だれかに言うね」と伝えたほうがいいでしょうか？

A　わたしは言いませんでした。相手にどんな仕返しをされるか、すごくこわかったから。わたしが関わりをもっている信頼できる大人はお母さんだったので、お母さんに伝えて通報してもらいました。

Q　ほかに友だちがするべきこと、または、してはいけないことはなんですか？

A　なにがあったのかどれだけ知りたくても、根掘り葉掘り聞いちゃダメ。その子が話したいときに、その子のペースで話すべきだと思うから。もし、そんなふうに聞いたら、もうしゃべってくれなくなるでしょう。「信じているからね」って伝えることも大事だと思うよ。

Q　性的虐待を受けた子と友だちでいるって、どんな感じ？

A　正直、大変なことだよ……。僕の場合、被害を受けたポールは、人生のなかでいやなことが山ほどあったから、それをめいっぱい僕に向けてくることもあったんだ。でも、それを受けとめるのは楽じゃなかった。子どもにすぎないんだから、どれほど期待できるっていうんだい？　そう思う一方で、僕は彼と友だちでいることに一種の責任も感じていたんだ。「彼を助けなくっちゃ」って。

Q　あなたが話をした大人が児童保護局に通報するとわかっていても、それでもあなたは大人に言った？

A　はい。だって、そうしなきゃ、被害者は本当に援助を受けられないし、問題を解決できると思えなかったから。同時に、自分のためにもなると思う。もしだれにも言わず、なにもせずにいて、万一、友だちが自分自身を傷つけでもしたら、本当に責任を感じていたと思います。

Q　被害者の友だちに、ほかにアドバイスはある？

A　自分ではすべての問題を解決できないんだって気づくことが重要だと思う。被害を受けた子どもを助けることができる資格と能力がある人たちがいるよ。あなたの友だちを自分ひとりで助けようとしないで。

できるだけのことをすればよいのです

これは競争でもないし、成績のつくテストでもありません。ただ、友だちでいて、その子のことを気にかけて、その子を助けようとして、その途中であなたがのめり込みすぎていないかを確認するのです。できるだけのことをしたら、あとは、なるようになるだけです。

僕は君の友だち
君の目から涙があふれ
君はそんなにも強くあろうとしている
でも、こころの奥では思っているよね
〈僕のどこがいけなかったんだろうか〉って

君の人生はまるで砂時計
砂の粒が落ちていく
僕はそれを外から見ている
砂の落ちる先を見届けようと

君のつらさはわかっていると
そう言ったら嘘になるかな
そして、たぶん本当にはできない
でも、わかろうとしてみるよ

失われた無邪気さに差していた
濃い影がどんどん薄れていく

どんな傷も時間が癒やすというけれど
君のことは、君が一番わかっている
君のこころが癒やされはじめたと感じる頃
僕が君の友だちだとわかってくれるだろう

第15章　サバイバーからあなたへのメッセージ

3人のすごい人たちを紹介したいと思います。全員、性暴力被害を受けた若いサバイバーです。それぞれの状況は異なっていますが、共通点もたくさんあります。たとえば、対処するのが大変な問題や、ふいにみまわれる苦しい気持ち、そして、子ども時代を奪われたという事実。性暴力が人生に与えた傷から回復するための、この3人の率直さ、勇気、そして決断のなかから、あなたも自分と同じなにかを見出すことができますように。

ジェニファー

ジェニファーに初めて会った人は、彼女がかつてチアリーダーだったと聞いて「やっぱり」と思うにちがいありません。ジェニファーの透き通った肌、薄茶色の瞳、輝く茶色の髪は、いかにも典型的な米国の少女に見えるからです。家族もまた、見たところ平均的な家庭といえます。ジェニファーと母親は地元の教会で活躍し、聖歌隊で歌ったり、ハンドベルを演奏したりしていました。ジェニファーの父親は勤勉な人で、近所の人たちからは、一家の大黒柱とみられていました。

でも、彼女の家族が本当はどうだったのか、ジェニファーの話からは、外から見るのとはちがう部分が見えてきます。

わたしが3歳の頃、父からの性的虐待が始まったの。少なくとも、わたしの記憶のなかではそれが最初ね。長いこと、わたしはそれがふつうじゃないことだと知らずにいたので、あたりまえのことだって思っていたんです。その後、わたしが12歳になると、父はわたしにセックスまでするようになりました。それで、「これってどこかおかしいんじゃないかな」と思い始めるようになったんです。

わたしはお母さんに話そうとしました。父から虐待を受けていた11年のあいだで、少なくとも3回か4回は実際に話したんです。お母さんは父になにか言ったようで、その後、一週間は虐待されることはありませんでした。父は2日間ほどすごく怒っていて、わたしと口をききませんでした。でも、日が経つと、また虐待されるようになりました。

ああ、それに関していえば、
うちの母も全然わかっちゃ
いなかったってことね

初めてお母さんにうちあけたのは、わたしが5歳くらいのときでした。仲よしの友だちの家で、『プレイボーイ』（成人向け雑誌）を目にしたの。そこに、数人の男性が女の子のからだの上で寝そべっている写真が載っていました。お母さんも友だちの家に来ていたので、わたしはその写真を、お母さんと友だちのお母さんに見せました。そして、家に帰ったあと、わたしはお母さんに言ったんです。「ママ、あの雑誌の表紙に載っていた人たちがしていたことを覚えてる？　あれね、お父さんもわたしにしてくるんだよ」。お母さんになんて言ったか、今でもはっきり覚えています。

そのあと、お母さんは時々、「お父さんはまだ、あなたにあんなことをしているの？」と聞いてきました。たいてい、わたしは「ううん」と答えました。お母さんが父に問いただすと、父は「学校でか、友だちからか、どっかから聞いただけだろう」と言いました。

だれもがこう言います。「どうして、だれかほかの人に言わなかったの？」って。でも、わたしはだれにも言えませんでした。家族がバラバラになってしまい、施設に入れられることが、すごくこわかったから。そうなるって、以前、テレビで見たことがあったんです。夕方に放映されている特別番組で、ある女の子が家族から引き離されて、お母さんに会えなくなってしまうという内容でした。それにわたしが小さい頃、父は「もし、おまえがだれかに話しても、だれもおまえの話なんて信じないぞ。お母さんに話したって、おまえが怒られるだけだぞ」と言っていたし。

14歳のときに、すべてを話しました。なんで話す気になったのかはわからないですが、イライラしていたとかそんな感じだったと思います。自分の部屋で髪の毛を整えていたとき、父が部屋に入ってきて、わたしのからだや性器を触り始めたんです。わたしは「やめて、あっちへ行って」と言いました。すると、父はわたしをひっつかまえてベッドの上に抑え込みました。「やめて、あっちへ行って」と言い続けたけれど、父はやめませんでした。

どうにかして父を突き放しました。わたしは、ただもうすごく腹が立っていました。わたしは泣き出して、家から飛び出しました。２km近く離れた友だちの家までずっと走り続けました。とにかく走り続けたんです。友だちの両親になにがあったのかを話し、お母さんが家に帰る時間まで待ちました。お母さんに電話をして、お母さんは友だちの家まで迎えにきてくれました。そこで、ふたりでゆっくり話したんです。

話を聞いたお母さんは、最初にこう言いました。「あなたはお母さんに、お父さんのことをカウンセリングに連れて行ってほしいのね？　お父さんにカウンセリングを受けてもらいましょう」と。「ちがうよ！　警察に電話してほしいの。もし、お母さんが警察に電話をしてくれないんだったら、月曜日に学校に行ったときにスクールカウンセラーに言うつもりよ」と、わたしは言いました。

その晩、わたしとお母さんが家に帰ると、父はもう寝ていました。お母さんは父に置き手紙を残し、わたしが話したことを書きました。それから、わたしとお母さんはベッドに入りました。わたしは一睡もできませんでした。父が起きたとき、わたしはすでに目を覚ましていました。父が封筒を開け、手紙を読み、それをクシャクシャに丸めてストーブの火に投げ入れる音が聞こえました。父は、お母さんが貯めていたお金をとって出て行きました。父が家に戻ってくるかどうか、わたしもお母さんもわかりませんでした。

月曜日、お母さんはわたしをセラピストのところに連れていきました。そして、火曜日には、ソーシャルワーカーと警察官が学校に来て、わたしと面接をしました。その後、わたしは里親に預けられることになりました。というのも、父が家に戻ってくるかどうかわからなかったし、もし戻ってきたらなにをするかわからなかったからです。けれども、事態はそんなに悪くはなかったです。友だちの両親が里親をやっていて、わたしはそこに預けられたからです。それに、毎日、お母さんにも会えました。

一週間後、父は帰宅し、警察に自首しました。最初、父は自分のしたことを認めませんでした。それで警察は、わたしとの面接内容の録音テープを父に聞かせました。最終的に、父はすべて認め、わたしを証言台に立たせないでほしいと述べました。また、父は自殺しようと思っていて、この一週間のあいだ、どうやって死のうかと考えていた、とも話しました。

警察は父を精神鑑定に送り、2週間の入院を認めました。その後、父は数週間、拘置所に送られました。なのに、そのときお母さんが父を釈放させたのです。わたしはお母さんがしたことに、ちょっと腹を立てました。わたしは父に刑務所に入ってほしかったから。でも、お母さんがそうした理由は、わたしにもわかりました。父が家計を担っていたので、父が仕事に出られなければ家族は経済的に行きづまってしまうのです。

父は、わたしと一切の接触を禁じられていました。偶然、一度だけ電話で話したことがありました。わたしは父に「ごめんね」と言いました。わたしはわんわん泣きました。自分が引き起こした問題すべてをすごく後悔していました。

でも、その後、わたしは自分のセリフを取り消しました。父との最初の面会の場で、わたしは言いました。『ごめんね』と言ったことは取り消します。今は、わたしが悪いとは思っていないから」って。

ジェニファーは被害をうちあけてから、成績がどんどん下がり、ついにはチアリーディングのチームもやめることになってしまいました。なぜなら、裁判所に行ったり、セラピーを受けたり、父親に会わないようにしたり、母親との関係を変えていったりすることに、多くのエネルギーを費やさざるを得なくなったため、学校生活についていくのがきつくなったからです。彼女は自殺について考えるようになり、短期間、入院することになりました。当時、カウンセリングなしではなにもできなかっただろうと、今、ジェニファーはふりかえっています。

ジェニファーは2年間、父親と顔を合わせませんでした。駐車場の向こう側にお互いが見えたり、セラピーのある晩に待合室ですれちがったりすることはありましたが、ふたりとも口をきかず、一切関わりませんでした。このことは、ジェニファーにとって、とてもつらいことでした。彼女は、悲しみと罪悪感、悲嘆が入り混じった気持ちになって、泣きながら帰宅することも少なくありませんでした。

ジェニファーにとってもつらい2年間を過ごし、父親の治療の一環としてのセッションの場で、彼女は父と再会しました。ジェニファーは、自分が不安になったり、意識が飛んでしまった場合に備えて、言いたいことをすべて書き出しておきました。初回セッションはとてもつらいものでした。長いあいだ、会っていなかった父親に会うことも不安でしたし、父親に尋ねるには大変な質問もあったからです。

父は、最初に結婚した奥さんとの離婚理由を一度も話したことがありません。もしかしたら、その娘にも虐待をしたんじゃないかという考えが、わたしの頭から離れませんでした。でも、父は「いや、そんなことはない」と答えました。そこで、「わたしが3歳のときに、わたしのいとこに性暴力をふるって逮捕されたことがあるでしょう」と尋ねました。父は、「そんなことは絶対にない」と言いました。

でも、父はやっていたはずです。そう考えると、家の向かいに住んでいた女の子に、わたしの子守りをさせていたことにも納得できました。父は、いつも子守りの女の子やその友だちを、自分の膝や性器の上に座らせていたからです。わたしが父からの虐待についてうちあけたあと、何回か、その女の子と会いました。そのとき、彼女は、父が彼女のからだや性器をどんなふうに弄んだかを話してくれました。

ジェニファーにとって、父親とコミュニケーションをとることはとても重要なことでした。彼女は「今は父親を信じている」と口では言うものの、父親に遠慮しているようにも見えました。父親は、〈父親役割〉的な言いかた（「早く帰ってきなさい」「暖かい格好をしているか」「どこへ行くんだ？」）で、ジェニファーをコントロールし続けていました。さらに、娘のジェニファーを妻と競わせようとすることがありました。それでも、大部分において、ジェニファーは父親との関係が良好であると感じていました。

わたしは、父が誠実であると信じています。父は口うるさいタイプです。今は、父親らしくふるまうようになってきたので、気分はマシです。以前は、まるでボーイフレンドみたいだったので。学校のことやいろんなことを口うるさく言う父のことは、それほどいやではありません。だって、それが本来、父親がしなければならないことなのですから。

ジェニファーの母親との関係もよい方向へと変わっていきました。でも、ジェニファーが被害をうちあけたあとの一年半は、とても大変でした。

　わたしとお母さんはケンカばかりしていました。わたしは自分のなかにため込んでいたものすごい怒りを、お母さんにぶつけました。だって、お母さんしかそこにいなかったから。そのため、お母さんもまたこころのなかに怒りをためていました。お母さんはしょっちゅう怒鳴るタイプなので、怒鳴らずに話すには相当苦労していたと思います。わたしが父からの虐待をうちあけた直後、お母さんは、必死で母親の役割を果たそうとしていました。しばらくすると、今度は、母親というより友だちのようにふるまおうとしました。今は、ちょうどいい感じのお母さんです。こんな感じが気に入っています。

　ジェニファーは、母親とのよい関係を築くためにもセラピーが役立つと考えました。ジェニファーと母親は、今も隔週でカウンセリングを受けており、とても満足しています。
　ジェニファーは今、17歳で、将来について考えているところです。彼女は高校卒業認定試験を受けてから、美容師の資格をとるつもりです。フェイシャルや美顔施術をするエステティシャンになるのが夢とのこと。将来について話す彼女の瞳は輝いています。
　性的虐待を受けているほかの子どもたちへのメッセージを、ジェニファーはじっくり考えてから伝えてくれました。

こんな目にあっているのはこの世にわたしだけにちがいないって、ずっと思っていました。でも、同じような経験をしている幼い女の子が実際にいるんです。そう思うと、つらい気持ちになります。その子たちのもとに駆けつけて、助けてあげたい。被害を受けている子どもたち全員に連絡をとって、「あなたはそんな目にあう必要はないんだよ。だから、だれかに話してちょうだい」って伝えたいです。

うちあけることで、里親の家に預けられることになったり、あなたが好きな人が刑務所に入れられる姿を見なければならなかったりするけれど、それでもだれかに話さなきゃいけないと思う。ちょっとつらいことだけれど、長い目で見れば、やるだけの価値があることだから。

ダニエル

わたしがダニエルと出会ったのは、ある大学で学生向けの講義をしたときでした。ダニエルは、背はそれほど高くないものの、がっちりとした体格をしたハンサムな20歳の男性で、まさにアスリートという感じでした。彼と話すなかではっきりしてきたのは、ダニエルの記憶が、今もなお彼を傷つけているということでした。彼は、自分が受けた性暴力の詳細を説明するのがむずかしいようでした。それでも、彼はそのできごとについて感じていることを、惜しみなく話してくれました。

僕は、えぇと、だれもが「裕福な家庭だね」っていうような家の出身です。兄と姉がいます。きょうだいが幼かった頃はすごく仲のよい家族でしたが、みんなが10代になると、お互いがバラバラになっていったように思います。僕が15歳のとき、兄が深刻なこころの病いにかかり、大学に入ったら、ますます具合が悪くなりました。さらに、

姉はひどい反抗期に入っていました。父は、兄のことで本当に手一杯で、母は姉にかかりきりでした。だから、僕にかまってくれる大人はだれもいなかったんです。僕は、ドラッグとアルコールに手をだし、どんどん、どんどん、ひどくなっていきました。お酒を飲むと大人の気分になれました。そして、大人なら、どんなことにも対処できると思っていました。

ダニエルが16歳になる頃には、なにもかもがひどいことになっていました。学校は落第寸前で、いつもアルコールを飲んでいて、自傷行為もするようになっていました（ダニエルと友人ふたりは、次々とさまざまな方法で自傷行為をしていました）。ダニエルはこんなふうに言いました。「僕は、ボーイフレンドとして家に連れてきてほしくないと思われるようなタイプでした。見かけもよくないし。自分のことを大事にしていなかったし、飲んでばっかりいましたからね」と。つまり、このとき、ダニエルは自分が性被害を受けていたという記憶をすっかり失っていたのです。彼はときどき〈記憶が一瞬よみがえる〉ことがあったものの、〈自分は性被害を受けていた〉と言えるだけの確かなことは、なにひとつわかっていなかったのです。

ダニエルが自殺未遂を起こしたため、両親が彼を入院させました。最初、ダニエルは入院を不満に感じていました。「入院してからの3日間は、超サイアクでした」と。ですが、2ヶ月も経つ頃には、彼はなんとかしてドラッグとアルコールの習癖を絶てるようになり、少しずつ気分がよくなっていきました。退院3日前になって、ダニエルはキャンプ指導員に性暴力をふるわれた記憶がフラッシュバックしました。

ほんとに、すっかり忘れていたんです。というか、その場面は覚えているけれど、どれくらい続いていたのか、さっぱりわからない。まるで、他人事《ひとごと》のような、本当のことじゃないような感じがして、しかも断片的にしか思い出せないんです。

ダニエルは、入院期間が長引くのを恐れて、フラッシュバックのことを病院のスタッフには黙っていました。退院後、彼は自分がキレそうになるとその記憶を無視して、生活をなんとかやりすごそうとしました。一年くらいは、なんとかもちこたえましたが、18歳になると、ダニエルの生活は再び崩れていきました。

僕は精神科を受診しました。僕の家族はメチャクチャで、僕は本当に自分をなんとかしたいと思っていたんです。それで僕は、姉に「一度、診察のときに一緒に来てくれない?」と頼みました。18歳の夏のことでした。診察のときに、姉はこう言ったんです。「ダニエル、子どもの頃のことを覚えていないの?」と。僕は、「なんのこと言ってるの?」って感じでした。すると、姉は医師に、僕が8歳で姉が10歳だったとき、姉が僕にしたことを話し始めたんです。すごくひどい話でした。それで、すべての記憶が目の前にフラッシュバックしたんです。ああ! ひどい話ですよ、すごく傷つきました。追いつめられました。自分の姉から被害を受けていたんですから。

記憶が戻ってからのダニエルは、セラピーを自分の命綱のように思っていました。彼はセラピーのなかで、キャンプ指導員からの性暴力とともに、姉からの性暴力の記憶も話しました。今は、ダニエルは姉との関係に苦労しながら、自分のセクシュアリティについても悩んでいます。

姉はダニエルを〈めちゃくちゃに怒らせる〉ポイントを熟知していると、彼は言います。ダニエルは、姉がダニエルや両親をふりまわし、ほかの人の気持ちにおかまいなしであることを、すごくきらっていました。ダニエルは姉と一緒にいるのは無理だと感じていました。また、性暴力を思い出さないようにすることも、容易ではありませんでした。

家族にあんなことができるものなのでしょうか。家族が自分にセックスをしようとしてくるんですよ。いい気分なわけないじゃないですか。この世界のどこを探したって、これ以上、汚いことはありません。ほかの人はどう感じるのかわからないけど……家族内の性的虐待はすごくひどいことです。

ダニエルは、自分の女性に対する態度や、自分がひどく奇妙でおかしな態度をとってしまうのは、姉のせいだろうと考えています。

僕は女性との関係が長く続いた試しがないんです。高校2年の頃、3週間で25人の女性とつきあったこともあります。ひとりの女性とだけ一緒にいることができないんです。
ひとりの女の子と2年間つきあったことはあるけど、それは彼女のほうが僕との関係にのめり込んでいたからです。僕のほうは、幾度となく彼女をふろうとしたし、もう彼女と一緒にいたくないって思ったこともあったんです。彼女のふるまいは、ときおり姉を思い出させるもので、そのたびに僕はそこから逃げ出したくなったんですよ。

ダニエルは、自分のセクシュアリティの問題にも向き合っています。彼に性暴力をふるった人のひとりがゲイ男性だったので、「自分もゲイなのかな」と、たまに思うのです。

僕は、たいていの男性が人生のどこかで自分のセクシュアリティについて悩むのはふつうのことだと思っています。僕の悩みは、ちょっとばかりキツかったけれど。主治医は僕が悩みを整理していくうえで、すごく助けになっています。主治医は、ずっと「君のせいじゃないよ」「今の君はもう、性暴力をふるわれていたときに感じていたような気持ちをもち続けなくていいんだよ」と言い続けてくれています。だけど、僕は自分が男の人から性暴力をふるわれたということを、ほかの男性には絶対に言えないんです。緊張してしまって、どうしても言えないんです。

ダニエルはまた、女性やセックスについての考えかたにも悩んでいます。

つまり、僕はこころから楽しんでセックスをしたことがないってこと。たしかに、セックスは楽しいし、素晴らしいものです。でも、それ以上のものに感じられないんです。セックスが始まって10分か15分が過ぎると、「楽しくないな」っていう気分になって、「早く終わってほしい」ってことしか考えられなくなるんです。セックスの情緒的なところがよくわかりません。それを探しているし、求めてもいるんですけれど。

僕は結構体格のいいほうでしょう？　スポーツもレスリングもするし、空手で黒帯ももっています。子どもの頃からずっと、がっちりした体格になろうとしてきたから。時々、女の子とセックスをしてもこんなに楽しめないなら、ほとんどの場合楽しめないんですけどね、そうすると、こんなふうに考え始めちゃうんです。目の前の子をたぶ

ちのめすほうが、どんなにか簡単だろうって。相手を殺すのも、痛めつけるのも、すごく簡単です。主治医にもその話をしました。僕には、まだまだ取り組まなくちゃいけない課題があるんです。

ダニエルは、いつか結婚して子どもをもちたいと思っています。ダニエルは、自分の子どもを絶対に虐待しないと思っています。そして、サバイバーなら、結婚相手や結婚前の交際相手に、自分が受けた性被害について話すべきだと考えています。

どんな関係であっても、パートナーに知らせることは大事だと思うんです。どうしてかというと、姉から受けた被害のフラッシュバックを起こしてパニックになることもありうるから、交際相手には、最低限の理解をしておいてほしいんです。

ダニエルとの連絡は、インタビュー後に途切れてしまっているのですが、最後に聞いた話では、彼は大学を退学して、実家に戻ったということでした。彼が元気で過ごしていることを願っています。次のメッセージは、ダニエルがわたしに「性暴力を受けた子どもたちに伝えてほしい」と話してくれたことです。

きっと大丈夫だよ。決して、そのせいで自分を台無しにしないで。あいつ（加害者）のせいで、君が自分を傷つけたりしたら、君は戦いに負けたことになる。でも、前に進んで自分の気持ちに向き合うことができれば、君は性暴力に打ち勝てるし、やつらに勝つこともできるんだ。君は被害を受けても生き延びたんだから、もっとずっと強い人になれるはずだよ。

ジュリア

自信。このことばは、まさにジュリアのことを表わしています。18歳の彼女は、モデルのように背が高く、スレンダーで、黒い瞳と髪を持ち、滑らかな白い肌をしています。また、確かな存在感もあります。ジュリアが実家のリビングに座っている姿は、とても冷静で大人っぽく見えます。家の2階では、10ヶ月になるジュリアの赤ちゃんが昼寝をしています。

ジュリアは、性的虐待だけでなく、身体的虐待や心理的虐待を受けた記憶もあります。手錠でクローゼットの中につながれたり、無理やり恐ろしい本を読まされたり、自分のみならず最初に産んだ赤ちゃんまでも死の恐怖にさらされたり、ほかにもこわくて語ることもできないようなさまざまな行為をされていました。

最初の虐待の記憶は彼女が3歳のときのものです。次の記憶は11歳か12歳の頃のものになるので、ジュリアは虐待がどれだけ続いていたのかがはっきりわかりません。13歳の頃のできごとをのぞき、すべて実父からの虐待でした。

父はわたしを仕事場に連れて行きました。そこで、父と同僚の男のふたりから性暴力をふるわれたのを覚えています。でも、わたしはその記憶を抑え込もうとしてきました。「ちゃんと思い出せないし、わたしの頭がおかしくなったんだ。これはわたしの作り話なんだ」と、自分に言い聞かせてきたのです。なぜなら、相手は父親と、家族ぐるみで親しくしていた人だったんだもの。

ジュリアが生まれた家は、機能不全を絵に描いたような家庭でした。父親は暴力と暴言と心理的操作で家族を支配していました。母親は、自分には価値がなく、夫から身体的・心理的な暴力を受けるのは仕方がないと思うようになっていました。言うことを聞かせるためにと、兄は父から1メートル以上もある大きな木材で殴られ、「やめてください」と懇願するまで、殴られ続けました。姉は男の子を寝室に招き入れるたびに、父に「この、あばずれオンナめ」と罵《ののし》られ、責められ続けました。妹たちも殴られたり、便器に顔を押しつけられたり、子どもの殺害方法について書かれた恐ろしい本を無理やり読まされたりして脅されていました。

表向きは、ジュリアの家庭は模範的なクリスチャンの一家でした。教会にも欠かさず通っていました。実際、父親は教会のなかのえらい立場で、日曜学校や聖書の学習クラスで教えたりしていました。ジュリアが13歳になるまで、家にはテレビもありませんでした。代わりに、ボードゲームをしたり、散歩に出かけたり、いかにも〈家族〉のようなことをしていました。まさに模範的な家族だったのです。でも、一皮めくれば、まったく異なる家族の姿が表われるのでした。

母親に連れられて父のもとから最初に逃げたのは、わたしが7歳か8歳の頃でした。わたしは、父親が母親を叩いたせいだと思っていました。母親が「家に戻るわよ」と言ったときのことはよく覚えています。わたしはベッドのなかで一晩中泣きじゃくりました。だって、戻りたくなかったんだもの。

2回目に母が家を出たのは、わたしが12歳のとき。父の様子がおかしくなったからです。父は一睡もせずに、ずっとうろうろと家の中を歩き回っていました。それを見て怯《おび》えた母親が逃げようとしたのです。

3回目に母が家を出たのは、わたしが14歳のときで、わたしが3度目の自殺未遂をした直後でした。母はわたしが父から性的虐待を受けていたことは知らなかったけれど、うまくいっていないことはわかっていました。それで、わたしたちはまた逃げました。その後は、二度と戻ることはありませんでした。

ジュリアは、3ヶ月のうちに3度の自殺未遂をしました。そのたびに、ジュリアはだれかに助けてほしいと願っていました。最初は、母親になんとかしてほしい、と。2度目は、学校のだれかに助けてほしい、と。3度目は自殺予防の電話相談にかけ、相談員がすでにリストカットをしていた彼女の家に救急車を呼んでくれたのです。このあと、ジュリアは精神科病院に入院することになりました。

わたしは家族セラピーを受ける病棟に入れられたので、個人セラピーを受けられませんでした。家族と一緒にいるときって、一言もしゃべらないものでしょ。だから、家族セラピーなんて冗談みたい。家族セラピーで虐待が話題にのぼることは一度もないまま、一ヶ月後には退院することになったんです。

ジュリアは退院後、母親と妹と一緒に住むことになりました。ジュリアが入院しているあいだに、母親と妹はそれまで住んでいた家を出たのです。でも、なにもかもうまくいきませんでした。ジュリアはパニック発作だけでなく、抑うつやおかしくなりそうな気持ちと絶えず闘わなければなりませんでした。また、ジュリアは母親とも折り合おうとしました。母親は、自分自身のために動き出そうとしていたのですが、独断的になっていました。

すごく大変でした。母と妹とわたしはまるでゴミみたいなところで暮らしていたんです。離れて暮らしている一番下の妹にも会えなかったし、お金もありませんでした。いつも頭に浮かんだのは、「もし、今、パパと暮らしていたなら、素敵な服もあって、自分の部屋にも戻れて、自分のものをなにもかも手にしているはずなのに」ってこと。わたしは耐えられませんでした。

何年かすると、ジュリアは両親の家を行き来するようになりました。それは彼女自身が決めたことです。我が家やきょうだい、友だちと離れて暮らすのがつらかったせいでもあるし、裁判所がおろかにも父に子ども全員の養育権を与えたためでもありました。

ジュリアが15歳から16歳の時期でした。父と一緒に暮らした6、7ヶ月のあいだ、ジュリアはいろいろな男性と寝るようになり、酒を飲んだり、遅くまで出歩いたり、学校をさぼったりして、精神的にもどんどん弱っていきました。ある日、ひどい身体的暴力を受けたことがきっかけで、ジュリアは父のもとから出て行くことを決意し、再び、母親と暮らすことにしたのです。

サイアクでした。母親の言うことは聞きたくなかったし、ルールにも従いたくなかった。わたしやきょうだいを守ってくれるためには、なにひとつしてくれなかった母親に対して、ものすごく腹を立てていたから。わたしは、父以上に、母親のほうを責めてしまうことがありました。だって、父は病気だけど、母親はそうじゃなかったんだもの。

だから、「どうしてわかってくれなかったの？」って思ってしまうんです。「父は病気だったけど、お母さんはそうじゃないでしょう。なのに、なんでなにもしてくれなかったのよ」って。

ジュリアと母親は問題を解決するために、お互いにわかりあおうと話し合いを重ね、新しい関係性を築こうと努力しました。ジュリアが母親のもとに戻ってから間もない朝のこと、ジュリアは登校前に起きられずにいました。すると母親は、「いいのよ、高校に行きたくないんでしょう。大丈夫、カレッジに行けばいいわ」と言ったのです。そして、その日、16歳で、ジュリアは地域のコミュニティ・カレッジに入学し、心理学の学位をとるために勉強し続けました。

ここで終わると、素敵なエンディングにみえますよね。〈ジュリアはいつまでも幸せに暮らしました〉という感じで。でも、現実はそうではありませんでした。17歳になって半年が過ぎたとき、ジュリアはデートレイプにあいました。からだの傷が治り始めた頃、妊娠していることがわかりました。ジュリアは子どもを産み育てることにしました。生まれた赤ちゃんは、とても美しく、幸せそうな女の子でした。けれども、ジュリアは子どもを育てる大変さを考えずに産んだわけではありません。生活保護を受けながら、いずれ返還しなければならない奨学金を借りながら学校に通い、母親と一緒に生活をしているのです。さらに、10代のママとしていろいろなことをこなしながら、性的虐待によって受けたこころの傷に向き合っています。そんなふうにしながら、ジュリアは自分自身のことをだんだんよく思えるようになってきました。

わたしはいろんな問題を抱えていて、時々、「これは本当に起こっていることなのかしら？」と思ったり、「自分はおかしいんじゃないかしら」と感じたりすることがあります。一生懸命気づいてもらおうとしているのにだれにも助けてもらえないと、「わたしは愛される価値がない人間にちがいない」と不安になることもあります。

わたしはわが子を失うことについて、ものすごい恐怖感があります。どうしてかというと、わたし自身、子どものときに養育権が争われたから。父に腕を背中にねじあげられて怪我をしたまま裁判所に行ったことがあったのですが、裁判官には「そんなことは関係ありません」と言われました。ソーシャルワーカーは、わたしが性的虐待を受けていることや、きょうだいも性的虐待を受けていた可能性があるという情報を提出したのですが、それでも裁判官はわたしたちを父のもとへ戻してしまいました。

わたしは、自分はいい親だと思っています。わたしは娘に授乳し、着替えさせ、決して娘をどなったりしていません。できる限りの最高の母親だと思っているんです。それなのに、だれかがどうにかして、娘をわたしのもとから奪い去ろうとしているのではないかっていう恐怖が、今でもあるのです。わたしがパニック発作を起こしたり、感情麻痺が生じたりして、娘を傷つけてしまわないかも心配です。わたしが性的虐待の被害者だと知っている人たちから監視されているような感じもするんです。「あの人、大丈夫なのかしら？」「なにか悪いことをするんじゃないの？」って思われているんじゃないかって。

それでもジュリアは、自分の人生を自分で守ろうとしています。精一杯、恐怖の気持ちと向きあい、お金があるときにはカウンセリングにも通っています。ジュリアは、自分がされて我慢できることとできないことのちがいがはっきりわかっていて、しっかりした将来のプランを立てています。

わたしは、できる範囲で、子どもたちが自分で問題を解決するのを手助けする仕事がしたいと思っています。困難にぶつかって、今すぐ助けが必要な子どもたちへの支援がしたいんです。わたし自身、これまでずっと困難をかかえていたのに、だれも助けてくれなかったから。だから、ほかの子どもを助けられる人になりたいんです。

ぴったりの答えがあるとは思わないし、「すべてうまくいくよ」ということばが役に立たないこともあるでしょう。わたしにとって役に立った重要なことは、次の二つの組み合わせだと思います。①まずは、虐待は自分のせいではなかったのだということを理解すること。②もうひとつは、なんでこんなことが起きたのか、自分が説明する必要はないということ。わたしのように、自分で説明しようとすることをやめられたら、自責感にとらわれなくなりますからね。

シンディ（シンシア・リン・メイザー、著者）

耐えてきたことを〈勇気〉で測るとするならば、ここに挙げた3人は、わたしが知るなかでもっとも勇気のある人たちだといえます。これまでに出会ったサバイバー全員に共通するテーマのひとつが、この〈勇気〉です。あなたの人生のテーマも、きっとそうでしょう。まだそれに気づいていないかもしれませんけどね。

この本の第一版を書き終えたのは、1993年12月22日、つまりクリスマスの3日前でした。わたしは、クリスマスを実家の家族や親戚、つまり母や父、きょうだい、姪やいとこたちと過ごせないことをとてもつらく感じていました。そうなったのは、その2年前にわたしがひとつの決断を下したからです。親と縁を切るという決断を。わたしが生きていくには、そうするほかないと思ったのです。残念なことに、それによって、きょうだいやほかの親戚との関係も切ることになってしまいました。それはとてもつらいことで、わたしは何度も自分の決断があれでよかったのだろうかと悩み続けました。でも、自分は正しいことをしたと信じていますし、文字通り、そうすることでわたしの人生を救うことができたのです。それでも、わたしのこころのなかには、〈家族〉があるべき場所にぽっかりと穴が空いています。そして、今でもそれがつらいのです。

原題の『この痛みはいつまで続くの？』という問いかけに正直に答えるならば、それは「ずっと、永遠に」ということになります。でも、そのつらさを抱えながらも、わたしはもう、憂うつのドン底や自殺ギリギリのところまでいかずにすんでいます。つらさがあるからといって、自分を恥ずかしいとは思わないし、自分には価値がないとか、自分なんてだれにも愛されないなんて思うことはありません。つらい気持ちがわたしの思考を支配することもないし、わた

しの人生が痛みでいっぱいになることもありません。慈しむ思いや愛する気持ちが、わたしの傷とこころを癒やしてくれるからです。

ここ十年間のクリスマスは、27年間も誠実にわたしを愛し続けてくれる夫のデニーと、ふたりの息子であるジムとクリスと一緒に過ごしています。息子たちは、この本が最初に出版されたときには10歳と13歳でしたが、今では、魅力あふれる愉快で優しい青年になっています。わたしは、17歳だった遠い夏の日、「ねぇ、ママ。話したいことがあるの。信じてくれるよね？」とうちあけた晩からこれまで、長い旅をしてきた気分です。わたしの旅は、夫とふたりの息子たち、そしてわたしを支え、育み、ともに泣き、励ましてくれたたくさんの数えきれない人たちの存在に恵まれたものでした。

最後に、わたしからあなたへのメッセージです。

「たくさんの天使があなたの人生に舞い降り、あなたを慰め、あなたの価値と大切さに気づかせ、その傷を回

復へと変える手助けをしてくれますように。痛みを乗り越えた先は、きっとあります！　どうしてわかるかというと、わたし自身もかつては、あなたと同じ場所にいたからです。回復への道のりを歩むことは楽なことではありません。まっすぐな道ではないし、短い道のりでもありません。でも、そこにたどり着いたとき、きっとあなたは、がんばったかいがあったと思えるはず！　癒やし、愛、友情、慈愛が、あなたの人生やこころに注がれることでしょう。そこは、あなたがありのままの、あたりまえのひとりの人間としていられるところです。あなたは、そういう存在として生まれてきたのです。
天の恵みを、恵みを、そして恵みを！」

訳者あとがき

本書は、２００４年にJossey-Bassから出版された*How long does it hurt? : A Guide to Recovering from Incest and Sexual Abuse for Teenagers, Their Friends, and Their Families. Revised Edition*（原題：この痛みはいつまで続くの？――性的虐待や性暴力を受けた10代の若者やその友人、家族の回復のためのガイドブック 改訂版）を訳したものです。タイトルにあるように、性暴力を受けたことによって今まさに苦しんでいる当事者やその身近な人たちの「この痛みはいつまで続くの？」という声に応えようとする本です。性暴力とはなんなのか、被害を受けるとどんなふうになるのか、そして回復のためになにができるのか。こうした疑問に対して、著者であるシンシア・メイザーさんはとてもわかりやすい〈ことば〉で語りかけてくれます。性暴力を受けた子どもたちへのプレイセラピーで有名なエリアナ・ギル博士は本書の序文で、「あなたが暗闇のなかでひとりもがくのではなく、この先にめざすべきところがわかるように、あたかも暗い道を照らすかのように、（メイザーさんが）あなたに語りかけてくれています」と紹介しています。不安を感じながらこの本を手にとられた人もいるかもしれませんが、きっと、メイザーさんがあなたに寄り添いながら進んでくれるはずです。

この本には、著者がこれまでに出会ったたくさんの子どもたちや、子ども時代に被害を受けた大人のサバイバーたちが登場します。米国でのエピソードですが、彼女たちや彼らの体験は、私たちにとっても身近で共感できるものでしょう。性暴力をふるわれたときに子どもが感じるとまどいや混乱、「うちあけることなんてできるわけがない」というあきらめの気持ち、それでも必死に伝えた子どもたちに対して向けられる容赦ない疑惑の目や非難の声、そんな体験を重ねるうちにどんどん失われてしまう自分自身に対する信頼感。そんななかでなんとか生き延びようとして身につけた、武器や防具としてのセックス、ドラッグ、過食、自傷行為……。だれにもわかってもらえず、自分でもどうしていいかわからずに暗闇のなかでひとりで闘っている子どもは、あなただけではありません。性暴力を受けて苦しんでいるのは、あなただけではありません。そして、あなたはちっとも悪くありません。

この「あなたは悪くない」というメッセージは、この本のはじめから終わりまで、繰り返し伝えられています。それほどまでに、性暴力の被害者は自分を責め続けるのだということが、このメッセージが何度も何度も繰り返されていることからもわかるでしょう。メイザーさん自身も子ども時代に父親から性的虐待にあうという体験があるからこそ、自責感との闘いがどれほど大変なことか、身をもって知っているのです。

メイザーさんはその後の人生を生きのびて、今、私たちに温かな〈ことば〉を届けてくれます。メイザーさんは、すぐにこんなふうに回復したわけではありません。父親からの性的虐待をうちあけたことで、残念ながら、彼女は家族を失いました。真実を明らかにしたあと、家族との縁を切る決断を下したからです。それでも、メイザーさんは「自分は正しいことをしたと信じています」と言っています。「文字通り、そうすることで私の人生を救うことができたのです」と。つらい道のりだったにちがいありませんが、彼女は今、理解ある人たちに囲まれた素晴らしい人生を築いています。そして、「あなたはちっとも悪くない」とわたしたちを励まし続けてくれているのです。

訳者たちが本書に出会ったのは、米国で開催された性暴力や性犯罪の治療教育に関する学会に参加したときでした。性暴力をとめるための援助が話し合われていましたが、そこでは被害者のことも取り上げられており、本書も推薦されていました。訳者たちは、心理臨床や児童福祉の現場で性暴力被害を受けた子どもや性問題行動を示す子どもへの支援をしています。性被害を受けた子どもたちの置かれた状況が詳しく書かれている本書は、性被害を受けた子どもの回復に役立つことはもちろん、性加害をした子どもにも読んでほしい内容だと感じました。性暴力とはなにか、そしてどんな影響をもたらすのか、加害をする子ども自身がわかっていないことが多いからです。

実は、訳者である私たち自身も本書を読んで、これまで充分理解できていなかったことがたくさんあることに気づかされました。子どもは性暴力からどうして逃れられないのか、事実をうちあけることでなにが起こるのか、その後の人生がどんなふうになっていくのか……これまでの支援の経験からわかったつもりでいたことも、「こんなにも大変なのか」と改めて実感させられました。

また、本書の後半には「回復することも、ひとつの選択肢」「許すこと」といったテーマも出てきます。支援のなかでは、大人の側から提供した支援を子どもが受けるというかたちになりがちです。でも本来は、子どもたちは〈受け身〉で支援を受けるのではなく、それを〈選びとる〉過程が大切なはずです。子どもたちが、自分の回復のために、自分でその選択ができるように、子どもたちに充分な情報提供をし、子どもたちの意志決定を待ち、よい援助を行うことが支援者にも求められています。また、「許し」は、これまでほとんど触れられずにきたテーマかもしれません。加害者を許せという話ではありません。そうではなく、被害を受けた子どもが自分自身を許せるようになるために、加害者との関係をどうしていきたいのかを考える必要性について述べられています。日本でも、性的虐待やきょうだい間の性暴力により被害者が保護され、被害者と加害者のそれぞれがケアを受けたのちに、どう家族が再統合していくのか（いかないのか）は現実的な課題になっています。そのときに、被害を受けた子どもの意向がきちんと反映されるためにも、「許し」のテーマは不可欠であると感じました。

それ以外にも、本書には、被害を受けた子どもたちや支援者にとって切実な問題がたくさん扱われています。性的虐待が起こったあとの、子どもとお母さんの関係について考える章や、セクシュアリティやセックスの意味を問いかける章など、これまで正面切って扱われることが少なかったテーマです。一読するだけでも、大きな刺激を受けるはずです。

冒頭で紹介したように、本書は10代の若者向けに書かれたものですが、訳者である私たち自身にとっても大きな気づきがあったので、まずは日本の支援者たちが知るべき内容だと考えて訳書の出版を考えました。子どもたちにも読めるよう、できるだけわかりやすいことばで伝えるよう工夫しましたが、支援者や保護者などの大人を主な読者に想定しています。そして、読んでくださった大人から、子どもたちに伝えてあげてほしいと願っています。

近年、日本では子どもへの性犯罪が多く報じられるようになり、これまで潜在化していた家庭内での性的虐待や地域内でのさまざまな性暴力が明るみに出てきました。勇気を出して声をあげてくれた子ども一人ひとりのおかげで、社会は変わりつつあります。一般の人にも、性暴力の存在やＰＴＳＤ（心的外傷後ストレス障害）が知られるようになってきました。しかし、被害を受けた子どもにとって、生活の支障となるのはＰＴＳＤの症状だけではありません。周囲の人たちとの関わりかた、そして自分自身とのつきあいかたを変えてしまうのが、性暴力なのです。また、性暴力は、被害を受けた子どものみならず、その周囲の人たちも深く傷つけます。本書で書かれている家族の反応や友だちの態度――「信じられない」「嘘でしょう?」「いつまで気にしているの」――は、残念ながらめずらしいものではありません。周囲も受けとめがたいほどのひどいことをしたのは加害者であり、被害者のせいではありません。そして、家族のせいでもないのです。それなのに、どうして家族はあんなにひどい態度をとるのか？　その謎は、ぜひ本書を読んで解いてください。知ることで、自責感は少しずつやわらいでいくことでしょう。〈知識〉は、性被害を受けた子どもの回復の力になり、支援者にとっても有効な道具になるはずです。支援者が正しい情報を子どもたちに伝えることは、心理教育という重要な働きかけになります。

本書は1994年に初版が出され、この改訂版は2004年に出版されました。時間は経っていますが、今の日本の現状に照らし合わせると、内容の古さを感じさせないものでした。むしろ、改訂版が出版された時期に米国で問題となっていた「インターネット性犯罪」は、約十年経った今、日本でも大きな社会問題になっています。インターネット性犯罪者の手口は、寂しさや他者からの承認を求める子どもたちのこころを巧みに操り、子どもが自ら危険に近づいたかのように見せかけます。

訳出においては、主に日米の司法システムのちがいと支援環境のちがいから、「裁判所に行く（Going to Court）」の章は載せず、「回復することも、ひとつの選択肢」と「加害者について知っておくべきこと」の各章は、一部省いたところがあります。子ども向けの支援としてさまざまなサービスの情報が紹介されていましたが、残念ながら、現在の日本で提供できるものが限られていたためです。加害者に対する治療教育プログラムも同様です。

また、訳出では、日米での虐待の定義や保護システムのちがいからいくつかの用語を変更しました。米国では、子どもへの性暴力を広く性的虐待と捉え、とりわけ親戚内でのものをインセスト（近親姦）と呼ぶことがありますが、日本での性的虐待の定義はより狭く、保護者からの性暴力のみをさします。きょうだい間の性暴力も、日本では性的虐待としては扱われません。インセストという用語もあまり一般的ではないことから、訳出においては、保護者からの性暴力を性的虐待とし、そのほかは性暴力や性被害の用語で統一しました。また、米国で虐待に対応するのは児童保護局（CPS）という機関で、日本でそれに相当するのは児童相談所になりますが、異なる部分についてはできるだけ訳注で補足説明を加えましたのでご参照ください。

翻訳書を発刊するにあたり、日本において子どもの性的虐待やトラウマ治療に第一線で取り組まれている兵庫県こころのケアセンターの精神科医、亀岡智美氏に「日本語版への序文」をお願いできたことをうれしく思っています。

また、本書は「子どもの性の健康研究会」のメンバーによる下訳をもとにしています。丸山奈緒（大阪府吹田子ども家庭センター）、佐藤史（大阪府中央子ども家庭センター）、山田順久（大阪府池田子ども家庭センター）、田中久美子（大阪府富田林子ども家庭センター）、小野沢真実（大阪府吹田子ども家庭センター）、井ノ崎敦子（徳島大学）、齋藤梓（目白大学）、亀岡智美（兵庫県こころのケアセンター）、中野理絵（岩手県一関児童相談所／大阪府より派遣）、岡亜弓（京都市第二児童相談所）、鶴田信子（公益社団法人被害者支援都民センター）、石井裕美（上智大学大学院）の各氏（敬称略、順不同、所属は2015年3月現在）にお礼申し上げます。

最後に、本書を日本の子どもたちや支援者に伝えたいという訳者らの思いを汲んでくださり、企画から出版まで支えてくださった誠信書房の松山由理子氏にお礼申し上げます。

二〇一五年三月

野坂祐子・浅野恭子

邦訳文献

- Bass, Ellen, and Laura Davis. *The Courage to Heal*.
  エレン・バス，ローラ・デイビス『生きる勇気と癒す力――性暴力の時代を生きる女性のためのガイドブック』原美奈子・二見れい子訳，三一書房，1997/2013.
- Byerly, Carolyn M. *The Mother's Book*.
  キャロライン・M・バイヤリー『子どもが性被害をうけたとき――お母さんと，支援者のための本』宮地尚子監訳，菊池美名子・湯川やよい訳，明石書店，2010.
- Estés, Clarissa Pinkola. *Woman Who Run with the Wolves*.
  クラリッサ・ピンコラ・エステス『狼と駈ける女たち――「野生の女」元型の神話と物語』原真佐子・植松みどり訳，新潮社，1998.
- Herman, Judith. *Father-Daughter Incest*.
  ジュディス・L・ハーマン『父―娘　近親姦――「家族」の闇を照らす』斎藤学訳，誠信書房，2000.
- Russell, Diana E. H. *The Secret Trauma*.
  ダイアナ・E・H・ラッセル『シークレット・トラウマ――少女・女性の人生と近親姦』斎藤学監訳，山本美貴子・白根伊登恵訳，IFF出版部ヘルスワーク協会，2002.

New York: Newmarket Press, 1988.
Maltz, Wendy. *The Sexual Healing Journey.* New York: Harper Perennial, 1991.
Maltz, Wendy, and Beverly Holman. *Incest and Sexuality.* Lexington, Ky.: Lexington Books, 1987.
Meiselman, Karin C. *Incest.* San Francisco: Jossey-Bass, 1986.
Palmer, Pat, with Melissa Alberti Froehner. *Teen Esteem: A Self-Direction Manual for Young Adults.* (2nd ed.) Atascadero, Calif.: Impact, 2000.
Peters, David B. *A Betrayal of Innocence.* Dallas, Tex.: Word Publishing, 1986.
Pomeroy, Wardell B. *Boys and Sex.* New York: Dell, 1981.
Pomeroy, Wardell B. *Girls and Sex.* New York: Dell, 1981.
Poston, Carol, and Karen Lison. *Reclaiming Our Lives.* New York: Little, Brown, 1989.
Rush, Florence. *The Best Kept Secret.* New York: McGraw-Hill, 1980.
Russell, Diana E. H. *The Secret Trauma.* New York: Basic Books, 1986.
Scarf, Maggie. *Intimate Partners.* New York: Ballantine Books, 1987.
Seghorn, Theoharis K., Robert A. Prentky, and Richard J. Boucher. "Childhood Sexual Abuse in the Lives of Sexually Aggressive Offenders." *Journal of the American Academy of Child and Adolescent Psychiatry,* 1987, 26, 262–267.
Sgroi, Suzanne M. (ed.). *Handbook of Clinical Intervention in Child Sexual Abuse.* Lexington, Ky.: Lexington Books, 1982.
Smedes, Lewis B. *Forgive and Forget: Healing the Hurts We Don't Deserve.* New York: Pocket Books, 1986.
Thomas, T. *Men Surviving Incest.* Walnut Creek, Calif.: Launch Press, 1989.
Tower, Cynthia Crosson. *Secret Scars.* New York: Penguin Books, 1989.
Watkins, Jim. *Sex Is Not a Four-Letter Word.* Wheaton, Ill.: Tyndale House, 1991.
Wilson, Sandra D. *Released from Shame.* Downers Grove, Ill.: Intervarsity Press, 1990.
Woititz, Janet G. *Healing Your Sexual Self.* Deerfield Beach, Fla.: Health Communications, 1989.
Wolter, Dwight Lee. *Forgiving Our Parents.* Minneapolis, Minn.: Comp Care, 1989.
Worthington, Everett L., Jr., and Frederick A. DiBlasio. "Promoting Mutual Forgiveness Within the Fractured Relationship." *Psychotherapy,* 1990, 27, 219–223.
Wyatt, Gail Elizabeth, and Gloria Johnson Powell (eds.). *Lasting Effects of Child Sexual Abuse.* Thousand Oaks, Calif.: Sage, 1988.

Engel, Beverly. *Divorcing a Parent*. New York: Fawcett Columbine, 1990.
Estés, Clarissa Pinkola. *Women Who Run with the Wolves*. New York: Ballantine Books, 1992.
Everstine, Diana Sullivan, and Louis Everstine. *Sexual Trauma in Children and Adolescents: Dynamics and Treatment*. New York: Brunner/Mazel, 1989.
Fay, Jennifer J., Billie Jo Flerchinger, and Associates. *Top Secret*. Renton, Wash.: King County Sexual Assault Resource Center, 1988.
Finkelhor, David. *Sexually Victimized Children*. New York: Free Press, 1981.
Finkelhor, David, and Associates. *A Sourcebook on Child Sexual Abuse*. Thousand Oaks, Calif.: Sage, 1986.
Forward, Susan, and Craig Buck. *Betrayal of Innocence*. New York: Penguin Books, 1987.
Fraser, Sylvia. *My Father's House*. New York: HarperCollins, 1989.
Gil, Eliana. *United We Stand*. Walnut Creek, Calif.: Launch Press, 1990.
Groth, A. Nicholas. "The Incest Offender." In S. M. Sgroi (ed.), *Handbook of Clinical Intervention in Child Sexual Abuse*. Lexington, Ky.: Lexington Books, 1982.
Grubman-Black, Stephen D. *Broken Boys/Mending Men*. Blue Ridge Summit, Penn.: TAB Books, 1990.
Hancock, Maxine, and Karen Burton Mains. *Child Sexual Abuse: A Hope for Healing*. Wheaton, Ill.: Harold Shaw, 1987.
Herman, Judith. *Father-Daughter Incest*. Cambridge: Harvard University Press, 1981.
Horton, Anne L., and Judith A. Williamson. *Abuse and Religion*. Lexington, Ky.: Lexington Books, 1988.
Hunter, Mic. *Abused Boys*. New York: Fawcett Columbine, 1990.
Hynes, Angela. *Puberty: An Illustrated Manual for Parents and Daughters*. New York: Tor Books, 1990.
Jarvis-Kirkendall, Carol, and Jeffery Kirkendall. *Without Consent*. Scottsdale, Ariz.: Swan Press, 1989.
Kaplan, Sandra J., and Arthur Zitrin. "Case Assessment by Child Protective Services." *Journal of the American Academy of Child Psychiatry*, 1983, *22*, 253–256.
Krener, Penelope. "After Incest: Secondary Prevention?" *Journal of the American Academy of Child Psychiatry*, 1985, *24*, 231–234.
Lew, Mike. *Victims No Longer*. New York: HarperCollins, 1988.
Madaras, Lynda. *The What's Happening to My Body Book for Boys*. New York: Newmarket Press, 1988.
Madaras, Lynda. *The What's Happening to My Body Book for Girls*.

文　献

Adams-Tucker, Christine. "The Unmet Psychiatric Needs of Sexually Abused Youths: Referrals from a Child Protection Agency and Clinical Evaluations." *Journal of the American Academy of Child Psychiatry*, 1984, *23*, 659–667.

Bass, Ellen, and Laura Davis. *The Courage to Heal*. New York: HarperCollins, 1988.

Bell, Ruth. *Changing Bodies, Changing Lives*. (3rd rev. ed.) New York: Three Rivers Press, 1998.

Blume, E. Sue. *Secret Survivors*. New York: Wiley, 1990.

Bradshaw, John. *Bradshaw on the Family*. Deerfield Beach, Fla.: Health Communications, 1988.

Burgess, Ann W., A. Nicholas Groth, Lynda Lytle Holmstrom, and Suzanne M. Sgroi. *Sexual Assault of Children and Adolescents*. Lexington, Ky.: Lexington Books, 1978.

Burgess, Ann W., Carol R. Hartman, and Arlene McCormack. "Abused to Abuser: Antecedents of Socially Deviant Behaviors." *American Journal of Psychiatry*, 1987, *144*, 1431–1436.

Butler, Sandra. *Conspiracy of Silence*. San Francisco: Volcano Press, 1985.

Byerly, Carolyn. *The Mother's Book*. Dubuque, Iowa: Kendall/Hunt, 1985.

Cooper, Burton Z. *Why, God?* Atlanta: John Knox Press, 1988.

Courtois, Christine A. *Healing the Incest Wound*. New York: Norton, 1988.

Crewdson, John. *By Silence Betrayed*. New York: HarperCollins, 1988.

Davis, Laura. *Allies in Healing*. New York: Harper Perennial, 1991.

DiBlasio, Frederick A. "The Role of Social Workers' Religious Beliefs in Helping Family Members Forgive." *Families in Society: The Journal of Contemporary Human Services*, 1993, *74*, 163–170.

DiBlasio, Fredrick A., and Brent B. Benda. "Practitioners, Religion, and the Use of Forgiveness in the Clinical Setting." In E. L. Worthington Jr. (ed.), *Psychotherapy and Religious Values*. Grand Rapids, Mich.: Baker Book House, 1993.

Donaldson, Mary Ann. *Incest Years After*. Fargo, N.D.: Village Family Service Center, 1983.

Donnelly, Doris. *Putting Forgiveness into Practice*. Allen, Tex.: Argus, 1982.

Dziech, Billie Wright, and Charles B. Schudson. *On Trial: America's Courts and Their Treatment of Sexually Abused Children*. (2nd ed.) Boston: Beacon Press, 1991.

Engel, Beverly. *The Right to Innocence*. New York: Ivy Books, 1989.

原著者紹介

シンシア・リン・メイザー（Cynthia L. Mather）

彼女自身がサバイバーであり、性的虐待やインセストを受けた被害者が向き合うさまざまな問題について、実体験から得た知識を本書で伝えている。彼女は、長年、文献研究のほか、性被害を受けた若者やその友人や家族へのインタビュー、判事やセラピスト、検察官、ソーシャルワーカー、加害者のフィールド研究を行ない、高校や大学、教会での講演会を行なっている。この功績によって、「1992年女性のためのバルティモア郡政府委員会による年間最優秀女性賞」を受賞した。また、VOICES in Action 株式会社から発刊されている性的虐待やインセストのサバイバー作家による選集 *SOLOS II, SOLOS III* の共同編集者でもある。近年は、メリーランド州の子ども・若者・家庭局の特別副秘書を務めている。

クリスティーナ・E・デバイ（Kristina E. Debye）

LCSW-C、ACSW、DCSW という専門のソーシャルワーカーの資格を持ち、米国において先進的な性的虐待の支援プログラムを作り上げてきたコーディネーター。そのプログラムは、性的虐待の事例について詳しく調べたうえで、性的虐待が起こった家族への長期的な多面的セラピーを行なうために、さまざまな領域の内容を統合したアプローチをとる。彼女の指導のもと、プログラムは質量ともに拡充し、地域でも全国でも広く名を知られている。プログラムを広める権限をもつ人たちをサポートするために、頻繁にメリーランド州を訪れている。

また、性的虐待が被害者やその家族、地域にもたらす影響に関する講演をたくさん行なっている。メリーランド州タウソンでの個人開業も続けている。

訳者紹介

野坂　祐子（のさか　さちこ）

1999年　お茶の水女子大学大学院家政学研究科児童学専攻修士課程修了

2004年　お茶の水女子大学大学院人間文化研究科人間発達科学専攻博士課程単位取得退学

2004年　大阪教育大学学校危機メンタルサポートセンター講師

現　在　大阪大学大学院人間科学研究科准教授，臨床心理士，公認心理師

著　書　『マイ ステップ――性被害を受けた子どもと支援者のための心理教育』（共著）2016年，『子どもへの性暴力』（共編）2013年，『大震災と子どものストレス』（分担執筆）2011年，以上 誠信書房。『トラウマインフォームドケア』日本評論社 2019年，『トラウマ』（分担執筆）福村出版 2016年，『アディクションと加害者臨床』（分担執筆）金剛出版 2016年，『治療共同体実践ガイド』（分担執筆）金剛出版 2019年，ほか。

訳　書　『虐待された子どもへの治療 第2版』（分担訳）明石書店 2019年，『犯罪被害を受けた子どものための支援ガイド』（監訳）金剛出版 2016年，『性加害行動のある少年少女のためのグッドライフ・モデル』（監訳）誠信書房 2015年，『子どものためのトラウマフォーカスト認知行動療法』（分担訳）岩崎学術出版社 2015年，ほか。

浅野　恭子（あさの　やすこ）

1991年　京都女子大学大学院家政学研究科児童学専攻修士課程修了

2016年　大阪府立子どもライフサポートセンター所長

2018年　大阪府立障がい者自立センター所長

現　在　大阪府女性相談センター所長，臨床心理士，公認心理師

著　書　『マイ ステップ――性被害を受けた子どもと支援者のための心理教育』（共著）2016年，『子どもへの性暴力』（分担執筆）2013年，以上 誠信書房，『関係性における暴力』（分担執筆）岩崎学術出版社 2008年，ほか。

訳　書　『グッドライフ・モデル――性犯罪からの立ち直りとより良い人生のためのワークブック』（分担訳）2013年，『回復への道のり ロードマップ』『回復への道のり パスウェイズ』（分担訳）2009年，以上 誠信書房，ほか。

日本語版イラスト

村山　宇希（むらやま　うき）

イラストレーター

シンシア・L・メイザー &K・E・デバイ著
あなたに伝《つた》えたいこと
——性的虐待《せいてきぎゃくたい》・性被害《せいひがい》からの回復《かいふく》のために

2015年4月15日　第1刷発行
2022年3月25日　第3刷発行

訳　者　野坂祐子
　　　　浅野恭子
発行者　柴田敏樹
印刷者　田中雅博

発行所　株式会社　誠信書房
〒112-0012　東京都文京区大塚3-20-6
電話　03 (3946) 5666
http://www.seishinshobo.co.jp/

創栄図書印刷　協栄製本　落丁・乱丁本はお取り替えいたします
検印省略　無断での本書の一部または全部の複写・複製を禁じます

ISBN 978-4-414-41460-8 C3011